Die Geschäftsverwaltung

der

Staatsanwaltschaft

in Preußen.

Die Geschäftsverwaltung

der

Staatsanwaltschaft

in Preußen.

Systematische Darstellung

des Inhalts

der auf den Geschäftskreis der Staatsanwaltschaft bezüglichen

Kabinetsordres, Reglements und Rescripte

von

Koenig,

Staatsanwalt beim Königl. Landgericht zu Halle.

Berlin und Leipzig.

Verlag von J. Guttentag

(D. Collin).

1882.

Buchdruckerei von Gustav Schade (Otto Francke) in Berlin N.

Vorrede.

Der Unterzeichnete benutzte in früheren Jahren die Schrift des vormaligen Oberstaatsanwalts Paschke zu Frankfurt a. O. über das Reglement vom 13. November 1849 betreffend die Geschäftsverwaltung und das Ressort der Staatsanwaltschaft, um den ihm zur Ausbildung überwiesenen Referendaren einen Ueberblick über die Einrichtung und die Geschäftsverwaltung der Staatsanwaltschaft zu geben.

Das erwähnte Buch genügt seit dem Zeitpunkte des Eintritts der Justizreorganisation nicht mehr zu diesem Zwecke.

Der Unterzeichnete hat den Versuch gemacht, die in den v. Kamptz'schen Jahrbüchern, den Ministerialblättern resp. den Generalakten enthaltenen Kabinetsordres, Reglements und Rescripte systematisch zu ordnen, einmal zu dem Zwecke, um den jüngern Juristen einen Ueberblick über die Geschäftsthätigkeit der Staatsanwaltschaft zu verschaffen, dann aber auch, um das weit zersteute Material leichter zugänglich zu machen.

Die Angabe der Quellen im Texte und die besondere Aufführung derselben am Ende des Buches ist eine genaue. Es ist dadurch einmal die Nachprüfung erleichtert, dann aber auch das Buch als Nachschlagewerk für den älteren Praktiker verwendbar, da es unmöglich sein dürfte, den Platz, den die einzelnen Bestimmungen einnehmen, im Gedächtniß zu behalten.

Abdrücke der Formulare, auf welche der Text Bezug nimmt, sind der Vollständigkeit wegen beigefügt.

Halle, im Juli 1882.

Koenig.

Inhaltsverzeichniß.

Einleitung.

§ 1.

Durch § 2 der Verordnung vom 3. Januar 1849 wurde in Preußen abgesehen vom Bezirke des Appellationsgerichtshofs zu Cöln das Institut der Staatsanwaltschaft zum Zwecke der Strafverfolgung der Verbrecher im Wege des Anklageprocesses eingeführt. Die allgemeine Verfügung des Justizministers vom 13. November 1849 traf die nothwendigen Bestimmungen über die Organisation, das Ressort und die Geschäftsverwaltung der Staatsanwaltschaft und sind im Anschluß an diese Verfügung vielfache Rescripte des Justizministers ergangen, die dieselbe theils abänderten, theils ergänzten, theils im Anschluß an neue Gesetze neue Anordnungen trafen.

Das Ausführungsgesetz zum deutschen Gerichtsverfassungsgesetz vom 24. April 1878 (GS. 1878 S. 230), welches mit letzterem am 1. October 1879 in Kraft getreten ist, hat im Anschluß an den § 12 l. c. im § 58 die bestehenden staatsanwaltschaftlichen Behörden aufgehoben.

Die Neuordnung der Staatsanwaltschaft in Preußen beruht auf den Bestimmungen des zehnten Titels (§§ 142—153) des Gerichtsverfassungsgesetzes und des neunten Titels (§§ 58 bis 67) des Ausführungsgesetzes zu demselben.

Ein Geschäftsregulativ ist Seitens des Justizministers nicht erlassen. Durch einzelne Rescripte sind einzelne besondere Bestimmungen getroffen.

Die allgemeine Verfügung vom 13. November 1849 ist bisher ausdrücklich nicht aufgehoben. Ihre Bestimmungen sind jedoch theils durch die Gesetzgebung, theils durch Ministerialrescripte beseitigt worden resp. für beseitigt zu erachten.

§ 2.

Die Beamten der Staatsanwaltschaft sind die Organe der Staatsregierung für die Wahrnehmung des öffentlichen Interesses in den durch die Gesetze näher bestimmten Angelegenheiten.[1] Die Staatsanwaltschaft ist in ihren Amtsverrichtungen von den Gerichten unabhängig.[2]

Zu den Obliegenheiten der Staatsanwaltschaft gehören:

1. die Ermittelung und Verfolgung strafbarer Gesetzesübertretungen;[3]
2. die Strafvollstreckung;[4]
3. die Bearbeitung der Begnadigungssachen;[5]
4. die Zustellungen in Strafsachen;[6]
5. die Vertretung der Staatsbehörde bei Disciplinaruntersuchungen gegen Justizbeamte;[7]

---

[1] § 1 AV. v. 13. Nov. 1849 (JMBl. 1849 S. 459).

[2] § 151 Ger.Verf.Ges. (RGBl. 1877 S. 41).

[3] §§ 152, 153 StPO.

[4] § 483 StPO.

[5] AV. v. 14. Aug. 1879 (JMBl. 1879 S. 237).

[6] § 36 StPO.

[7] Ges. v. 7. Mai 1851 (GS. S. 218); Ges. v. 21. Juli 1852 (GS. S. 465); Ges. v. 26. März 1856 (GS. 1856 S. 201); Verordnung v. 30. April 1847 (GS. S. 196); Verordnung v. 23. Sept. 1867 (GS. S. 1613); Ges. v. 9. April 1879 (GS. S. 345).

6. die Wahrnehmung der Rechte der Staatskasse beim Ansatz der Gerichtskosten;[8]
7. die Mitwirkung in Ehe- und Entmündigungssachen;[9]
8. die Beaufsichtigung der Standesbeamten und Notare, die Mitwirkung in dem durch das Gesetz vom 19. Mai 1851 (GS. 1851 S. 383) geordneten Verfahren bei Theilungs- und Ablösungsstreitigkeiten,[10] ferner in dem Verfahren bei Vermögensabsonderungen unter Eheleuten, bei freiwilligen Ehescheidungen, Adoptionen im Departement Cöln.[11]

   Hierbei ist jedoch hervorzuheben, daß im Departement Cöln die Mitwirkung der Staatsanwaltschaft, soweit dieselbe als Nebenpartei in bürgerlichen Rechtsstreitigkeiten auftrat, nicht mehr erforderlich ist;[12]
9. alle sonstigen Funktionen, welche durch besondere, allgemein oder nur in einzelnen Landestheilen gültige Bestimmungen in solchen Angelegenheiten, die durch die neuen Proceßordnungen nicht berührt werden, der Staatsanwaltschaft zugewiesen sind.[13]

§ 3.

Die Geschäfte der Justizverwaltung sind dem Justizminister vorbehalten. Seine Organe sind die Vorstände der

---

[8] AB. v. 28. Octob. 1879 (JMBl. 1879 S. 425).

[9] §§ 569, 586, 589—591, 595, 626 CPO.

[10] Aufgehoben durch § 30 Ges. v. 24. März 1879 (GS. 1879 S. 281).

[11] Bekanntmachung v. 1. Juli 1879 (JMBl. 1879 S. 154); § 58 Ges. v. 24. April 1878 (GS. 1878 S. 230); Motive zu § 50 des Regierungsentwurfs (Materialien S. 69).

[12] § 5 Ges. v. 31. März 1879 (GS. 1879 S. 332).

[13] Motive zu § 50 des

Gerichte und der Staatsanwaltschaften, welche ihrerseits bei Erledigung dieser Geschäfte die Mitwirkung der ihrer Aufsicht unterstellten Beamten in Anspruch nehmen können.[1]

Zu den der Staatsanwaltschaft allein, resp. ihr und dem Vorstande des Gerichts gemeinsam übertragenen Geschäften der Justizverwaltung gehören:

a) die Gefängnißverwaltung;[2]
b) die Verwaltung der Fonds bei den Justizbehörden,
c) die Bearbeitung der Justizbauangelegenheiten,
d) die Theilnahme an den Prüfungen der Gerichtsschreiber und Gerichtsvollzieher,
e) die Verpflichtung der Staatsanwaltschaft zu Mittheilungen an andere Behörden.

§ 4.

Die Staatsanwaltschaft beim Reichsgerichte.

Das Amt der Staatsanwaltschaft bei dem Reichsgerichte wird durch einen Oberreichsanwalt und mehrere Reichsanwälte ausgeübt. Diese Beamten sind nicht richterliche Beamte und unterliegen der Aufsicht und Leitung des Reichskanzlers.[1] Dieselben werden auf Vorschlag des Bundesrathes vom Kaiser ernannt. Nur zum Richteramte befähigte Personen dürfen zu diesen Aemtern ausgewählt werden. Ihre An-

---

Regierungsentwurfs § 16 der Vorm.Ordnung vom 5. Juli 1875 (GS. 1875 S. 431); Art. 7 des Einf.Gesetzes zum Handelsgesetzbuche v. 24. Juni 1861 (GS. 1861 S. 449).

[1] § 77 des Ausführungsgesetzes v. 24. April 1878 (GS. 1878 S. 230).

[2] AV. v. 14. August 1879 (JMBl. 1879 S. 242).

[1] §§ 143[1], 148[1], 149 Ger.-Verf.Ges.; Ges. v. 31. März 1873 (RGBl. 1873 S. 61).

stellung erfolgt auf Lebenszeit, jedoch können sie jederzeit mit Gewährung des gesetzlichen Wartegeldes — drei Viertheile des Gehalts, jedoch nicht über 9000 Mark — durch Kaiserliche Verfügung einstweilig in den Ruhestand versetzt werden.[2]

Der Oberreichsanwalt ist nicht Vorgesetzter der staatsanwaltschaftlichen Beamten der Bundesstaaten.[3] Gleichwohl verpflichtet die Gesetzgebung die letztern, seinen Anweisungen in gewissen Fällen Folge zu leisten:

Entsteht zwischen Staatsanwaltschaften verschiedener Bundesstaaten ein Meinungsstreit darüber, welche von ihnen die Strafverfolgung in einem bestimmten Falle zu übernehmen habe, so entscheidet, Mangels eines gemeinsamen Vorgesetzten, der Oberreichsanwalt.[4]

Sämmtliche Beamte der Staatsanwaltschaft haben den Anweisungen des Oberreichsanwalts in den Sachen, für welche das Reichsgericht in erster und letzter Instanz zuständig ist, Folge zu leisten.[5] Es entspricht diese gesetzliche Vorschrift der Bestimmung des § 184 der Strafproceßordnung, welche dem Präsidenten des Reichsgerichts eine gleiche Machtvollkommenheit dem Richterstande gegenüber überträgt.

Diese Sachen sind:

a) Untersuchung und Entscheidung in den gegen den Kaiser resp. das Reich gerichteten Fällen des Hoch- resp. Landesverraths.[6]

In diesen Untersuchungssachen werden die im § 72 Abs. 1 des GVG. der Strafkammer des Landgerichts zugewiesenen Geschäfte durch den ersten Strafsenat des Reichsgerichts er-

---

[2] §§ 149, 150 Ger.Verf.Ges.; §§ 1, 2, 26 Ges. v. 31. März 1873 (RGBl. 1873 S. 61).

[3] § 78[1] Gesetz v. 24. April 1878 (GS. 1878 S. 230).

[4] § 144 al. 3 GVG.

[5] § 147. al. 2 GVG.

[6] §§ 80—92 StGB.

ledigt, während die Hauptverhandlung vor dem vereinigten zweiten und dritten Strafsenat — 14 Richter — stattfindet.[7] Die Thätigkeit des lokalen Staatsanwalts ist im Falle der Gefahr im Verzuge nicht ausgeschlossen. Er muß vielmehr gemäß des § 160 der Strafproceßordnung der Sache näher treten, zugleich aber dem Oberreichsanwalt Bericht erstatten.

b) Verhandlung und Entscheidung über das Rechtsmittel der Revision gegen

1. die Urtheile der Schwurgerichte;[8]
2. die in I. Instanz ergangenen Urtheile der Strafkammern der Landgerichte, wenn nicht das Rechtsmittel ausschließlich auf die Verletzung einer landesgesetzlichen Rechtsnorm gestützt wird, in welchem Falle die Oberlandesgerichte, in Preußen das Oberlandesgericht zu Berlin in letzter Instanz entscheiden;[9]
3. die in II. Instanz ergehenden Urtheile der Strafkammern in Strafsachen wegen Zuwiderhandlungen gegen die Vorschriften über die Erhebung öffentlicher in die Reichskasse fließender Abgaben und Gefälle.[10]

In die Reichskasse fließen die Einnahmen aus dem Post- und Telegraphenbetriebe, der Ertrag der Zölle, der Salz- und Tabacksteuer, sowie der Ertrag der Bier-, Branntwein- und Rübenfabrikationssteuer, endlich der Ertrag der Wechselstempelsteuer.[11]

Die Competenz des Reichsgerichts wird in dem Falle

---

[7] §§ 138, 194 GVG.

[8] § 136 GVG., § 374 StPO.

[9] § 123³ GVG.; § 50¹ Ausf.-Ges. v. 24. April 1878 (GS. S. 230).

[10] cfr. Einsendungsberichte Form I. II

[11] Art. 35, 38, 49, 70 der Reichsverf. § 1 Ges. v. 10. Juni 1869 (Bundesges.Bl. 1869 S. 193).

ad 3 durch einen bei Einsendung der Akten an das Oberlandesgericht gestellten Antrag begründet.[12]

§ 5.

Die Beamten der Staatsanwaltschaft in Preußen können durch Verfügung des Justizministers in ein anderes Amt von nicht geringerem Range mit etatsmäßigem Diensteinkommen unter Vergütung der Umzugskosten und durch Kgl. Verfügung mit Gewährung des Wartegeldes einstweilig in den Ruhestand versetzt werden.[1] Sie unterliegen ferner der Aufsicht und Leitung des Justizministers.[2] In dem Rechte der Aufsicht liegt die Befugniß, die ordnungswidrige Ausführung eines Amtsgeschäfts zu rügen und die Erledigung eines solchen durch Ordnungsstrafen bis 100 Mark zu erzwingen.

Es muß jedoch der Festsetzung einer Ordnungsstrafe deren Androhung vorhergehen.[3] Dieses Recht steht auch dem Oberstaatsanwalte und dem ersten Staatsanwalte hinsichtlich der Staatsanwaltschaften ihres Bezirks und dem ersten Beamten der Staatsanwaltschaft bei einem Amtsgerichte hinsichtlich dieser Staatsanwaltschaft zu und erstreckt sich auf sämmtliche bei diesen Behörden angestellte und beschäftigte Beamte, sowie auf die Hilfsbeamten der Staatsanwaltschaft.[4]

Die ersten Beamten der Staatsanwaltschaft beim Oberlandesgericht führen den Amtstitel „Oberstaatsanwalt", die

---

[12] § 136 GVG.

[1] § 87 Ges. v. 21. Juli 1852 (GS. 1852 S. 465).

[2] § 148[2] GVG.; § 78 Ges. v. 24. April 1878 (GS. 1878 S. 230).

[3] § 80 Ges. v. 24. April 1878 (GS. 1878 S. 230).

[4] §§ 78[4 u. 5], 81[1] Ges. v. 24. April 1878 (GS. 1878 S. 230).

bei der Staatsanwaltschaft des Landgerichts den Amtstitel „Erster Staatsanwalt".

Die übrigen Beamten der Staatsanwaltschaften der Oberlandes- und Landgerichte führen den Amtstitel „Staatsanwalt".

Diese Beamte sind nicht richterliche Beamte. Sie werden vom Könige ernannt,[5] können jedoch nur aus Beamten ausgewählt werden, die zum Richteramte befähigt sind.[6]

Zu demselben sind außer den ordentlichen Professoren der Jurisprudenz in Preußen nur Personen befähigt, welche nach dreijährigem Universitätsstudium das Referendarexamen und nach vierjähriger Dauer des Vorbereitungsdienstes, von welchem 6 Monate auf die Beschäftigung bei der Staatsanwaltschaftschaft fallen, das Assessorexamen bestanden haben.[7]

§ 6.

Der Oberstaatsanwalt.

Der Oberstaatsanwalt steht an der Spitze der Staatsanwaltschaft einer Provinz. Der Wichtigkeit seiner Stellung entsprechend ist ihm der Rang der Räthe dritter Klasse beigelegt.[1] Sämmtliche staatsanwaltschaftliche Beamte seines Verwaltungsbezirks sind verpflichtet, seinen Anordnungen nachzukommen.[2] Er kann bei allen Gerichten seines Bezirks

---

[5] §§ 60, 61 Ges. v. 24. April 1878 (GS. 1878 S. 230).

[6] § 149 GVG.

[7] §§ 2, 4 GVG; § 1 Ges. v. 24. April 1878 (GS. S. 230); §§ 1, 2, 6, 8, 11 Ges. v. 6. Mai 1869 (GS. S. 656); AV. v. 20. März 1880 (JMBl. 1880 S. 56).

[1] Allerh. Erlaß v. 11. August 1879 (GS. 1879 S. 579).

[2] § 80 Ausf.Ges. v. 24. April 1878 (GS. 1878 S. 230); § 147 GVG.

die Amtsverrichtungen der Staatsanwaltschaft selbst übernehmen oder mit Wahrnehmung derselben einen andern als den zunächst zuständigen Beamten beauftragen.[3] Er ist befugt, gegen die in seinem Verwaltungsbezirke angestellten Beamten der Staatsanwaltschaft Warnungen und Verweise auszusprechen und gegen die Amtsanwalte und Hilfsbeamten der Staatsanwaltschaft außerdem Geldstrafen bis zu 30 Mark zu verhängen, abgesehen von dem Falle des § 81[1] des Ausf.-Ges. zum deutschen Gerichtsverfassungsgesetze.

Hinsichtlich der Büreau- und Unterbeamten, welche der alleinigen Aufsicht der Staatsanwaltschaft unterliegen, steht dem Oberstaatsanwalt das Recht auf Verhängung von Geldstrafen bis zu 90 Mark zu.[4] Die Einleitung der Disciplinaruntersuchung gegen Staatsanwalte ist dem Justizminister vorbehalten; es kann jedoch bei Gefahr im Verzuge diese Verfügung, mit welcher die Ernennung des Untersuchungscommissars verbunden ist, durch den Oberstaatsanwalt erfolgen.[5]

Der Oberstaatsanwalt ist berechtigt, den Konflikt zu erheben, wenn gegen einen ihm untergebenen Beamten der Staatsanwaltschaft wegen einer in Ausübung oder in Veranlassung der Ausübung seines Amtes vorgenommenen Handlung oder wegen Unterlassung einer Amtshandlung eine gerichtliche Verfolgung im Wege des Civil- oder Strafprocesses eingeleitet worden ist.[6] Nach Erhebung des Konflikts ent-

[3] § 146 GVG.

[4] §§ 57, 58, 63 Ges. v. 21. Juli 1852 (GS. 1852 S. 465); §§ 15, 16, 19 Ges. v. 9. April 1879 (GS. 1879 S. 345).

[5] § 23 Ges. v. 21. Juli 1852 (GS. 1852 S. 465).

[6] § 1 Ges. v. 13. Febr. 1854 (GS. 1854 S. 86); Erk. des Ger.Hofs zur Entscheid. der Competenzkonflikte (JMBl. 1854 S. 16).

scheidet in Preußen das Oberverwaltungsgericht die Frage, ob der betreffende Beamte sich einer Ueberschreitung seiner Amtsbefugnisse oder der Unterlassung einer ihm obliegenden Amtshandlung schuldig gemacht habe.[7] Wird die Frage verneint, so ist die Verfolgung ausgeschlossen. Im Bejahungsfalle hat das gerichtliche Verfahren seinen Fortgang, ohne daß jedoch durch die Vorentscheidung des Oberverwaltungsgerichts der des ordentlichen Richters irgendwie präjudicirt würde.

Die Ertheilung der Heirathsconsense an Beamte der Staatsanwaltschaft erfolgt durch den Oberstaatsanwalt. Ihm muß der Beitritt zur Wittwenkasse nachgewiesen werden.[8]

Der Oberstaatsanwalt entscheidet über Beschwerden, die der durch ein Delikt Verletzte über die die Strafverfolgung ablehnende Verfügung des Staatsanwalts erhebt.[9] Sein ablehnender Bescheid kann binnen Monatsfrist durch einen von einem Rechtsanwalte unterzeichneten Antrag an den Strafsenat des Oberlandesgerichts, in dessen Bezirk der die Strafverfolgung ablehnende Staatsanwalt I. Instanz seinen Amtssitz hat, angefochten werden. Dieser Antrag muß die Thatsachen enthalten, welche die Erhebung der öffentlichen Klage begründen sollen und die Beweismittel angeben. Wird gerichtsseits die Erhebung der öffentlichen Klage beschlossen, so muß der Staatsanwalt dieselbe erheben.[10] Durch diese Bestimmung ist der im § 151 des Gerichtsverfassungsgesetzes ausgesprochene Grundsatz durchbrochen.

---

[7] § 11 Ges. v. 27. Jan. 1877 (RGBl. 1877 S. 77).

[8] Anh. § 70 zu § 146 ALR. II, 1 Staatsmin. Beschluß v. v. 17. Aug. 1839 (JMBl. 1839 S. 302); AB. v. 13. April 1881 (JMBl. 1881 S. 76).

[9] § 170 StPO.

[10] §§ 171, 172, 173 StPO.

Meves vertritt in seiner Schrift, das Strafverfahren nach der deutschen Strafproceßordnung S. 57 eine andere Meinung. Er vindizirt dem Reichsgericht in den Sachen, welche in letzter Instanz vor dasselbe gehören, das Recht, die Erhebung der Anklage zu beschließen und erachtet das Oberlandesgericht dazu nur in den Fällen für competent, in welchen die Verletzung eines Landesrechts oder das Vorliegen eines zur Zuständigkeit des Schöffengerichts gehörigen Delikts behauptet wird.

Der Oberstaatsanwalt überreicht den ihm Seitens der Staatsanwaltschaft des Landgerichts über rechtskräftig ergangene Todesurtheile übersendeten Bericht und dessen Anlagen dem Justizminister. Er hat seinerseits die ihm erforderlich erscheinenden Bemerkungen dem Berichte beizufügen.

Er hat die Entscheidung des Justizministers über die vorläufige Entlassung eines Strafgefangenen einzuholen.

Ihm steht das Recht zu, einem Verurtheilten einen Strafaufschub aus Gründen des § 488 StPO. von länger als 4 Wochen zu gewähren.[11] Im Falle eine mehr als sechsmonatliche Strafunterbrechung eines Gefangenen, der in einem zum Ressort des Ministers des Innern gehörigen Gefängniß detinirt ist, oder die zeitweilige Entlassung eines Zuchthausgefangenen in Frage steht, hat sich der Oberstaatsanwalt auf Erfordern der zuständigen Verwaltungsbehörde über die Strafunterbrechung gutachtlich zu äußern.[12]

Der Oberstaatsanwalt ist berechtigt, die vom Minister des Innern ressortirenden Strafanstalten, welche in seinem Bezirke liegen, zu inspiciren.

[11] AV. v. 14. Aug. 1879 III, 4. IV. II (JMBl. 1879 S. 237).

[12] Min.Rescr. v. 7. Juni 1881 I. 2432.

Ihm gebührt die obere Leitung der Verwaltung der sämmtlichen Gefängnisse des Oberlandesgerichtsbezirks. Er hat die geeigneten allgemeinen Vorschriften über den Geschäftsbetrieb und die Ordnung in den Gefängnissen zu erlassen und die im einzelnen Falle etwa erforderliche Abhilfe von Amtswegen oder auf erhobene Beschwerde zu treffen.

Er hat über die Vertheilung der Dienstgeschäfte Verfügung zu treffen, sobald mehrere Inspektoren oder Unterbeamte, Rechnungs- und Kanzleibeamte, sowie Beamte des technischen und wirthschaftlichen Betriebs angestellt sind.[13]

Er hat endlich von Zeit zu Zeit die Gefängnisse zu besichtigen oder durch einen beauftragten Staatsanwalt besichtigen zu lassen.[14]

Die Anstellung der Inspektoren und der Unterbeamten der Gefängnißverwaltung an Gefängnissen, welche einen besonderen Etat haben, erfolgt durch den Oberstaatsanwalt. Die Anstellung dieser Beamten bei andern Gefängnissen erfolgt durch ihn und den Präsidenten des Oberlandesgerichts gemeinsam.[15] Dem Oberstaatsanwalte sind ferner folgende Geschäfte übertragen:

Er ertheilt die Zahlungsanweisungen hinsichtlich der den Kanzleibeamten und Lohnschreibern der Kollegialgerichte und Staatsanwaltschaften zustehenden Schreiblöhne.[16]

Auf sein Ersuchen ergehen Seitens der Kgl. Regierungen (der Kgl. Finanzdirektion zu Hannover) die Anweisungen an die Kassen, die Kautionen der Beamten, welche bei Gefäng-

---

[13] §§ 5, 23 Reglement für die Gefängnisse der Justizverwaltung v. 16. März 1881 (JMBl. 1881 S. 50).

[14] § 4 AV. v. 14. Aug. 1879 (JMBl. 1879 S. 243).

[15] § 3 AV. v. 14. Aug. 1879 (JMBl. 1879 S. 243).

[16] AV. v. 29. Sept. 1879 (JMBl. 1879 S. 391).

nissen mit besonderem Etat angestellt sind, aufzubewahren resp. herauszugeben.[17]

Ihm liegt die Verpflichtung ob, bis zum 15. Februar jedes Jahres dem Justizminister eine die Resultate der Schwurgerichte im Oberlandesgerichtsbezirke umfassende Hauptzusammenstellung nebst den Statistiken einzureichen.[18]

Wenn die Stempelfiscale gelegentlich der Revisionen der in den Gerichtsakten befindlichen Urkunden vermeintliche Unrichtigkeiten in dem Ansatze der mit den Gerichtskosten zu erhebenden Stempelbeträge bemerken, so haben sie, wenn sie den Bemerkungen eine besondere Wichtigkeit beilegen, dem Provinzialsteuerdirektor zur weiteren Beschlußnahme Anzeige zu machen. Diesem bleibt es überlassen, die Bemerkungen dem betreffenden Oberstaatsanwalte zu übersenden und wenn die Bemerkungen Fragen von principieller Bedeutung zum Gegenstande haben, mit der Uebersendung zugleich das Ersuchen um Benachrichtigung von der getroffenen Verfügung zu verbinden. Theilt der Oberstaatsanwalt die Auffassung des Provinzialsteuerdirektors nicht, so muß er demselben die Gründe für seine abweichende Meinung mittheilen.[19] Hinsichtlich der Fondsverwaltung sind dem Oberstaatsanwalte folgende Geschäfte übertragen:

Er hat unvermeidliche Ueberschreitungen bei den sächlichen Fonds und den Auslagenfonds bei Einsendung des Finalabschlusses zu motiviren.

Er hat die Ermächtigung zu Etatsüberschreitungen bei den übrigen Fonds beim Justizminister nachzusuchen.

---

17 AV. v. 9. Januar 1880 (JMBl. 1880 S. 10 No. 2).

18 AV. v. 20. Januar 1880 (JMBl. 1880 S. 18).

19 AV. v. 19. Februar 1880 (JMBl. 1880 S. 37).

Er verfügt über die für einzelne Gefängnisse nach den besonderen Kassenetats zahlbaren Fonds, soweit dieselben zu Besoldungen und Remunerationen der Beamten des Gefängnisses oder zur Gewährung von anderen festen Bezügen bestimmt sind.

Beruht eine Bewilligung auf dem gemeinschaftlichen Beschlusse der Vorstandsbeamten des Oberlandesgerichts oder auf einer Entscheidung des Ministers, so hat der Oberstaatsanwalt die Zahlungsanweisung zu erlassen.

Die Entscheidung über die Bewilligung von Feuerungsmaterial aus den Vorräthen der Behörden und die Festsetzung der dafür zu zahlenden Geldentschädigung steht hinsichtlich der Gefängnisse mit besonderem Etat dem Oberstaatsanwalte zu.[20]

Dem Präsidenten des Oberlandesgerichts und dem Oberstaatsanwalte bei demselben sind folgende Geschäfte gemeinschaftlich übertragen:

1. der Erlaß einer Prüfungsordnung für Kanzleibeamte;[21]

2. die Ernennung der Mitglieder der Prüfungscommissionen für

a) Gerichtsvollzieher;[22]

b) Gerichtsschreiber,

c) Gerichtsschreibergehilfen;[23]

---

[20] §§ 2, 6, 12, 21 der Vorschriften über die Fondsverwaltung bei den Justizbehörden v. 28. Sept. 1879.

[21] § 2 der Bestimmungen über die Beschaffung des Schreibwerks v. 4. Sept. 1879 (JMBl. 1879 S. 309).

[22] § 6 Ger.Vollz.Ordnung v. 14. Juli 1879 (JMBl. 1879 S. 194).

[23] §§ 9, 20 AV. v. 5. Sept. 1879 (JMBl. 1879 S. 317).

3. die Ernennung

a) der Kanzleibeamten,[24]
b) der Gerichtsschreiber,
c) der Gerichtsschreibergehilfen,
d) der Sekretaire der Staatsanwaltschaft,
e) der Assistenten der Staatsanwaltschaft,[25]
f) der Gerichtsvollzieher,[26]
g) der Kalkulatoren,[27]
h) der Dolmetscher,[28]
i) der Gerichtsdiener;[29]

4. Die Bearbeitung der Kautionsangelegenheiten, einschließlich der Entscheidungen über Ansammlung von Kautionen aus Gehaltsabzügen;[30]

5. Die Feststellung der Schreiblöhne der Kanzleibeamten und Lohnschreiber der Oberlandesgerichte;

6. Die Bezeichnung der Amtsgerichte, bei welchen dem Gerichtsschreiber für Beschaffung von Hilfskräften für die Büreaugeschäfte eine Entschädigung zu gewähren ist und Festsetzung der Höhe derselben.[31]

---

[24] § 3 der Bestimmungen (JMBl. 1879 S. 309).

[25] §§ 17, 22, 25 AB. v. 5. Sept. 1879 (JMBl. 1879 S. 317).

[26] § 13 der Ger.Vollz.Ordn.

[27] AB. v. 30. Sept. 1879 (JMBl. 1879 S. 391).

[28] § 14 Dolmetscherordnung v. 9. Nov. 1880 (JMBl. S. 253).

[29] § 6 Dienstordnung v. 21. Octbr. 1879 (JMBl. 1879 S. 416).

[30] AB. v. 24. Sept. 1879 (JMBl. 1879 S. 387).

[31] AB. v. 4. Sept. 1879 III (JMBl. 1879 S. 308); AB. v. 29. Sept. 1879 (JMBl. 1879 S. 391).

§ 7.

Der Erste Staatsanwalt.

Der erste Beamte der Staatsanwaltschaft beim Landgerichte führt den Amtstitel „Erster Staatsanwalt".[1] Er gehört zur vierten Rangklasse der höheren Provinzialbeamten.[2]

Ihm steht das Recht der Aufsicht hinsichtlich aller zur landgerichtlichen Staatsanwaltschaft gehörigen Beamten zu. Es sind dies außer den Staatsanwalten die die staatsanwaltschaftlichen Funktionen bei den Amts- und Schöffengerichten ausübenden Amtsanwalte.[3]

Der Amtsanwalt.

Die Amtsanwalte werden auf Widerruf ernannt. Ihre Ernennung erfolgt durch den Oberstaatsanwalt nach Anhörung des Regierungspräsidenten.

Der Justizminister kann die Geschäfte des Amtsanwalts einem Staatsanwalte, einem Gerichtsassessor oder einem Referendare übertragen.[4] (Die Geschäftsanweisung für die Amtsanwalte ist im JMBl. pro 1879 S. 261 abgedruckt.)

Die Vorsteher der Gemeindeverwaltungen am Sitze des Amtsgerichts sind zur Uebernahme dieses Amtes verpflichtet, wenn nicht andere geeignete Personen von ihnen in Vorschlag gebracht werden können. Diese Verpflichtung besteht in dem Falle nicht, wenn die Polizeiverwaltung Kgl. Beamten übertragen ist.

---

[1] § 59 Ges. v. 24. April 1878 (GS. 1878 S. 230).

[2] Allerh. Erl. v. 11. Aug. 1879 (GS. 1879 S. 579).

[3] § 143 Ger.Verf.Ges.; § 78 Ges. v. 24. April 1878 (GS. 1878 S. 230).

[4] § 63 Ges. v. 24. April 1878 (GS. 1878 S. 230).

§ 8.

Die Hilfsbeamten.

Die Hilfsbeamten der Staatsanwaltschaft sind verpflichtet, den Anordnungen der Staatsanwalte und der diesen vorgesetzten Beamten (Oberstaatsanwalt, Oberreichsanwalt, Justizminister) Folge zu leisten.[1]

Durch gemeinschaftliche, auf den Schlußsatz dieses § sich gründende Verfügung des Justizministers und des Ministers des Innern sind folgende Beamte des Polizei- und Sicherheitsdienstes zu Hilfsbeamten der Staatsanwaltschaft bestimmt:

1. Nachstehend benannte Kgl. Forstschutzbeamte: Revierförster, Hegemeister, Förster, Forstaufseher und Forsthilfsjäger, sowie diejenigen Waldwärter, welche auf Forstanstellungsberechtigung nach den Bestimmungen des Regulativs vom 15. Februar 1879 (MBl. für innere Verwaltung 1879 S. 165) dienen.[2]

2. Die Kriminalpolizeicommissarien und Polizeicommissarien der in Städten bestehenden Kgl. Polizeibehörden; in Berlin außerdem die Polizeilieutenants, welche mit der Führung der Revierpolizeiverwaltung und der Handhabung der Marktpolizei beauftragt sind.

3. Bei den städtischen Polizeiverwaltungen die Bürgermeister oder das an Stelle desselben mit der Führung der Polizeiverwaltung beauftragte Magistratsmitglied,

in Schleswig-Holstein: die Bürgermeister oder der mit Führung der Polizeiverwaltung beauftragte Beamte;

in Hessen-Nassau: ebenso;

---

[1] § 153 Ger.Verf.Ges.

[2] Gem.Rescr. der Minister des Innern und der Justiz v. 23. Nov. 1879. I, 4895.

in der Rheinprovinz: der Bürgermeister oder die an des Bürgermeisters Stelle mit der Führung der Polizeiverwaltung oder mit der Funktion eines Hilfsbeamten der Staatsanwaltschaft beauftragte Magistratsperson;

ferner:

die Polizeiinspektoren und Polizeicommissarien.

4. Bei den Polizeiverwaltungen auf dem Lande:

a) in den Provinzen, in welchen die Kreisordnung gilt, die Amtsvorsteher, Gutsvorsteher, Gemeindevorsteher und deren Stellvertreter;

b) in Posen die Polizeidistriktscommissarien, Gutspolizeiverwalter, Guts- und Gemeindevorsteher;

c) in Schleswig-Holstein die Kirchspielsvögte, Hardesvögte, Land- und Inselvögte, Besitzer adliger oder mit Polizeigewalt versehener Güter, klösterliche Polizeiverwalter, Guts- und Gemeindevorsteher;

d) in Hannover die Polizeiinspektoren in den Aemtern Lehe und Wilhelmshaven, der Badepolizeiinspektor zu Norderney, die Gemeindevorsteher, die Amts- und Inselvögte;

e) in Westfalen die Amtsmänner, Guts- und Gemeindevorsteher und deren Stellvertreter;

f) in Hessen-Nassau und der Rheinprovinz die Bürgermeister, Guts- und Gemeindevorsteher und deren Stellvertreter.

Es gehören ferner zu den Hilfsbeamten der Staatsanwaltschaft die Revierbeamten des Berg-, Hütten- und Salinenwesens, einschließlich der Direktoren der fiscalischen Bergwerke und Salinen in sämmtlichen Provinzen, in den am Meere gelegenen Provinzen die Fischmeister, Fischkieper und Hilfsfischkieper in ihren Revieren und die Oberfischmeister zu Pillau, Memel, Wollin, Stralsund und Schleswig, endlich in Ostpreußen die Grenzcommissarien in Eydtkuhnen und Prostken, in Pommern die Lootsencommandeure zu Swinemünde und Stettin und die Schiffahrtsrevierschutzmänner daselbst, sowie in den Badeorten der Provinz Hessen-Nassau die Kgl. Badecommissarien.

In den Hohenzollern'schen Landestheilen sind allein die Orts- und Gemeindevorsteher und deren Stellvertreter Hilfsbeamte der Staatsanwaltschaft.[3] Die Landgendarmerie gehört demnach nicht zu den Hilfsbeamten der Staatsanwaltschaft und erstreckt sich das Recht der Aufsicht im Sinne des § 80 des Ausführungsgesetzes auf die Gendarmen nicht.

Auch hinsichtlich der vorerwähnten Hilfsbeamten ist dieses Recht insofern eingeschränkt, als es den Hilfsbeamten, welche ihr Amt als Ehrenamt versehen, gegenüber ruht und den anderen Hilfsbeamten gegenüber nur dann ausgeübt werden darf, wenn eine Beschwerde bei dem, dem Hilfsbeamten im Hauptamte vorgesetzten, Beamten ohne Wirkung geblieben ist.[4]

§ 9.

Der Rechnungsrevisor.

Bei den Staatsanwaltschaften der Landgerichte und Oberlandesgerichte sind Rechnungsrevisoren angestellt, welche der Dienstaufsicht der Oberstaatsanwalte resp. Ersten Staatsanwalte unterstehen, jedoch auch verpflichtet sind, innerhalb ihres Geschäftskreises die Aufträge der Gerichtspräsidenten

[3] Gem.Verf. v. 15. Septbr. 1879 (JMBl. 1879 S. 349).

[4] § 81[1] Ges. v. 24. April 1878 GS. 1878 (S. 230); Rescr. v. 7. Oktbr. 1879 I, 6305.

zu erledigen.[1] Durch die Geschäftsanweisung für die Rechnungsrevisoren sind den bei den Staatsanwaltschaften der Landgerichte angestellten Rechnungsrevisoren folgende Geschäfte übertragen:

1. Die Revision des Gerichtskostenansatzes bei dem Landgerichte und den Amtsgerichten.

2. Die Revision der Geschäftsthätigkeit der Gerichtsschreiber, Sekretaire und Gerichtsvollzieher, soweit dieselbe Registrirung und Hebung der Gerichtskosten und Geldstrafen betrifft.

3. Die Revision der Kassen und Asservatenverwaltungen und der Verwaltung der Materialienvorräthe bei den Amtsgerichten, Landgerichten und Gefängnissen.

4. Die Revision der Register und Akten der Gerichtsvollzieher, sowie der Dienstregister derselben und der in denselben enthaltenen, vierteljährlich anzufertigenden[2] Abschlüsse, insoweit dieselben für die Festsetzung des den Gerichtsvollziehern zu gewährenden Pauschquantums wesentlich sind,[3] endlich die Anfertigung und rechnerische Bescheinigung der Nachweisung über die anrechnungsfähigen Gebühren der Gerichtsvollzieher.

Die durch § 38[2] der Anweisung vom 30. August 1879 angeordnete Anweisung der Gerichtsvollziehergebühren durch den Oberstaatsanwalt ist durch die auf die Anweisung der Kgl. Oberrechnungskammer vom 24. Juni 1880 gestützte

---

[1] AV. v. 29. Oktbr. 1879 (JMBl. 1879 S. 427).

[2] § 128 Ger.Vollz.Ordnung, § 23 Vorschriften über die Fondsverwaltung v. 28. Sept. 1879. AV. v. 21. Oktbr. 1880 (JMBl. 1880 S. 242).

[3] §§ 19, 24, 25 GVO. v. 14. Juli 1879 (JMBl. 1879 hinter S. 204).

Allgem. Verfügung vom 27. August 1880 (JMBl. 1880 S. 198) beseitigt.

5. Die Revision der von den Hauptkassen zu überweisenden Verzeichnisse über die Ausgaben, welche für Büreaubedürfnisse (Schreib- und Packmaterialien, Drucksachen, Feuerung, Beleuchtung, Bibliothek, Utensilien, Miethe, Aktenheften, Büreaukosten der Staatsanwaltschaft), für Aktentransport, Reinigung und Heizung der Geschäftsräume, Kosten von Revisionsreisen der Landgerichtspräsidenten, Abhaltung der Gerichtstage, Diäten und Reisekosten der Staatsanwalte und zu Reisekosten der Vorsitzenden und Beisitzer der Schwurgerichte und detachirten Strafkammern, sowie der Geschworenen, Schöffen und Mitgliedern des Wahlausschusses, für die Gefängnißverwaltung, soweit sie Büreaubedürfnisse und Miethsentschädigung der Gefängnißbeamten betreffen, endlich für Kriminalkosten, baare Auslagen und andere Ausgaben in Parteisachen, Civil- und Strafsachen, für Porto und Auslagen für Postsendungen und Postbestellungen, sowie für Gebühren telegraphischer Correspondenz angewiesen sind.

6. Die Vorrevision und rechnerische Feststellung der Rechnungen über den Gefangenarbeitsverdienst, sowie der Rechnungen der Kassen der Gefängnisse mit besonderem Etat.

7. Die Mitwirkung bei allen Justizverwaltungsangelegenheiten, welche von den Vorstandsbeamten des Landgerichts gemeinschaftlich oder von jedem derselben allein zu erledigen sind.[4] Insbesondere liegt ihnen auch die Wahrnehmung von Kalkulaturgeschäften in Angelegenheiten der Justizverwaltung ob.[5] Die Rechnungsrevisoren bei den Staatsanwaltschaften

[4] Geschäftsanweisung (JMBl. 1879 S. 427).

[5] AV. v. 30. Sept. 1879 (JMBl. 1879 S. 492. III).

der Oberlandesgerichte haben folgende Obliegenheiten. Sie müssen:

1. die Rechte der Staatskasse hinsichtlich des Gerichtskostenansatzes bei den Oberlandesgerichten wahrnehmen;
2. die Geschäftsthätigkeit der Gerichtsschreiber dieses Gerichts, soweit sie die Registrirung der Gerichtskosten betrifft, revidiren;
3. die Kassenverwaltung und die Verwaltung der Materialienvorräthe der Gefängnisse mit besonderem Etat, welche sich am Sitze des Oberlandesgerichts oder in dessen unmittelbarer Nähe befinden, revidiren;
4. die Nachweisungen über die anrechnungsfähigen Gebühren der Gerichtsvollzieher zusammenstellen und rechnerisch bescheinigen;
5. die dem Oberstaatsanwalt zur Abnahme mitgetheilten Jahresrechnungen prüfen;
6. die von den Hauptkassen einzureichenden Verzeichnisse über die Ausgaben, welche für die Oberlandesgerichte auf Auslagen in Strafsachen und auf Porto und Auslagen für Postsendungen und Telegramme geleistet sind, revidiren;[6]
7. bei allen von den Vorstandsbeamten des Oberlandesgerichts gemeinschaftlich oder von jedem für sich zu erledigenden Justizverwaltungsangelegenheiten mitzuwirken. (Behandlung der Einnahmen und Ausgaben, die Fondsverwaltung, das Kautionswesen, das Kassen und Asservatenwesen, die Aufstellung der Etatsentwürfe, des jährlichen Bauetats und die Feststellung von Defekten);

---

[6] Kapitel 83—85 des Etats 1879/80.

8. über eintretende Personal- und Etatsveränderungen Register führen;[7]
9. die Bücher und Belege bei Revisionen der Verwaltung der Provinzialwaisenfonds rechnerisch prüfen.[8]

§ 10.

Das Sekretariat.

Die Büreaugeschäfte der Staatsanwaltschaft werden durch Beamte erledigt, welche, wenn ihnen die Qualität eines Gerichtsschreibers innewohnt, den Titel „Sekretair", wenn sie Gerichtsschreibergehilfen sind, den Titel „Assistent" führen.[1] Der Sekretair, als Vorsteher des Büreaus hat nachstehende Dienstobliegenheiten zu erfüllen:

1. Er eröffnet die an das Sekretariat adressirten, verschlossen eingehenden Sachen, versieht sie mit dem Präsentationsvermerke und notirt die Zahl der Anlagen und die als baare Auslagen in die Kostenrechnung aufzunehmenden Postgebühren.[2]

2. Er prüft, ob die durch die Staatsanwaltschaft zu bewirkenden Zustellungen ordnungsmäßig erfolgt sind.[3]

3. Er contrasignirt die vom Ersten Staatsanwalte zu vollziehenden oder zu beglaubigenden Reinschriften. Er prüft, ob die Art der Erledigung der Expeditionen, welche vom Dezernenten anzugeben, auf den in der Schreibstube zu fertigenden Reinschriften angegeben ist und bewirkt die Nachholung des Versäumten.[4]

---

[7] §§ 16, 18 AV. v. 29. Mai 1879 (JMBl. 1879 S. 427).

[8] § 10 AV. v. 29. Sept. 1881 (JMBl. 1881 S. 216).

[1] § 1 Gesch.O. für StA. v. 3. Aug. 1879 (JMBl. 1879 hinter S. 230).

[2] § 4 Gesch.Anw. für StA.

[3] § 10 Gesch.Anw. für StA.

[4] § 11 Gesch.Anw. für StA.

Kanzleipersonal.

4. Er nimmt die Obliegenheiten des ersten Gerichtsschreibers dem Kanzleipersonal der Staatsanwaltschaft gegenüber wahr. Als solcher hat er täglich den Monatszettel des die Kanzleiarbeiten vertheilenden Kanzlisten einzusehen und zu beglaubigen. Ihm sind die abgeschlossenen Monatszettel der Kanzlisten und Lohnschreiber zu übergeben. Nach Prüfung und Berichtigung der Rechnung werden die Ergebnisse derselben in eine Zusammenstellung eingetragen und dadurch der Schreiblohn des einzelnen Kanzlisten festgestellt. Der Sekretair hat die unter der Zusammenstellung[5] befindliche Bescheinigung zu vollziehen und dem Ersten Staatsanwalte zur Zahlungsanweisung vorzulegen.[6] Er hat ferner die zur Verhütung von Verzögerungen und Unregelmäßigkeiten nöthigen Anordnungen zu treffen, darf untaugliche Schreibstücke kassiren und auf Kosten des nachlässigen Arbeiters anderweit anfertigen lassen und bestimmt die Zeit, in welcher die Kollationirungen vorzunehmen.

Der Sekretair kann den Kanzleiarbeitern gestatten, einzelne Arbeiten in ihren Wohnungen anzufertigen.[7] Die Monatszettel der Kanzleiarbeiter dürfen denselben nur während der Geschäftsstunden behufs Vornahme der Eintra-

---

[5] Formular No. 19 der Anweisung der Kgl. Ober-Rechn.-Kammer v. 24. Juni 1880. § 16 sub IV Hertting, Berlin 1881 S. 20. 185).

[6] AV. v. 4. Sept. 1879 §§ 13, 15, 20 (JMBl. 1879 S. 309); AV. v. 29. Sept. 1879 No. 2 (JMBl. 1879 S. 391); AV. v. 27. Aug. 1880 II, 1 (JMBl. 1880 S. 198).

[7] §§ 6, 16 AV. v. 4. Sept. 1879 (JMBl. 1879 S. 310, 312).

[8] § 13 AV. v. 4. Sept. 1879 (JMBl. 1879 S. 312).

gungen[8] ausgehändigt werden. Der vertheilende Kanzlist resp. der Sekretair haben dieselben in Verwahrung zu halten.[9]

Im Uebrigen müssen die Beamten des Sekretariats

5. Akten anlegen und aufbewahren und das Aktenregister in Strafsachen führen. Haft- oder Eilsachen sind auf dem Aktendeckel durch einen in die Augen fallenden Vermerk als solche zu bezeichnen.

Jedes Aktenstück enthält ein Aktenzeichen. Dasselbe wird für Generalakten durch Ziffer und Nummer des Registerabschnitts, für andere Akten durch den Buchstaben und die Nummer des Aktenregisters unter Beifügung der Jahreszahl gebildet. Wenn die Hauptakten vom Sekretariate angelegt werden, so verbleibt ihnen das Aktenzeichen, auch wenn sie an das Landgericht übergehen.[10]

6. Gesuche aufnehmen, welche sich auf den Geschäftskreis der Staatsanwaltschaft beziehen, Verfügungen expediren, Rechnungsarbeiten anfertigen, Haftkosten berechnen, kleinere Schreibarbeiten anfertigen, Register und Listen führen und die Geschäftsübersichten aufstellen.[11]

Geschäftscontrolen.

Im Büreau der Staatsanwaltschaft werden folgende Geschäftscontrolen geführt:

a) das Tagebuch[12], durch dasselbe wird der Nachweis geliefert, welche Schriften eingegangen und wohin sie gelangt sind;

[9] AV. v. 27. Aug. 1880 II, 2 (JMBl. 1880 S. 199).

[10] §§ 7, 26 Gesch.Anw. f. d. Landgerichte; §§ 6, 14 Gesch.Anw. f. d. StA.

[11] § 3 Gesch.Anw. f. d. StA.

[12] § 7. Formular III.

[13] § 9. Formular IV.

b) das Register für Generalakten.[13] Generalakten sind die Akten, welche Angelegenheiten der Justizaufsicht und Justizverwaltung betreffen und die Akten, welche in den anderen Registern nicht unterzubringen sind;

c) der Geschäftskalender zur Notirung der Termine und Reproduktionsverfügungen;[14]

d) das Register für Ehe- und Entmündigungssachen.[15] Zur Bildung des Aktenzeichens wird die laufende Nummer verwendet z. B. H. 1;

e) das Register für Vorverfahren I.,[16] durch dieses Register werden das vorbereitende Verfahren, die Voruntersuchung, die Anträge und Beschlüsse nach beendetem Vorverfahren, die Beendigung des Vorverfahrens durch Abstandnahme, durch Ablehnung des Antrags auf Voruntersuchung oder auf Eröffnung des Hauptverfahrens, endlich die Anklageschriften ohne vorbereitendes Verfahren controlirt;

f) das Strafproceßregister K. L. M.[17] weist die Strafsachen erster Instanz nach, in welchen das Hauptverfahren vor dem Schwurgerichte oder der Strafkammer eröffnet ist;

g) die Strafproceßliste N.[18] ist zur Eintragung der vor die Amts- und Schöffengerichte gehörigen Strafsachen bestimmt, welche der Staatsanwalt als Amtsanwalt incl. des Hauptverfahrens bearbeitet.

Für Forstdiebstahlssachen wird in diesem Falle ein besonderes Register geführt, dessen Formular sub N. 14 der Geschäftsanweisung für die Amtsgerichte sich findet.[19]

---

[14] § 10. Formular V.
[15] § 13. Formular VI.
[16] § 16. Formular VII.
[17] § 17. Formular VIII.
[18] § 18. Formular IX.
[19] JMBl. 1879 S. 230.

h) In das Verzeichniß der bestraften Personen[20] werden die Namen der Personen eingetragen, gegen welche nach Inhalt des Strafproceßregisters (ad f) auf Strafe erkannt ist, sowie derjenigen, welche wegen Verbrechens oder Vergehens von einem anderen Gerichte bestraft sind, aber ihren Wohnsitz oder Aufenthaltsort im Bezirke des Landgerichts haben.

Zu diesem Zwecke übersendet nach Rechtskraft der Urtheile der Schwurgerichte oder Strafkammern der Erste Staatsanwalt an diesem Gerichte, nach Rechtskraft der Erkenntnisse der Schöffengerichte der Gerichtsschreiber des Amtsgerichts dem ersten Staatsanwalte des Landgerichtsbezirks, in dem der Verurtheilte seinen Wohnsitz oder Aufenthaltsort hat, beglaubigte Abschrift des Urtheiltenors;[21]

i) das Register für Berufungen in Strafsachen O.;[22]

k) das Register für Rechtshilfesachen R. H.;[23]

l) die Liste der Ueberführungsstücke.[24] In dieselbe werden Gegenstände, welche als Beweismittel in einer Strafsache von Bedeutung sind oder der Einziehung unterliegen, eingetragen. Die Annahme- und Ausgabeverfügungen können vom Staatsanwalte oder Richter erlassen werden. Diese Liste ist vom Ersten Staatsanwalte vierteljährlich zu revidiren. Das Ergebniß der

[20] § 19. Formular X.

[21] Formular XI. AV. v. 25. Aug. 1879 (JMBl. 1879 S. 251 I.); Erlaß v. 22. März 1880 (JMBl. 1880 S. 58); § 35 in fine Gesch.Anw. f. d. Amtsgerichte (JMBl. 1879 S. 230).

[22] § 20. Formular XII.

[23] § 22. Formular XIII.

[24] Formular XIV. § 38 der Gesch.Anw. für die Gerichtsschreiberei der Amtsgerichte (JMBl. 1879 S. 230).

Revision ist durch ein Protokoll festzustellen, aus dem ersichtlich sein muß, ob die Gegenstände, welche listenmäßig vorhanden sein sollen, auch wirklich vorgefunden sind und ob die Buchführung und die Verwahrung den bestehenden Vorschriften entspricht.[25]

Der Sekretair muß ferner:

7. die Abschrift der Entscheidung des Oberlandesgerichts in Strafsachen in den Fällen, in welchen das Urtheil des Landgerichts, als der II. Instanz, aufgehoben oder abgeändert ist, der Gerichtsschreiberei des Landgerichts übersenden;[26]

8. in den Angelegenheiten der Justizverwaltung Kalkulaturgeschäfte wahrnehmen.[27]

9. Sobald die Reposition der Akten verfügt ist, vermerkt das Büreau auf dem Aktendeckel das Jahr der Weglegung und das Jahr, bis zu welchem die Akten aufzubewahren sind.[28]

Kassation der Akten.

Die Kassation der Akten erfolgt bei der Staatsanwaltschaft in der Regel alle drei Jahre. Die Aussonderung der Akten geschieht nach Anleitung der Repertorien durch das Sekretariat. Die zum Verkaufe bestimmten Akten werden in den Aktenregistern bemerkt. Nach geschehener Aussonderung der zu verkaufenden Akten werden diejenigen, welche an weiterer Aufbewahrung der Akten ein Interesse haben, durch öffentliche Bekanntmachung aufgefordert, dasselbe innerhalb 4 Wochen anzumelden und zu bescheinigen.

---

[25] Min.Reſcr. v. 15. Dezbr. 1881. I, 4877.

[26] § 7 Gesch.Anw. für den Ger.Schreiber der Oberlandesgerichte (JMBl. 1879 S. 324).

[27] AV. v. 30 Sept. 1879 III (JMBl. 1879 S. 392).

[28] § 6 StA.

Der Verkauf der Akten erfolgt öffentlich an den Meistbietenden. Der Erlös wird an die Regierungshauptkasse abgeführt. 20 pCt. desselben können nach Deckung der baaren Auslagen von den Vorstandsbeamten des Oberlandesgerichts zu Remunerationen für die Beamten verwendet werden, welche mit der Aussonderung und dem Verkaufe der Akten beschäftigt waren.

Akten, welche Untersuchungs-, Entmündigungs-, Disciplinarsachen oder Geschäftsrevisionen betreffen, dürfen nur zum Einstampfen oder einem anderen sie vernichtenden Gebrauche verkauft werden. Die Käufer haben sich hierzu schriftlich zu verpflichten und ist eine Conventionalstrafe für den Fall des Zuwiderhandelns bis auf Höhe des doppelten Betrags der für sämmtliche erstandene Akten gezahlten Kaufsumme zu verabreden und festzusetzen.[29] Ausgeschlossen von dem Verkaufe sind Akten, welche sich auf die Geschichte, die Besitz- und Rechtsverhältnisse oder die Verwaltung des Staats oder einzelner Landestheile beziehen oder von besonderem culturhistorischen Interesse sind. Dergleichen Akten sind an die Staatsarchive abzuliefern.[30] Bei jeder Aktenaussonderung sind die kassationsfähigen Akten und Urkunden, welche obigen Inhalt haben, in ein Verzeichniß zu bringen und Abschrift desselben sowie der auf den Verkauf der Akten hinzielenden öffentlichen Bekanntmachung den Archivvorständen zu übersenden.[31]

Zum Verkaufe nach 30 Jahren sind geeignet:

---

[29] AV. v. 17. Septbr. 1880 (JMBl. 1880 S. 213).

[30] AV. v. 14. Februar 1880 (JMBl. 1880 S. 33).

[31] AV. v. 13. Septbr. 1881 (JMBl. 1881 S. 186).

a) die Generalakten, soweit nicht anderweite allgemeine oder besondere Anordnungen getroffen sind;
b) die Aktenregister, sobald alle darin verzeichnete Angelegenheiten erledigt sind;
c) die Verzeichnisse der bestraften Personen.

Es sind ferner geeignet zum Verkaufe nach 25 Jahren die Urtheile in Strafsachen und die Verhandlungen über die Strafvollstreckung, zum Verkaufe nach 10 Jahren die Akten über aufgenommene Revisionsverhandlungen, zur Veräußerung nach 5 Jahren

a) die sonstigen Geschäftscontrolen, Kalender, Tagebücher, die Liste der Ueberführungsstücke, die Register über Ehe- und Entmündigungssachen, Strafprozeßlisten, das Register für Rechtshilfesachen;
b) die Akten über Strafsachen.[32]

10. Es können endlich einem Büreaubeamten der Staatsanwaltschaft die Geschäfte des Gefängnißinspektors übertragen werden.[33]

§ 11.

Gesuche um Anstellung oder Versetzung.

Gesuche der Gerichtsassessoren um Anstellung in Staatsanwaltsstellen, sowie Gesuche der Staatsanwalte um Versetzung auf eine andere Staatsanwaltsstelle oder um Beförderung in die Stelle eines Ersten Staatsanwalts sind dem Oberstaatsanwalte des Bezirks einzureichen, dem der Bewerber angehört.

---

[32] AV. v. 22. Septbr. 1879 (JMBl. 1879 S. 376).

[33] § 11 Regl. für die Gefängnisse der Justizverwaltung; AV. v. 16. März 1881 (JMBl. 1881 S. 50).

Die Gesuche um Versetzung müssen motivirt sein.

Der Oberstaatsanwalt hat auf Grund der Dienstakten des Bewerbers dessen Personalien, die Zeit des Eintritts in den Staatsdienst, die Anciennität und das Prädikat des Assessorexamens zu dem Gesuche zu notiren, sich über die Qualifikation und die dienstlichen Leistungen des Bewerbers zu äußern und das Gesuch demnächst dem Oberstaatsanwalte des Bezirks zu übersenden, in welchem die erledigte Stelle sich befindet.

Diese Gesuche mit den Aeußerungen des Oberstaatsanwalts sind 14 Tage nach der Publikation der Vakanz im Ministerialblatte dem Minister mittelst Umschlags einzureichen oder dem erforderten Berichte beizufügen.[1]

§ 12.

Urlaub.

Der Oberstaatsanwalt resp. Erste Staatsanwalt, welche auf die Dauer von 72 Stunden sich selbst beurlauben dürfen, haben den ihnen untergebenen Beamten gegenüber das Recht auf Urlaubsertheilung, der Oberstaatsanwalt bis zum Zeitraume von 8, der Erste Staatsanwalt bis zu 4 Wochen.

Der Justizminister hat sich die Entscheidung über Urlaubsgesuche in den Fällen vorbehalten, wenn durch die Beurlaubung eine Vertretung auf Staatskosten erforderlich wird, wenn der Urlaub den Zeitraum von 8 Wochen übersteigt und der Urlaub die Beschäftigung bei anderen Behörden oder bei Rechtsanwalten bezweckt.

Der Oberstaatsanwalt entscheidet über Urlaubsgesuche

[1] AV. v. 1. Januar 1880 (JMBl. 1880 S. 3).

der Gefängnißverwaltungsbeamten im Falle einer mit Kosten verknüpften Stellvertretung, er und der Präsident des Oberlandesgerichts gemeinsam über dergleichen Gesuche der Subaltern- und Unterbeamten.

Die Berechtigung des Ersten Staatsanwalts auf Urlaubsertheilung ist dahin eingeschränkt, daß derselbe Amtsanwälten nur Urlaub bis zu 14 Tagen ertheilen darf.[1] Sind bei einem Amtsgerichte mehrere Beamte der Staatsanwaltschaft angestellt, so kann der erste derselben Urlaub bis zu einer Woche bewilligen. Er selbst kann sich, falls sich an seinem Amtssitze kein Vorgesetzter befindet, auf 72 Stunden beurlauben.

Jede Beurlaubung setzt voraus, daß für eine ordnungsmäßige Wahrnehmung des Dienstes gesorgt ist. Die Vertretung der Beamten wird durch den Oberstaatsanwalt resp. Ersten Staatsanwalt angeordnet, abgesehen von den Fällen, in welchen der Justizminister die Ertheilung des Urlaubs sich vorbehalten hat.

Im Falle der Verhinderung eines Beamten der Staatsanwaltschaft ist für Geschäfte, welche keinen Aufschub gestatten, nöthigen Falls von dem Vorstande des Gerichts ein Vertreter zu bestellen. Handelt es sich um Wahrnehmung solcher Geschäfte bei Oberlandesgerichten oder Landgerichten, so muß der Vertreter Richterqualität besitzen. Alle Beamte des Gerichts, einschließlich der Richter sind zur Uebernahme einer solchen Vertretung verpflichtet.[2] Die alljährlich vom 15. Juli bis 15. September währenden Gerichtsferien äußern auf das Strafverfahren und in Folge dessen auf die Beamten der

[1] AV. v. 14. Januar 1880 (JMBl. 1880 S. 15); Art. 8 Gesch.Anw. f. d. Amtsanwalte (JMBl. 1879 S. 264).

[2] §§ 66, 67 Ges. v. 24. April 1878 (GS. 1878 S. 230); Art. 9 Gesch.Anw. für Amtsanwalte (JMBl. 1879 S. 263).

Staatsanwaltschaft keinen Einfluß, da die Strafsachen zu den Feriensachen gehören, ihre Bearbeitung deshalb nicht ruhen darf.[3]

§ 13.

Die Staatsanwaltschaft erfüllt ihren Zweck, die Urheber strafbarer Handlungen zu verfolgen dadurch, daß sie bei dem zuständigen Gerichte die öffentliche Klage erhebt. Dies geschieht entweder durch Einreichung einer Anklageschrift bei dem Gerichte oder durch Stellung des Antrags auf gerichtliche Voruntersuchung.[1] Dieser Antrag muß den an die Anklage selbst gestellten Erfordernissen insoweit entsprechen, als er sich nicht darauf beschränken darf, das Verbrechen oder Vergehen, welches durch die Voruntersuchung eruirt werden soll, namentlich zu bezeichnen, sondern die Strafthat derart formulirt enthalten muß, daß die Formel als Schlußformel der Anklageschrift benutzt werden kann, wenn die Voruntersuchung zur Belastung des Angeschuldigten geführt hat.[2] Der Regel nach verschafft sich die Staatsanwaltschaft das Material zur Erhebung einer Anklage durch Einziehung von Erkundigungen bei Behörden und Requisitionen resp. Aufträge an die Behörden und Beamten des Polizei- und Sicherheitsdienstes, welche gesetzlich verpflichtet sind, diesem Ersuchen oder Auftrage zu genügen.[3] Führt dieses Skrutinialverfahren nicht zur Erhebung der öffentlichen Klage, so verfügt die Staatsanwaltschaft die Einstellung des Verfahrens, und bescheidet den Antragsteller unter Angabe der Gründe demgemäß.

[3] §§ 201, 202 Ger.Verf.Ges.

[1] § 168 StPO.

[2] § 198 StPO.

[3] §§ 159, 160 StPO.

Es ist hierfür vereinfachte Zustellung ausreichend; die Beurkundung der Zustellung ist nothwendig, weil die Beschwerde an Einhaltung einer Frist geknüpft ist.[4]

Todesermittelungen.

Wird der Leichnam eines Unbekannten gefunden oder liegt der Verdacht vor, daß ein Mensch eines nicht natürlichen Todes gestorben sei, muß sofort von Seiten der Polizei oder Gemeindebehörde der Staatsanwaltschaft oder dem Amtsgericht Anzeige erstattet werden und ist die Beerdigung so lange aufzuschieben, bis die schriftliche Genehmigung der Staatsanwaltschaft oder des Amtsgerichts ertheilt ist.[5] Erscheinen die polizeilichen Verhandlungen unzureichend zur Ertheilung der Beerdigungserlaubniß, so hat die Staatsanwaltschaft sich darüber Aufklärung zu verschaffen, ob ein Verdacht vorhanden sei oder nicht.

Sie kann zu diesem Zwecke die Leiche selbst besichtigen; es dürfte sich jedoch, behufs eventueller Vermeidung doppelter Kosten empfehlen, bei dem zuständigen Amtsgerichte den Antrag auf Leichenschau zu stellen.[6] Erscheint zur Ermittelung der Todesursache die Obduktion der Leiche erforderlich, so ist dieselbe bei dem zuständigen Amtsgerichte zu beantragen.[7] Liegt der Verdacht vor, daß eine Militärperson an dem Tode des Entleibten Schuld trage, so erfolgt die Obduktion der Leiche durch das Militärgericht; wenn ein solches sich nicht

---

4 §§ 168, 169, 170 StPO.; AV. v. 16. Juli 1879 I (JMBl. 1879 S. 194).

5 § 157 StPO.

6 §§ 87, 157, 160 StPO.

7 § 87 StPO.; AV. v. 22. März 1875 (Regulativ) (JMBl. 1875 S. 75); AV. v. 27. April 1881 (JMBl. 1881 S. 86).

am Orte befindet, ist das Amtsgericht zur Aufnahme der Verhandlungen zu requiriren.[8]

Bei amtlich ermittelten Todesfällen hat die Staatsanwaltschaft dem Standesbeamten eine bezügliche schriftliche Mittheilung zu machen.[9]

Brandermittelungen.

Die Ermittelung der Entstehungsart stattgehabter Feuersbrünste erfolgt durch die Polizeibehörden, welche die aufgenommenen Verhandlungen der Staatsanwaltschaft einzureichen haben. Dieselbe hat die Prüfung der Verhandlungen nach Möglichkeit zu beschleunigen.[10]

Eisenbahnunfälle.

Die Kgl. Eisenbahndirektionen, die Privateisenbahnenverwaltungen, die Kgl. Eisenbahncommissariate und der Kgl. Eisenbahncommissarius zu Erfurt sind angewiesen, Unfälle auf Eisenbahnen, welche von erheblichen Folgen, namentlich der Tödtung oder Beschädigung von Menschen begleitet sind, sofort nach ihrem Eintritt zur Kenntniß der betreffenden Staatsanwaltschaft zu bringen, auch den objektiven Thatbestand bis zur Ankunft des Untersuchungsrichters unverändert zu lassen, sofern nicht höhere Rücksichten, z. B. die Rettung von Menschenleben und die Freimachung der Bahn für den laufenden Verkehr eine sofortige Aenderung gebieten oder

[8] § 7 Ges. v. 27. Jan. 1877 (RGBl. 1877 S. 77); § 41 Militärstrafgerichtsordnung v. 3. April 1845 (GS. 1845 S. 287).

[9] AV. v. 21. Juni 1875 (JMBl. 1875 S. 157); §§ 58, 59 Ges. v. 6. Februar 1875 (RGBl. 1875 S. 23); AV. v. 4. Mai 1878 (JMBl. 1878 S. 75).

[10] AV. v. 26. August 1850 (JMBl. 1850 S. 301); § 59 der Kreisordnung (GS. 1872 S. 676).

soweit nicht das Interesse der Erhaltung der Betriebsmittel xc. ein Einschreiten erfordert.[11] Diese Anweisung ist erneuert und sind die pp. Direktionen xc. angewiesen, auf die möglichste Beschleunigung des gerichtlichen Verfahrens durch schnelle Feststellung des Thatbestandes und durch rechtzeitiges entgegenkommendes Benehmen mit der Staatsanwaltschaft nach Kräften hinzuwirken.[12] Seitens der Staatsanwaltschaft ist in solchen Fällen der Antrag auf Einnahme des Augenscheins zu stellen und bei erheblicheren Fällen von dem Rechte der Anwesenheit bei der Verhandlung Gebrauch zu machen.

Münzverbrechen.

Das preußische Strafgesetzbuch vom 14. April 1851 enthielt keine besonderen Vorschriften darüber, wie falsches Geld aus dem Verkehre wegzuschaffen.[13] Nur für den Fall, daß falsche oder gefälschte Münzen und Werthzeichen noch dem Thäter oder dem Theilnehmer an dem Verbrechen gehörten, mußte die Konfiskation erfolgen.[14] Diesem Uebelstande ist durch das Reichsstrafgesetzbuch abgeholfen, indem in Erweiterung der allgemeinen Regeln über Einziehung der Produkte verbrecherischer Handlungen und der Werkzeuge des Verbrechens[15] die Einziehung nachgemachten und verfälschten Geldes durch Erkenntniß ausgesprochen werden muß, auch wenn die Verfolgung oder Verurtheilung einer bestimmten Person nicht stattfinde.[16] Das sogenannte objektive Strafverfahren ist in den

---

[11] Rescr. v. 25. April 1851. I, 1494.

[12] Rescr. des Ministers der öffentlichen Arbeiten v. 19. Nov. 1880. IIa, b 15135. IV 5907.

[13] §§ 121—124 Pr. StGB.

[14] § 19 Pr. StGB.

[15] §§ 40—42 RStGB.

[16] § 152 RStGB.

§§ 477—479 der Strafprozeßordnung für das deutsche Reich geregelt.

Die Münzen oder Werthpapiere, deren Unechtheit oder Verfälschung behauptet wird, sind erforderlichen Falls der Behörde vorzulegen, von welcher echte Münzen oder Papiere dieser Art in Umlauf gesetzt werden und ein Gutachten auch darüber zu extrahiren, in welcher Art die Fälschung muthmaßlich begangen ist.

An Stelle des Gutachtens einer ausländischen Behörde kann das einer deutschen Behörde erfordert werden.[17] Es gelten folgende Bestimmungen hinsichtlich

a) der Reichsmünzen[18]: Sämmtliche Reichs- und Landeskassen haben die bei ihnen eingehenden nachgemachten oder verfälschten Reichsmünzen anzuhalten. Der Vorsteher der Kasse hat das Falschstück sofort der zuständigen Justiz- oder Polizeibehörde unter Beifügung des Begleitschreibens, Etiketts 2c., beziehungsweise der über die Einzahlung aufzunehmenden kurzen Verhandlung vorzulegen;

Dasselbe Verfahren findet hinsichtlich der echten, rechtswidrig an Werth verringerten Reichsmünzen statt, wenn der Verdacht des Münzvergehens sich gegen eine bestimmte Person richtet;[19]

b) der Landesmünzen: Als solche kommen in Preußen nur noch Thalerstücke vor. Werden nachgemachte oder verfälschte Landesmünzen angehalten, so sind sie der zuständigen Behörde (wie ad a) einzuliefern.

[17] § 92 StPO.

[18] Ges. v. 9. Juli 1873 (RGBl. 1873 S. 233).

[19] AV. v. 22. Mai 1876 (JMBl. 1876 S. 114, 115).

In Ausführung der Bestimmung des § 92 StPO. (§ 198 der Preuß. Kriminalordnung) werden derartige Reichs- oder Landesmünzen mittelst Anschreibens der Kgl. Münzdirektion zu Berlin zur Prüfung auf die Echtheit übersendet. In dem Anschreiben sind die Untersuchungssache resp. der Name des letzten Ausgebers oder Besitzers der Münze, sowie die zur Begutachtung der Falschheit der Münze wesentlichen thatsächlichen Momente anzugeben.

Die Akten sind der Kgl. Münzdirektion nur in dem Falle zu übersenden, wenn in demselben Thatumstände erwähnt werden, welche auf die Abfassung des Gutachtens von Einfluß sein können oder zum Gegenstande des Gutachtens selbst zu machen sind. Die Stellen der Akten sind genau zu bezeichnen.[20] Nach Beendigung der Untersuchung sind die falschen Münzen und Ueberführungsstücke unter Hinweis auf das von der Kgl. Münzdirektion eingeholte Gutachten an die Kgl. Regierung abzuliefern;[21]

c) der Reichsbanknoten:[22] Den Reichs- und Landeskassen ist die Verpflichtung auferlegt, nachgemachte oder verfälschte Reichsbanknoten anzuhalten. Der Vorsteher der Kasse hat das Falschstück unter Beifügung des eingegangenen Begleitschreibens, Etiketts ꝛc., beziehentlich der aufgenommenen Einzahlungsverhandlung der zuständigen Justiz- oder Polizeibehörde vorzulegen. Die

[20] AV. v. 15. Septbr. 1868 (JMBl. 1868 S. 305); AV. v. 11. April 1881 (JMBl. 1881 S. 69).

[21] AV. v. 8. November 1865 (JMBl. 1865 S. 262); AV. v. 11. April 1881 (JMBl. 1881 S. 69).

[22] § 16 Ges. v. 14. März 1875 (RGBl. S. 182).

Staatsanwaltschaft hat, sobald sie mit der Sache befaßt ist, dasselbe dem Reichsbankdirektorium zu Berlin (W., Jägerstraße 34) zur Prüfung auf die Echtheit einzusenden, auch diese Behörde von der Einleitung und dem Fortgange jedes bezüglichen Untersuchungsverfahrens in Kenntniß zu setzen und unter Vorlegung der Akten und der Falschstücke von dem Resultate des Verfahrens schließlich zu benachrichtigen.[23]

d) der Reichskassenscheine:[24] Das Verfahren ist dasselbe, wie das sub c geschilderte. Es tritt jedoch an die Stelle des Reichsbankdirektoriums die Reichsschuldenverwaltung (Kgl. Preuß. Hauptverwaltung der Staatsschulden zu Berlin. SW. Oranienstraße 94).[25] Es existiren keine Spezialvorschriften, wie zu verfahren, wenn nachgemachte oder verfälschte ausländische Münzen oder Werthpapiere angehalten und der Staatsanwaltschaft zur weiteren Verfügung vorgelegt werden. Die Bestimmung des § 92 StPO. ist nur instruktionell. Im Interesse der Rechtspflege, namentlich der Zeitersparniß wegen wird es sich empfehlen, die Extrahirung von Gutachten ausländischer Behörden zu vermeiden. Sollte diese Maßregel nicht vermieden werden können, ist es erforderlich, die Vermittlung des auswärtigen Amtes anzurufen.

Die Beschlagnahme von Falsifikaten muß erforderlichen Falls von dem Amtsrichter angeordnet resp. bestätigt werden.[26]

---

[23] AV. v. 20. März 1877 (JMBl. 1877 S. 54).

[24] Ges. v. 30. April 1874 (RGBl. 1874 S. 40).

[25] AV. v. 6. Juni 1876 (JMBl. 1876 S. 119); § 6 Ges. v. 30. April 1874 (RGBl. 1874 S. 41); AV. v. 11. Jan. 1869 (JMBl. 1869 S. 15).

[26] §§ 94—98 StPO.

Sachverständigenvereine.

Auch in anderen Untersuchungssachen kann es nothwendig werden, das Gutachten einer Fachbehörde einzuholen.[27] Das preußische Gesetz zum Schutze des Eigenthums an Werken der Wissenschaft und Kunst gegen Nachdruck und Nachbildung legte dem Richter die Verpflichtung auf, in zweifelhaften Fällen das Gutachten eines aus Sachverständigen gebildeten Vereins einzuholen.[28] In Folge der Instruktion des Staatsministeriums vom 15. Mai 1838 (GS. 1838 S. 277) wurden für Preußen drei solcher Vereine in Ausführung der vorcitirten §§ gebildet. Die Mitglieder dieser in Berlin domizilirenden Vereine wurden durch den Cultusminister nach vorgängiger Kommunikation mit dem Justizminister ernannt und durch das Kammergericht ein für alle Mal vereidigt.

Anträge auf Erstattung sachverständiger Gutachten gingen den Vereinen durch den Cultusminister zu und auf demselben Wege an die Justizbehörden zurück.

Der erste dieser Vereine erhielt die Bestimmung, im Streitfalle die Frage zu begutachten, ob eine Druckschrift oder eine solche geographische, topographische, naturwissenschaftliche, architektonische und ähnliche Zeichnung, welche nach ihrem Hauptzwecke nicht für ein Kunstwerk zu erachten ist, als Nachdruck oder unerlaubter Abdruck zu betrachten, sowie welcher Entschädigungsbetrag dem Verletzten event. zu gewähren sei.

---

[27] § 83 StPO.

[28] §§ 17, 31 Ges. v. 11. Juni 1837 (GS. 1837 S. 165); Verordnung v. 5. Juli 1844 (GS. 1844 S. 261).

Dem zweiten Vereine lag die Entscheidung der Frage ob, ob eine unerlaubte Vervielfältigung musikalischer Compositionen vorhanden, ob ein Musikstück als eigenthümliche Composition anzusehen event. welche Entschädigung dem Verletzten zuzubilligen sei.

Dem dritten Vereine war die Begutachtung von Bildwerken resp. Nachbildungen zugewiesen.

Das Gesetz, betreffend das Urheberrecht an Schriftwerken, Abbildungen, musikalischen Compositionen und dramatischen Werken vom 11. Juni 1870 (RGBl. 1870 S. 339) hob das preußische Gesetz vom Jahre 1837 und die Verordnung vom Jahre 1844 auf, ordnete die Materie neu und verfügte gleichfalls die Bildung von Sachverständigenvereinen, welche sowohl auf Erfordern des Richters Gutachten über die an sie gerichteten Fragen abzugeben verpflichtet, als auch auf Anrufen der Betheiligten über streitige Entschädigungsansprüche als Schiedsrichter zu verhandeln und zu entscheiden befugt sind.[29] Durch die Instruktion über die Zusammensetzung und den Geschäftsbetrieb der Sachverständigenvereine vom 12. Dezember 1870 (BGBl. 1870 S. 621) ist bestimmt, daß in jedem Staate des Reichs nur ein literarischer und ein musikalischer Sachverständigenverein bestehen darf. Die Mitglieder der aus sieben Personen bestehenden Vereine werden durch die zuständige Centralbehörde ernannt und als Sachverständige ein für alle Mal vereidigt.

Für Preußen hat der Cultusminister im Einverständnisse mit dem Justizminister dem in Gemäßheit des preußischen Gesetzes vom 11. Juni 1837 zu Berlin bestehenden litera-

[29] §§ 21, 26, 31, 57 Ges. v. 11. Juni 1870 (BGBl. 1870 S. 339)

rischen beziehungsweise musikalischen Sachverständigenvereine die Funktionen der nach dem citirten Bundes- (Reichs-) gesetze zu bildenden Vereine übertragen.[30] Der literarische Sachverständigenverein ist berufen, auf Erfordern der Justizbehörden Gutachten über technische Fragen abzugeben, von welchen der Thatbestand des Nachdrucks von Schriftwerken oder Abbildungen, oder der Thatbestand der unerlaubten Aufführung eines dramatischen Werks oder der Betrag des durch den Nachdruck oder die unerlaubte Aufführung entstandenen Schadens, beziehungsweise der Bereicherung abhängt.

Der musikalische Sachverständigenverein ist berufen, auf Erfordern der Gerichte Gutachten über technische Fragen abzugeben, von welchen der Thatbestand des Nachdrucks von musikalischen Compositionen, der Thatbestand der unerlaubten Aufführung eines musikalischen oder dramatisch-musikalischen Werkes oder der Betrag des durch den Nachdruck oder die unerlaubte Aufführung entstandenen Schadens resp. der Bereicherung abhängt.[31] Die Justizbehörde, welche die Erstattung eines Gutachtens durch einen der Vereine für erforderlich hielt, mußte früher dasselbe durch Vermittelung des Cultusministers extrahiren;[32] jetzt requirirt sie den Sachverständigenverein direkt.[33]

In dem Ersuchungsschreiben sind die zu begutachtenden Fragen einzeln aufzuführen. Es sind dem Vereine auch die gerichtlichen Akten und die zu vergleichenden Gegenstände, deren Identität durch Anhängung von Amtssiegeln

---

[30] Bekanntmachung v. 29. Mai 1872 (JMBl. 1872 S. 135).

[31] §§ 4, 5 Instrukt. v. 12. Dez. 1870 (BGBl. 1870 S. 622).

[32] § 9 Instrukt. v. 15. Mai 1838.

[33] § 6 Instrukt. v. 12. Dezbr. 1870 (BGBl. 1870 S. 623).

oder auf andere Art außer Zweifel zu stellen ist, zu übersenden.[34]

An der Beschlußnahme müssen fünf und dürfen bis sieben Mitglieder Theil nehmen. Bei Stimmengleichheit entscheidet die Stimme des Vorsitzenden.[35]

Durch die Gesetze vom 9. Januar 1876 betreffend das Urheberrecht an Werken der bildenden Künste, vom 10. Januar 1876 betreffend den Schutz der Photographieen gegen unbefugte Nachbildung und vom 11. Januar 1876 betreffend das Urheberrecht an Mustern und Modellen (RGBl. 1876 S. 4. 8. 11.) ist die Bildung neuer Sachverständigenvereine nothwendig geworden. In Ausführung dieser Gesetze sind drei Sachverständigenvereine gebildet, ein künstlerischer, ein photographischer, aus je sieben und ein gewerblicher, aus zehn Mitgliedern bestehend. Zur Beschlußfassung sind im künstlerischen und photographischen Sachverständigenvereine mindestens fünf, im gewerblichen mindestens sieben Mitglieder erforderlich. Mehr als sieben resp. zehn Personen dürfen an der Beschlußfassung nicht theilnehmen. Die Mitglieder werden von der zuständigen Centralbehörde (Ministerium) ernannt und als Sachverständige ein für alle Mal gerichtlich vereidigt.

Die Justizbehörde, welche den Verein um Erstattung eines Gutachtens ersucht, muß demselben die gerichtlichen Akten und die zu vergleichenden gegen Verwechselung zu schützenden Gegenstände übersenden und in dem Ersuchungsschreiben die zu begutachtenden Fragen einzeln aufführen.[36]

---

[34] Bekanntmachung v. 16. Juli 1879 (JMBl. 1879 S. 240).

[35] §§ 7, 8 der Instrukt. v. 12. Dezbr. 1870 (BGBl. 1870 S. 623).

[36] AV. v. 19. Octbr. 1876

Die auf Grund der Instruktion vom 15. Mai 1838 ergangenen allgemeinen Verfügungen vom 25. Februar 1842 betreffend das Verfahren bei Einholung des Gutachtens (JMBl. 1842 S. 106) vom 11. September 1858 den gleichen Gegenstand betreffend (JMBl. 1858 S. 298) und vom 11. März 1864 die Berichtigung der für das Gutachten liquidirten Kosten betreffend (JMBl. 1864 S. 74) haben ihre Bedeutung verloren.

Die das Gutachten extrahirende Justizbehörde hat sofort nach Eingang desselben den liquidirten Betrag an den Vorsitzenden des Vereins einzusenden.

Jeder Sachverständigenverein kann 30 — 300 Mark für sein Gutachten liquidiren.[37]

Der Richter ist durch Anträge auf Vernehmung von Sachverständigen in keiner Art gebunden. Ihm allein steht die Auswahl der zuzuziehenden Sachverständigen und die Bestimmung ihrer Anzahl zu.[38]

Anderweite Fachbehörden, deren Gutachten in wichtigeren Fällen eingeholt werden kann, sind:

a) die in den Provinzialhauptstädten befindlichen Medizinalcollegien und die Kgl. wissenschaftliche Deputation für das Medizinalwesen in Berlin im Falle divergirender Gutachten der lokalen Medizinalbeamten resp. der als Sachverständige vernommenen Aerzte oder Chemiker;[39]

b) die Kgl. technische Deputation für Gewerbe in Berlin.

(JMBl. 1876 S. 193); Bekanntmachung v. 16. Juli 1879 (JMBl. 1879 S. 241).

[37] § 10 Instrukt. v. 12. Dez. 1870 (BGBl. 1870 S. 624); § 8 Instrukt. v. 29. Febr. 1876 (JMBl. 1876 S. 194).

[38] § 73 StPO.

[39] cfr §§ 172 seqq. der Pr. Krim.O.; AV. v. 22. März 1875 (JMBl. 1875 S. 75).

Hinsichtlich ihrer ist angeordnet, daß die Behörde über die zu ihrer Competenz gehörigen Fragen, insoweit nicht ein fiskalisches Interesse betheiligt ist, nur dann Gutachten abzugeben hat, wenn die Vernehmung anderweiter Sachverständiger bereits stattgefunden und die Einholung eines Superarbitriums nöthig gemacht hat und daß die Anträge auf solche Vernehmungen an den Handelsminister zu richten sind.

Ohne Genehmigung des Handelsministers darf weder die technische Deputation für Gewerbe als solche, noch dürfen der Direktor oder die Mitglieder dieser Behörde sachverständige Gutachten abgeben, noch sich als Sachverständige vernehmen lassen;[40]

c) das Kaiserliche Patentamt in Berlin.

Dasselbe ist verpflichtet, auf Ersuchen der Gerichte über Fragen, welche Patente betreffen, Gutachten abzugeben.[41] Dem Patentamte ist eine genaue Zeichnung des Gegenstandes, durch dessen Anfertigung die Verletzung eines bereits ertheilten Patents erfolgt sein soll zu übersenden event. muß der Gegenstand qu. an Ort und Stelle durch ein Mitglied des Patentamts in Augenschein genommen werden.

§ 14.

Der Umstand, daß Personen, deren Zeugniß für die Strafverfolgung von Erheblichkeit ist, außerhalb des deutschen Reiches ihren Wohnsitz haben, kann die Staatsanwaltschaft

---

[40] AV. v. 26. Juni 1840 (JMBl. 1840 S. 236); AV. v. 20. April 1868 (JMBl. 1868 S. 131); § 76 StPO.

[41] § 18 Ges. v. 25. Mai 1877 (RGBl. 1877 S. 501).

in die Lage bringen, besondere Schritte zur Herbeischaffung solcher Zeugnisse zu thun.

Konsuln.

Im Falle einer besonderen Ermächtigung durch den Reichskanzler sind die Konsuln befugt, Zeugen abzuhören und Eide abzunehmen.[1] Diese Ermächtigung ist zur Zeit folgenden Konsulatsbeamten Seitens des Reichskanzlers ertheilt:

1. dem Generalkonsul Dr. Roesing in New-York;[2]
2. dem Generalkonsul zu London;[3]
3. dem Generalkonsul Dr. v. Schlözer in Mexiko;[4]
4. dem Konsul W. A. Brahe in Melbourne.[5]
5. dem Ministerresidenten und Generalkonsul Grafen von Enzenberg in Mexiko;
6. Dem Ministerresidenten und Generalkonsul Dr. Schuhmacher in den Vereinigten Staaten von Columbien;[6]
7. dem Generalkonsul Dr. Lührsen in Lima.[7]

Wenn einem Konsul, dem diese Ermächtigung nicht ertheilt ist, um Vernehmung eines Zeugen requirirt werden soll, so muß für diesen Fall die Ermächtigung des Reichskanzlers beschafft werden. Zu diesem Behufe wird das Requisitionsschreiben an den betreffenden Konsul offen dem Reichskanzler

---

[1] Ges. v. 8. Nov. 1867 (BGBl. 1867 S. 137) betr. die Organisation der Bundeskonsulate sowie die Amtsrechte und Amtspflichten der Konsuln).

[2] AV. v. 5. Juli 1869 (JMBl. 1869 S. 138).

[3] AV. v. 26 August 1869 (JMBl. 1869 S. 171).

[4] AV. v. 28. Octbr. 1870 (JMBl. 1870 S. 317).

[5] AV. v. 27. März 1872 (JMBl. 1872 S. 86).

[6] AV. v 2. Oct. 1872 (JMBl. 1872 S. 263).

[7] AV. v. 29. April 1873 (JMBl. 1873 S. 130).

mit dem Ersuchen übersendet, dem Konsul die Ermächtigung qu. für den bestimmten Fall zu ertheilen.[8]

Requisitionen an Konsuln und Zeugenvernehmungen erscheinen nur in dem Falle praktisch, wenn die zu vernehmenden Personen an dem Orte oder in unmittelbarer Nähe des Orts wohnen, wo der Konsul angestellt ist und die Personen, um deren Vernehmung es sich handelt, Deutsche resp. geneigt sind, sich zu dem gedachten Behufe vor dem Konsul zu gestellen.[9]

Handelt es sich um Vernehmung von Zeugen in den Vereinigten Staaten von Nordamerika außerhalb des Sitzes des Generalkonsuls, so kann dessen Vermittelung in Anspruch genommen werden. Den Requisitionen ist jedoch dann die in der Denkschrift dieses Generalkonsuls vorgeschriebene Form zu geben.[10]

Geschäftsverkehr mit ausländischen Behörden.

Für den Geschäftsverkehr mit ausländischen Behörden gilt als Regel, zur Beförderung diesseitiger Ersuchungsschreiben die Vermittelung des auswärtigen Amtes (nicht des für andere Zwecke geschaffenen Reichskanzleramtes)[11] nachzusuchen.[12] Nur in dem Falle, daß Staatsverträge oder besondere Bestimmungen einen direkten Verkehr der diesseitigen Behörden mit den Behörden anderer Staaten anordnen, erscheinen direkte Requisitionen zulässig.

[8] AV. v. 20. Novbr. 1869 (JMBl. 1869 S. 230).

[9] AV. v. 10. April 1870 (JMBl. 1870 S. 111).

[10] AV. v. 5. Juli 1869 (JMBl. 1869 S. 139—148).

[11] AV. v. 17. Januar 1870 (JMBl. 1870 S. 16); AV. v. 21. Aug. 1877 (JMBl. 1877 S. 185).

[12] AV. v. 16. Septbr. 1844 (JMBl. 1844 S. 207); AV. v. 14. Juni 1880 (JMBl. 1880 S. 140).

Dies ist der Fall zwischen den deutschen und den schweizerischen Gerichtsbehörden.[13] Die schweizerischen Behörden, welche direkt von den diesseitigen Justizbehörden requitirt werden können, sind durch Ministerialverfügung bekannt gemacht.[14] Ferner ist dies der Fall zwischen den preußischen und österreichischen Behörden. Im Verkehr mit letzteren soll nur dann die Mitwirkung des auswärtigen Amts in Anspruch genommen werden, wenn besondere Verhältnisse eine Vermittelung auf diplomatischem Wege unvermeidlich oder wünschenswerth machen.[15] Erstere Verfügung enthält als Anhang eine Uebersicht der Gerichtsbehörden des österreichischen Kaiserstaates.

Es findet ferner ein direkter Geschäftsverkehr zwischen den Justizbehörden der Preußischen Grenzprovinzen und des Gerichtsbezirks Warschau statt. Die Bestimmung, nach welcher in Kriminalsachen die preußischen Gerichtsbehörden mit den polnischen Gerichtsbehörden in unmittelbaren Schriftwechsel treten durften, (JMBl. 1844 S. 211) muß als aufgehoben gelten, da das neueste Abkommen die Behörden namentlich bezeichnet, denen das Recht zum unmittelbaren Geschäftsverkehr zustehen soll. Es sind dies in Preußen die Oberlandesgerichte zu Marienwerder, Posen, Breslau, Stettin, Königsberg und das Kammergericht und die bei diesen Gerichten angestellten Oberstaatsanwalte.[16] Die Gerichte und die Staatsanwalte haben sich wegen des Erlasses diesseitiger Requisitionen deshalb an die Oberlandesgerichte resp. Ober=

---

[13] Uebereinkommen v. 1. Dez. 1878 (JMBl. 1879 S. 20).

[14] JMBl. 1879 S. 232 sequ.

[15] AB. v. 9. August 1856 (JMBl. 1856 S. 210); AB. v. 1. April 1880 (JMBl. 1880 S. 72).

[16] Abkommen zwischen Preußen und Rußland vom $\frac{\text{4 Februar}}{\text{23. Januar}}$ 1879 (GS. S. 138).

staatsanwalte zu wenden.[17] Die russischen Behörden sind in dem Abkommen gleichfalls namentlich aufgeführt und ihre Jurisdiktionsbezirke Seitens der Kaiserl. russischen Regierung hierher notificirt und diesseits publicirt (JMBl. 1879 S. 475). Die Requisition, deren Gegenstand im Art. 3 des Abkommens angegeben ist, wird in der Sprache des ersuchenden Landes abgefaßt und muß ihr Genüge geleistet werden, wenn nicht die Gesetze des Landes, in welchem die nachgesuchte Handlung vorgenommen werden soll, entgegenstehen. Die Rückantwort erfolgt in der Sprache des ersuchten Landes, die durch die Behändigung von Zustellungen, Ladungen und Erledigung sonstiger Requisitionen erwachsenen Kosten trägt die Kasse des ersuchten Staates.

Art. 3, 4, 5, 7 des Abkommens qu. die Bestimmungen über den Verkehr mit Kaiserl. russischen außerhalb des Gerichtsbezirks Warschau liegenden Behörden sind in Kraft geblieben. Die diesseitigen Justizbehörden richten ihre Requisitionen direkt an die betreffenden russischen Behörden, und reichen dieselben dem auswärtigen Amte ein, welches sie durch Vermittelung der Kaiserl. Botschaft in Petersburg an die Adresse befördert.[18] Erscheint es nothwendig, daß diesseitige Justizbehörden mit Vertretern fremder Staaten am diesseitigen Hofe oder mit deutschen Gesandten oder diplomatischen Agenten im Auslande in Geschäftsverkehr treten, so darf dies nur durch Vermittelung des auswärtigen Amts geschehen.[19]

---

[17] AV. v. 30. Mai 1879 (JMBl. 1879 S. 128).

[18] AV. v. 11. Januar 1864 (JMBl. S. 23); AV. v. 16. Nov. 1875 (JMBl. S. 236).

[19] AV. v. 29. Juni 1875 (JMBl. S. 162); AV. v. 8. April 1878 (JMBl. S. 59); AV. v. 1. Aug. 1879 (JMBl. S. 216).

Auslieferungsverträge.

Das deutsche Reich hat mit auswärtigen Staaten Verträge abgeschlossen, welche den Zweck haben, flüchtige Verbrecher in die Gewalt des Staates zurückzuliefern, dessen Gesetze sie verletzt haben und den vertragschließenden Regierungen die Möglichkeit gewähren, im Auslande lebende Personen dort als Zeugen verhören zu lassen oder zum persönlichen Erscheinen zum Zwecke ihrer gerichtlichen Vernehmung vor dem ausländischen Richter zu veranlassen.

Zur Zeit bestehen folgende Auslieferungsverträge:

1. mit dem Königreich Italien.[20] Derselbe gilt vom 1. Januar 1872 ab auf fünf Jahre und gilt, wenn nicht 6 Monate vor dem Ablaufe der Endfrist die Kündigung des Vertrags erfolgt, auf den gleichen Zeitraum weiter;
2. mit Großbritannien, dessen Kolonien und auswärtigen Besitzungen.[21] Die Gültigkeit des Vertrags erlischt 6 Monate nach erfolgter Aufkündigung, die jedem der vertragschließenden Theile zu jeder Zeit freisteht;
3. mit der Schweiz.[22] Der Vertrag ist auf die Dauer von zehn Jahren geschlossen und wird um denselben Zeitraum prolongirt, wenn von keinem der vertragenden Theile 6 Monate vor dem Ablauf der zehnjährigen Frist die Absicht angezeigt wird, diesen Vertrag außer Kraft zu setzen und so ferner von 10 zu 10 Jahren;
4. mit Belgien;[23]

[20] Vertrag v. 31. Oktober 1871 (RGBl. S. 446).

[21] Vertrag v. 14. Mai 1872 (RGBl. S. 229).

[22] Vertrag v. 24. Januar 1874 (RGBl. S. 113).

[23] Vertrag v. 24. Dezember 1874 (RGBl. 1875 S. 73).

5. mit Luxemburg;[24]
6. mit Brasilien;[25]
7. mit Schweden und Norwegen;[26]
8. mit Spanien und dessen auswärtigen Besitzungen.[27] Die Uebereinkunft zwischen Preußen und Spanien wegen Auslieferung flüchtiger Verbrecher vom 5. Januar 1860 (GS. S. 129) ist durch Art. 18 dieses Vertrags aufgehoben.

Die Dauer der Verträge ad 4—8 ist in gleicher Art festgesetzt, wie in dem mit Großbritannien abgeschlossenem Auslieferungsvertrage.

Den voraufgeführten Verträgen sind nachstehende Bestimmungen gemeinsam:

Es unterliegen der Auslieferung niemals Angehörige des Staats, der um Auslieferung angegangen wird. Es straft vielmehr jeder Staat seine Unterthanen wegen im Auslande verübter Strafthaten selbst, wenn das einheimische Strafrecht dazu die Handhabe bietet.[28] In den Auslieferungsverträgen mit Italien, der Schweiz und Brasilien haben sich die vertragschließenden Regierungen verpflichtet, Erhebungen und Schriftstücke, die zur Feststellung des Thatbestands dienenden Gegenstände und jede andere für das Strafverfahren erforderliche Urkunde oder Aufklärung mitzutheilen[29]; das deutsche Reich und Brasilien sind ferner übereingekommen, Anträgen auf Bestrafung von Staatsangehörigen, die auf

[24] Vertrag v. 9. März 1876 (RGBl. S. 223).

[25] Vertrag v. 17. Sept. 1877 (RGBl. 1878 S. 293).

[26] Vertrag v. 19. Jan. 1878 RGBl. S. 110).

[27] Vertrag v. 2. Mai 1878 (RGBl. S. 213).

[28] §§ 4, 9 RStGB.

[29] Vertrag mit Italien Art. 2; Vertr. mit der Schweiz Art. 2; Vertr. mit Brasilien Art. 2.

diplomatischem Wege gestellt werden, zu deferiren und die oben erwähnte Rechtshilfe kostenfrei zu leisten.

Unzulässig ist der Antrag auf Auslieferung ferner, wenn der Auszuliefernde der Strafthat wegen im Auslande bereits bestraft oder außer Verfolgung gesetzt oder freigesprochen ist oder die Strafverfolgung oder die Strafvollstreckung nach den Gesetzen des ersuchten Staates bereits verjährt ist.

Es ist endlich der Antrag auf Auslieferung ausgeschlossen, wenn die strafbare Handlung einen politischen Charakter an sich trägt oder mit einem politischen Verbrechen oder Vergehen in Verbindung steht.

Die Auslieferungsverträge geben keine Anhaltepunkte dafür, welche Strafthaten als politische Verbrechen anzusehen seien. Es muß deshalb der Begriff des politischen Verbrechens aus den Landesgesetzen geschöpft werden. Als solche sind die in den §§ 81, 83, 85—92, 94—109 des RStGB. vorgesehenen Delikte anzusehen.

In den mit Belgien, Luxemburg, Brasilien, Schweden und Norwegen und Spanien abgeschlossenen Auslieferungsverträgen hat die Bestimmung Platz gefunden, daß der Angriff gegen das Oberhaupt einer fremden Regierung oder gegen Mitglieder seiner Familie weder als politisches Vergehen noch als mit einem solchen in Zusammenhang stehend angesehen werden soll, wenn dieser Angriff den Thatbestand des Todschlags oder Mordes bildet.[30]

Die an und für sich zulässige Auslieferung muß, wenn die auszuliefernde Person in einer gerichtlichen Untersuchung befangen ist, bis zur Beendigung dieser Untersuchung und

[30] Art. 6 der cit. Verträge.

vollendeter Vollstreckung der etwa gegen sie erkannten Strafe aufgeschoben werden.

Die Auslieferung muß zugestanden werden, wenn auch dadurch die Erfüllung von Verbindlichkeiten, welche die reklamirte Person gegen Privatpersonen eingegangen ist, verhindert wird; letztere können jedoch ihre Rechte vor den zuständigen Behörden geltend machen.

Die Bestimmung des letzten Absatzes hat in den mit Italien und Großbritannien geschlossenen Verträgen keine Aufnahme gefunden.

Die Auslieferung erfolgt nur gemeiner Verbrechen und Vergehen wegen, welche in den einzelnen Verträgen besonders benannt sind. Die Strafverfolgung des Staats, welcher die Auslieferung betrieben hat, darf nur einer Strafthat wegen erfolgen, welche in dem Auslieferungsvertrage ausdrücklich aufgeführt ist. Enger noch ist die Bestimmung des mit England abgeschlossenen Vertrags. Es findet nach derselben die Strafverfolgung nur des Delikts wegen statt, welches die Veranlassung zur Auslieferung gegeben hat.[31] Die Verträge mit Italien, der Schweiz und Spanien gestatten die Strafverfolgung eines Ausgelieferten eines anderweiten, im Auslieferungsvertrage nicht vorgesehenen Delikts wegen, wenn der Ausgelieferte, nachdem er wegen des Verbrechens oder Vergehens, welches zur Auslieferung Anlaß gegeben hat, bestraft oder endgiltig freigesprochen ist, während dreier Monate im Lande bleibt oder nach Verlassen desselben wieder dahin zurückkehrt.[32] Als gemeine, den Antrag auf Aus-

[31] Art. 7 des Vertrags; Erk. des Ob.Trib. v. 17. April 1879 (JMBl. S. 129).

[32] Vertrag mit Italien Art. 4; Vertrag mit der Schweiz Art. 4; Vertrag mit Spanien Art. 6.

lieferung begründende Verbrechen oder Vergehen sind nachstehend aufgeführte Delikte anerkannt:

1. Im Vertrage mit Italien.

Mord, Todtschlag, Kindesmord, Abtreibung der Leibesfrucht, Aussetzung eines Kindes, Menschenraub, Verbrechen in Beziehung auf den Personenstand, Entführung, Freiheitsberaubung, Bigamie, Nothzucht, Kuppelei mit minderjährigen Personen, insoweit sie durch die Landesstrafgesetze mit Strafe bedroht ist, Körperverletzung mit nachfolgendem Tode, Siechthum, Verstümmelung oder Entstellung, schwerer Diebstahl oder einfacher Diebstahl an einem Objekte über 1000 Franken, Raub und Erpressung, Unterschlagung, wenn beide Landesstrafgesetze sie mit Strafe bedrohen, Betrug beim Objekt über 1000 Franken, betrüglicher Bankerutt und betrügliche Benachtheiligung einer Konkursmasse, Meineid, Verleitung dazu, Urkundenfälschung, Münzverbrechen, vorsätzliche Brandstiftung, Unterschlagung und Erpressung Seitens öffentlicher Beamten, Bestechung, vorsätzliche und rechtswidrige Zerstörung eines Schiffs, vorsätzlich bewirkte Strandung, Meuterei auf See, Zerstörung von Eisenbahnen, Dampfmaschinen oder Telegraphenanstalten, Gefährdung eines Eisenbahntransports.[33]

2. Im Vertrage mit England.

Mord, Todtschlag, Münzverbrechen, Urkundenfälschung, Diebstahl, Unterschlagung, Betrug, Bankerutt in den Fällen der §§ 209—213 RKO., Untreue, Nothzucht, Entführung, Kinderraub, schwerer Hausfriedensbruch, vorsätzliche Brandstiftung, Raub und Erpressung, vorsätzliche Versenkung oder Zerstörung eines Schiffs, Angriff auf Personen an Bord

---

[33] Vertrag mit Italien Art. 1.

eines Schiffs auf hoher See in der Absicht zu tödten oder eine schwere Körperverletzung zu verüben, Meuterei auf See.[34]

3. Im Vertrage mit der Schweiz.

Mord, Todtschlag, Kindesmord, Abtreibung der Leibesfrucht, Aussetzung eines Kindes, Raub eines Kindes, Verbrechen in Beziehung auf den Personenstand, Entführung einer minderjährigen Person, Freiheitsberaubung, Bigamie, Nothzucht, Kuppelei mit minderjährigen Personen, Körperverletzung mit nachfolgendem Tode, Siechthum, Verstümmelung oder Entstellung, Diebstahl, Raub, Erpressung, Unterschlagung, Betrug, betrüglicher Bankerutt und betrügliche Benachtheiligung einer Konkursmasse, Meineid und Verleitung dazu, Urkundenfälschung, Münzverbrechen, vorsätzliche Brandstiftung, Unterschlagung und Erpressung Seitens öffentlicher Beamten, Bestechung derselben, Zerstörung von Eisenbahnen, Dampfmaschinen und Telegraphenanstalten, Gefährdung eines Eisenbahntransports.[35]

4. Im Vertrage mit Belgien.

Mord, Todtschlag, Kindesmord, vorsätzliche Abtreibung der Leibesfrucht, Aussetzung eines Kindes unter sieben Jahren, Raub und Verheimlichung eines solchen, Verbrechen in Beziehung auf den Personenstand, Entführung einer minderjährigen Person, Freiheitsberaubung durch eine Privatperson, Hausfriedensbruch durch eine solche, Bedrohung mit einem Verbrechen, Bandenbildung, Bigamie, Nothzucht, Vornahme unzüchtiger Handlungen mit Gewalt oder mit Kindern unter 14 Jahren, Kuppelei mit minderjährigen Personen, Körper-

[34] Vertrag mit England Art. 2.

[35] Vertrag mit der Schweiz Art. 1.

verletzung mit nachfolgendem Tode, Siechthum oder Verstümmelung, Diebstahl, Raub, Erpressung, Unterschlagung, Untreue und Betrug, betrüglicher Bankerutt und betrügliche Benachtheiligung einer Konkursmasse, Meineid, Verleitung dazu, Urkundenfälschung, Urkundenvernichtung, Fälschung von Stempeln, Siegeln, wissentlicher Gebrauch derselben, Münzverbrechen, vorsätzliche Brandstiftung, Unterschlagung und Erpressung Seitens öffentlicher Beamten, Bestechung derselben, vorsätzliche Zerstörung eines Schiffs, vorsätzlich bewirkte Strandung, Meuterei auf See, Gefährdung eines Eisenbahntransports, Sachbeschädigung, Hehlerei.[36]

5. Im Vertrage mit Luxemburg.

Mord, Todtschlag, Kindesmord, Abtreibung, Aussetzung eines Kindes unter sieben Jahren, Raub und Verheimlichung eines solchen, Verbrechen in Beziehung auf den Personenstand, Entführung einer minderjährigen Person, Freiheitsberaubung und Hausfriedensbruch durch eine Privatperson verübt, Bedrohung mit einem Verbrechen, Bandenbildung, Bigamie, Nothzucht, Vornahme unzüchtiger Handlungen mit Gewalt oder an Kindern unter 14 Jahren, gewohnheitsmäßige Kuppelei mit minderjährigen Personen, Körperverletzung mit nachfolgendem Tode, Siechthum oder Verstümmelung, Diebstahl, Raub, Erpressung, Unterschlagung, Untreue, Betrug, betrüglicher Bankerutt und betrügliche Benachtheiligung einer Konkursmasse, Meineid, Verleitung dazu, Urkundenfälschung, Vernichtung oder Unterdrückung von Urkunden, Fälschung von Stempeln, Siegeln, oder Marken, wissentlicher Gebrauch derselben, Münzverbrechen, vorsätzliche Brandstiftung, Unterschlagung und Erpressung durch öffent-

[36] Vertrag mit Belgien Art. 1.

liche Beamte, Bestechung derselben, vorsätzliche und rechtswidrige Zerstörung eines Schiffs, vorsätzlich bewirkte Strandung eines solchen, Meuterei auf See, Zerstörung von Eisenbahnen, Dampfmaschinen und Telegraphenanstalten, Gefährdung eines Eisenbahntransports, Sachbeschädigung, Hehlerei.[37]

6. Im Vertrage mit Brasilien.

Mord, Todschlag, Kindesmord und Versuch dieser Verbrechen, Bigamie, Entführung, Nothzucht, Abtreibung der Leibesfrucht, Unterschiebung, Verwechselung, Raub, Verheimlichung eines Kindes oder Aussetzung desselben, Vornahme unzüchtiger Handlungen mit Gewalt oder unter Drohungen, Freiheitsberaubung, Körperverletzung mit nachfolgendem Tode, Siechthum, Verstümmelung oder schwere Störung der Gesundheit über einen Monat, Raub, schwerer Diebstahl, Erpressung, Betrug, betrüglicher Bankerutt, Meineid in Strafsachen, Verleitung eines Zeugen zum Meineide, Urkundenfälschung, Fälschung von Siegeln, Stempeln, wissentlicher Gebrauch derselben, Münzverbrechen und Versuch desselben, Vernichtung und Unterdrückung von Urkunden, vorsätzliche Brandstiftung, Unterschlagung und Untreue, Erpressung durch öffentliche Beamte, Bestechung derselben, vorsätzliche Zerstörung eines Schiffs, vorsätzlich bewirkte Strandung desselben Seitens der Schiffsmannschaft, Meuterei auf See, Seeraub, vorsätzliche und rechtswidrige Beschädigung von Eisenbahnen, Dampfmaschinen und Telegraphenanstalten.[38]

7. Im Vertrage mit Schweden und Norwegen.

Mord, Kindesmord, Versuch dieser Verbrechen, Todtschlag, vorsätzliche Abtreibung des Leibesfrucht und Versuch dazu,

---

[37] Vertrag mit Luxemburg Art. 1.

[38] Vertrag mit Brasilien Art. 1.

Aussetzung eines Kindes, Raub, Verheimlichung, Entführung, Unterdrückung, Verwechselung und Unterschiebung eines solchen, Entführung einer minderjährigen Person, Freiheitsberaubung Seitens einer Privatperson, Nöthigung, Bedrohung mit einem Verbrechen, Bigamie, Nothzucht und Versuch dazu, Vornahme unzüchtiger Handlungen mit Gewalt oder an Kindern unter 14 Jahren, gewohnheitsmäßige Kuppelei mit minderjährigen Personen, Körperverletzung mit nachfolgendem Tode, Siechthum, Verstümmelung oder dauernder Arbeitsunfähigkeit, versuchter und vollendeter Raub, Erpressung, Diebstahl, Betrug, Unterschlagung, Untreue, betrüglicher Bankerutt und betrügliche Benachtheiligung einer Konkursmasse, Meineid und Verleitung dazu, Urkundenfälschung, Unterdrückung und Vernichtung von Urkunden, Fälschung von Stempeln, Siegeln und Marken und wissentlicher Gebrauch derselben, Münzverbrechen, vorsätzliche Brandstiftung, Unterschlagung und Erpressung öffentlicher Beamten, Bestechung derselben, vorsätzliche und rechtswidrige Zerstörung eines Schiffs, vorsätzlich bewirkte Strandung, Versuch beider Verbrechen, Meuterei auf See, Zerstörung von Wasserbauten, Eisenbahnen, Telegraphenanstalten und Gefährdung eines Eisenbahntransports, Beschädigung von Gräbern und Denkmälern, Hehlerei.[39]

8. Im Vertrage mit Spanien.

Mord, Todtschlag, Kindesmord, vorsätzliche Abtreibung der Leibesfrucht, Aussetzung eines Kindes unter sieben Jahren, Raub, Verheimlichung, Entführung, Unterdrückung, Verwechselung und Unterschiebung eines Kindes, Entführung einer minderjährigen Person, Freiheitsberaubung und Hausfriedensbruch Seitens einer Privatperson, Bedrohung mit

[39] Vertrag mit Schweden und Norwegen Art. 1.

einem Verbrechen, Bandenbildung, Bigamie, Nothzucht, Vornahme unzüchtiger Handlungen mit Gewalt oder mit Kindern unter 14 resp. 12 Jahren, gewohnheitsmäßige Kuppelei mit minderjährigen Personen, Körperverletzung mit nachfolgendem Tode, Siechthum, Verstümmelung oder dauernder Arbeitsunfähigkeit, Raub, Diebstahl, Unterschlagung, Untreue, Erpressung, Betrug, betrüglicher Bankerutt und betrügliche Benachtheiligung einer Konkursmasse, Meineid und Verleitung dazu, Urkundenfälschung, Unterdrückung und Beschädigung, Fälschung von Stempeln, Siegeln, Marken, wissentlicher Gebrauch derselben, Münzverbrechen, vorsätzliche Brandstiftung, Unterschlagung und Erpressung Seitens öffentlicher Beamten, Bestechung derselben, vorsätzliche Zerstörung eines Schiffs, vorsätzlich bewirkte Strandung eines solchen, Meuterei auf See, Zerstörung von Eisenbahnen, Dampfmaschinen, Telegraphenanstalten, Gefährdung eines Eisenbahntransports, Sachbeschädigung, Hehlerei und Versuch aller dieser Delikte.[40]

Der Auslieferung unterliegen Urheber und Theilnehmer eines Delikts, welche zur Untersuchung gezogen, in Anklagestand versetzt oder bereits verurtheilt sind.

Die Anträge auf Auslieferung erfolgen der Regel nach auf diplomatischem Wege. Die den Antrag begründenden Akten resp. Urkunden müssen im Original oder in beglaubigter Abschrift beigefügt werden. Auch soll die Persönlichkeit des Auszuliefernden derartig bezeichnet werden, daß ein Irrthum ausgeschlossen ist. Zugleich mit der Auslieferung des Verbrechers geschieht die Uebergabe der entwendeten oder im Besitze des Auszuliefernden vorgefundenen Gegenstände, der

---

[40] Vertrag mit Spanien Art. 1, 2.

Werkzeuge, welche bei Verübung der Strafthat gebraucht sind, sowie aller sonstigen Beweismittel. Diese Sachen werden ausgeantwortet, selbst wenn die Auslieferung der Person in Folge inzwischen eingetretenen Todes oder gelungener Flucht nicht mehr erfolgen kann, jedoch vorbehaltlich der Rechte Dritter.

Die um Auslieferung ersuchten Staaten tragen die Kosten der Haftnahme und des Transports bis zur Landesgrenze, während die sonstigen Kosten dem ersuchenden Staate, zur Last fallen.

Die nachstehend aufgeführten Staaten: Italien, die Schweiz, Belgien, Luxemburg und Spanien gestatten die Durchführung auszuliefernder Personen durch ihr Gebiet, wenn es sich nicht um ein politisches oder rein militairisches Delikt handelt.[41] Wenn die reklamirte Person keinem der beiden vertragschließenden Staaten angehört oder wenn die Strafthat außerhalb des Gebietes der vertragenden Theile von einer Person begangen ist, welche dem Staate nicht angehört, der die Auslieferung begehrt, so kann der um Auslieferung angegangene Staat der Regierung, welcher der Verfolgte angehört oder der Regierung, in deren Gebiete die Strafthat verübt ist, Kenntniß von dem Auslieferungsantrage geben und hat, wenn diese Regierungen gleichfalls die Auslieferung zum Zwecke der strafgerichtlichen Verfolgung beanspruchen, die Wahl, an welche der vorgedachten Regierungen er den Verbrecher ausliefern will.[42] Wird dieselbe Person

---

[41] Art. 10 resp. 11 der Verträge qu.

[42] Vertrag mit Italien Art. 2; Vertr. mit der Schweiz Art. 2; Vertr. mit Belgien Art. 3; Vertr. mit Luxemburg Art. 3; Vertr. mit Brasilien Art. 3; Vertr. mit Spanien Art. 3; Vertrag mit Schweden und Norwegen Art. 3.

gleichzeitig von mehreren Regierungen reklamirt, so liefern das deutsche Reich und Italien sie derjenigen Regierung aus, welche die Auslieferung auf Grund des schwereren Delikts verlangt, event. der, deren Auslieferungsantrag von früherem Datum ist.[43] Das deutsche Reich und Brasilien gewähren sich gegenseitig den Vorzug unter den Reklamanten, im Uebrigen entscheidet die Prävention.[44] Die übrigen Verträge entbehren einer gleichartigen Abrede.

Zur Auslieferung eines Verbrechers an ausländische Behörden muß in Preußen jederzeit die Genehmigung des Justizministers eingeholt werden.[45] Wenn ausländische Behörden an Beamte der Staatsanwaltschaft das Ansuchen stellen, die vorläufige Festnahme flüchtiger Personen zu verfügen, deren Auslieferung demnächst auf diplomatischem Wege beantragt werden soll und dem Ansuchen entsprochen wird, so ist dem Justizminister von der Festnahme unverzüglich Bericht zu erstatten.[46]

Sobald ein Italiener zum Zwecke der Auslieferung hier verhaftet wird, muß dem auswärtigen Amte auf telegraphischem Wege direkt Mittheilung gemacht werden.[47] Bei Auslieferungsanträgen an die italienische Regierung ist die Uebernahmestation an der deutsch-schweizerischen Grenze nach Maßgabe des Uebereinkommens vom 25. Juli 1873 (Central-Blatt für das deutsche Reich Nr. 35), wenn thunlich, zu bezeichnen (cf. vorst. Verf.).

Bei Auslieferungen nach Belgien ist die dortige zuständige Behörde vor Ablieferung des Verhafteten so zeitig zu be-

[43] Vertrag mit Italien Art. 2.
[44] Vertrag mit Brasilien Art 4.
[45] AV. v. 16. Septbr. 1844 (JMBl. 1844 S. 209 No. 8).
[46] AV. v. 17. November 1881 (JMBl. 1881 S. 277).
[47] AV. v. 15. Januar 1878 (JMBl. 1878 S. 18.)

nachrichtigen, daß von dieser Behörde die erforderlichen Vorkehrungen zur Uebernahme getroffen werden können. Sobald die Auslieferung beschlossen und der Ablieferungsort bestimmt ist, muß dem auswärtigen Amte hierüber telegraphische Mittheilung gemacht werden.[48] Die Bestimmungen des zwischen dem deutschen Reiche und England abgeschlossenen Auslieferungsvertrags weichen hinsichtlich einzelner Punkte von den Festsetzungen der übrigen Verträge ab. Es erfolgt die Auslieferung nur dann, wenn die Beweise für genügend befunden worden sind, um nach den Gesetzen des ersuchten Staats entweder die Verweisung des Ergriffenen zur Hauptuntersuchung (Verhandlung) zu rechtfertigen, falls die Strafthat im Gebiete dieses Staates begangen wäre und um darzuthun, daß der Ergriffene mit dem Reklamirten identisch sei.[49] Es sind deshalb die von den deutschen Behörden zu beobachtenden Vorschriften durch Justizministerialverfügung besonders zusammengestellt und publicirt.

a) Handelt es sich um Auslieferung einer rechtskräftig (jedoch nicht in contumaciam)[50] verurtheilten Person, so muß dem Auslieferungsantrage das mit der Bescheinigung der Rechtskraft versehene Strafurtheil beigefügt werden. Diese Bescheinigung muß von dem Justizminister oder einem andern Minister des Staats, in welchem das Verbrechen begangen ist, unter Siegel und Unterschrift beglaubigt werden.

b) Soll ein flüchtiger Beschuldigter, Angeschuldigter oder Angeklagter (§ 155 StPO.) in gerichtliche Haft genommen werden, so muß der Haftbefehl seinen Namen und letztbe-

---

[48] AV. v. 28. Februar 1877 (JMBl. 1877 S. 38).

[49] Vertr. mit England Art. 10.

[50] Gegen einen ausgebliebenen Angeklagten findet nach der StPO. eine Hauptverhandlung nicht statt (§ 229 StPO. Ausnahme § 470 sequ.).

kannten Aufenthaltsort, das Verbrechen, dessen er angeschuldigt ist, in dem Wortlaute des Auslieferungsvertrags und Zeit und Ort des begangenen Verbrechens angeben.

Die Zeugenvernehmungen müssen Namen, Wohnort, Wohnung, Beruf oder Stand des Zeugen in der Aussage selbst enthalten und von dem Vernommenen unterschrieben sein.

Den Zeugenaussagen ist folgende oder eine gleichbedeutende Ueberschrift vorauszuschicken:

„Zeugenvernehmung, welche am X ten Monat 188X
„vor mir dem unterzeichneten Amts- (Untersuchungs-)
„Richter N. N. zu . . . . in der Unters. Sache wider
„den zuletzt in O. wohnhaften Arbeiter M. stattge-
„funden hat, welcher angeklagt ist, am X ten Monat
„188X zu O. das Verbrechen des Mords begangen
„zu haben.

Unter der letzten Zeugenaussage hat der Richter zu attestiren

„die Zeugen A. B. C. 2c. haben vorstehende Aussagen
„vor mir in . . . . erklärt und eidlich bekräftigt

N. N.

Amts- (Land-) Richter.

Das Duplikat des Haftbefehls und Abschrift der Zeugenaussagen, welche mit nachstehender Bescheinigung zu versehen ist:

„Ich bescheinige hiermit, daß das Vorstehende eine
„richtige Abschrift der Zeugenaussagen des A. B. C. 2c.
„ist, auf Grund deren am X ten 188X ein Haftbefehl
„wider den Arbeiter M. erlassen worden ist, welcher
„angeschuldigt worden ist, am X ten Monat 188X zu
„O. das Verbrechen des Mords begangen zu haben.

. . . . am . . . . N. N.

Amts- (Land-) Richter.

sind vom Justizminister oder einem andern Minister des Staats, in dem das Verbrechen begangen ist, unter Siegel und Unterschrift zu beglaubigen. Diese Schriftstücke nebst Kopieen der Ueberführungsstücke werden dem Kaiserl. deutschen Botschafter in London übersandt, welcher sie mit dem Auslieferungsantrage an den englischen Staatssekretair für die auswärtigen Angelegenheiten gelangen läßt.

Bestreitet der in England Festgenommene seine Identität mit der verfolgten Person, so muß, wenn der Beweis nicht in anderer Art erbracht werden kann, eine Person nach England gesendet werden, welche den Ergriffenen bei eidlicher Vernehmung identifiziren kann.[51] Die Auslieferung erfolgt nicht vor Ablauf von 15 Tagen seit der Ergreifung. Der Ergriffene ist auf freien Fuß zu setzen, wenn die erforderlichen Beweise nicht binnen 2 Monaten vom Tage der Ergreifung beigebracht werden.[52] Die Auslieferung von England her pflegt in Hamburg stattzufinden.

In den Fällen, in welchen die Abholung der Auszuliefernden aus England durch preußische Beamte räthlich erscheint, sind rechtzeitig deshalb Anträge beim auswärtigen Amte zu stellen, damit vor der Absendung dieser Beamten eine Verständigung mit der englischen Regierung herbeigeführt werden kann.[53] In schleunigen Fällen, besonders wenn die Gefahr vorliegt, daß der Auszuliefernde sich durch die Flucht der Auslieferung entziehen möchte, ist es zulässig, auch auf telegraphischem Wege die schleunige Festnahme des Auszuliefernden zu bewirken. Dieselbe geschieht durch den Richter

---

[51] AV. v. 2. April 1874 (JMBl. 1874 S. 111).

[52] Vertr. mit England Art. 10 u. 12.

[53] AV. v. 28. Mai 1877 (JMBl. 1877 S. 94).

des ersuchten Staates auf Grund einer Mittheilung des ersuchenden Staates, daß ein die Verhaftung rechtfertigendes Dokument (Strafurtheil, Beschluß auf Versetzung in den Anklagestand oder Haftbefehl) gegen die reklamirte Person vorliege. Die Frist, in welcher das vorerwähnte Dokument beizubringen, beträgt, vom Tage der Verhaftung an gerechnet, nach den Verträgen mit Italien und der Schweiz 20 Tage.[54] Nach den Verträgen mit Belgien und Luxemburg ist der vorläufig Ergriffene wieder auf freien Fuß zu setzen, wenn nicht binnen 15 Tagen resp. 3 Wochen, je nachdem die betheiligten Staaten direkt grenzen oder nicht, eins der im Art. 8 der Verträge qu. aufgeführten gerichtlichen Dokumente mitgetheilt worden ist.[55] Im Vertrage mit Brasilien ist die Frist zur Nachbringung des Dokuments auf höchstens 90 Tage, in dem mit Schweden und Norwegen auf 6 Wochen festgesetzt.[56] Der Vertrag mit Spanien ordnet die Freilassung des vorläufig Festgenommenen an, wenn nicht binnen zweier Monate nach der Verhaftung der Auslieferungsantrag nach Vorschrift des Art. 8 gestellt ist.[57] Im Auslieferungsvertrage mit England hat eine gleiche oder ähnliche Bestimmung keinen Platz gefunden. Es sind für das zur Erreichung einer vorläufigen Festnahme bei den englischen Gerichten erforderliche Vorverfahren lediglich die Vorschriften der englischen Landesgesetzgebung maßgebend. Mit Rücksicht hierauf sind den diesseitigen Justizbehörden nachstehende Anweisungen ertheilt.

Das Ersuchen um vorläufige Festnahme einer zu reklamirenden Person ist unter Angabe der demselben zur Last ge-

[54] Vertrag mit Italien Art. 8; Vertr. mit der Schweiz Art. 8.

[55] Vertr. mit Belgien Art. 9; Vertr. mit Luxemburg Art. 9.

[56] Vertr. mit Brasilien Art 10; Vertr. mit Schweden Art. 9.

[57] Vertr. mit Spanien Art. 9.

legten Strafthat unter möglichst genauer Personalbeschreibung der deutschen Konsulatsbehörde zu übersenden, in deren Bezirk der Verfolgte vermuthet wird. Gleichzeitig ist das Generalkonsulat in London von dem Ersuchen in Kenntniß zu setzen. An letzteres ist das Ersuchen in dem Falle direkt zu richten, wenn der Aufenthaltsort des zu Reklamirenden unbekannt ist. Hat die Ergreifung der Person stattgefunden, so sind die oben Seite 65 näher bezeichneten Schriftstücke in Abschriften, welche durch die requirirende Behörde beglaubigt sind, unverzüglich an das Generalkonsulat zu London zu senden, um demselben zur Aufrechterhaltung der vorläufigen Festnahme zu dienen. Gleichzeitig ist eine zweite beglaubigte Abschrift dieser Schriftstücke, welche zur Begründung des diplomatischen Auslieferungsantrags bestimmt ist, den vorgesetzten Behörden mit der Bitte um thunlichst beschleunigte Weiterbeförderung im gewöhnlichen Instanzenzuge einzureichen.[58] Telegraphische Requisitionen an die deutschen Konsulate in England dürfen nur in den allerdringendsten Fällen erlassen werden.[59] Anträge auf vorläufige Festnahme in Belgien aufhältlicher Personen sind an den zuständigen Procureur du roi oder zu Brüssel bei dem Administrateur de la sûreté publique zu stellen. Die Anträge müssen die dem Verfolgten zur Last gelegten strafbaren Handlungen gemäß Art. 1 des Auslieferungsvertrags genau bezeichnen.[60] Den Schriftstücken (Steckbriefen, Haftbefehlen) ist eine solche Form zu geben, daß ihre Authentizität aus ihnen selbst unzweideutig hervorgeht.[61] Die gerichtliche Beglaubigung amt-

---

[58] AV. v. 16. August 1875 (JMBl. 1875 S. 194, 195).

[59] AV. vom 2. April 1874 (JMBl. 1874 S. 111).

[60] AV. v. 21. October 1879 (JMBl. 1879 S. 424).

[61] AV. v. 3. Juni 1871 (JMBl. 1871 S. 151).

licher Unterschriften zum Zwecke der Legalisation im diplomatischen Wege erfolgt durch den Präsidenten des Landgerichts.[62] In sämmtlichen oben aufgeführten Auslieferungsverträgen mit alleiniger Ausnahme des mit England abgeschlossenen finden sich Bestimmungen zum Zwecke der Erleichterung der Strafrechtspflege.

Wenn im Laufe eines nichtpolitischen Strafverfahrens einer der vertragenden Theile die Vernehmung von Zeugen oder irgend eine andere Untersuchungshandlung in dem Gebiete des andern Theils für nothwendig erachtet, so erläßt er entweder auf diplomatischem Wege oder durch die zuständige Behörde an die zuständige Behörde ein Ersuchsschreiben um Erledigung. Dieselbe erfolgt kostenfrei, soweit es sich nicht um Einholung strafgerichtlicher, kommerzieller oder medizinischer Gutachten handelt. Das Ersuchen darf nicht abgelehnt werden, außer wenn die Handlung, wegen welcher die Untersuchung schwebt, nach den Gesetzen des ersuchten Staates nicht strafbar ist (Vertrag mit Schweden und Norwegen Art. 12), ferner in diesem Falle oder wenn die Verhaftung des Angehörigen des ersuchten Staats noch nicht erfolgt ist,[63] endlich in dem erst erwähnten Falle oder wenn es sich um rein fiskalische Vergehen handelt.[64] Erscheint die persönliche Anwesenheit eines Zeugen vor dem ausländischen Richter erforderlich, so fordert die inländische Regierung den Zeugen auf, der Vorladung der auswärtigen Regierung Folge zu leisten. Erklärt sich der Zeuge hierzu

[62] § 43 Ges. v. 24. April 1878 (GS. S. 230).

[63] Vertr. mit Italien Art. 12; Vertr. mit der Schweiz Art. 12; Vertr. mit Brasilien Art. 14.

[64] Vertr. mit Belgien Art. 13; Vertr. mit Luxemburg Art. 13; Vertr. mit Spanien Art. 13.

bereit, so werden ihm die Kosten der Reise und des Aufenthalts gewährt, auf Verlangen auch zum Theil vorschußweise geleistet. Der Zeuge darf niemals im Auslande wegen früher dort verübter Handlungen oder erlittener Verurtheilungen oder unter dem Vorwande der Mitschuld an den Handlungen, welche den Gegenstand der Untersuchung bilden, in welcher sein Zeugniß gefordert ist, zur Untersuchung gezogen oder in Haft genommen werden.

Die Kosten der Beweisaufnahme trägt der requirirende Staat. Wird bei einer Untersuchung, die in beiden vertragenden Staaten schwebt, eine Confrontation der Beschuldigten oder eine Vorlegung von Beweisstücken oder Urkunden nothwendig, so soll das Ersuchen auf diplomatischem Wege gestellt und demselben deferirt werden, wenn nicht erhebliche außergewöhnliche Bedenken entgegenstehen. Personen und Sachen sind sobald als möglich zurückzusenden. Die Kosten trägt die den Transport verursachende Regierung.[65] Das deutsche Reich einerseits und Italien, die Schweiz, Belgien, Luxemburg, Brasilien und Spanien andererseits theilen sich Verurtheilungen wegen Verbrechen und Vergehen jeder Art mit, welche von den Gerichtshöfen des einen Staats gegen Angehörige des anderen ausgesprochen werden. Die Mittheilung erfolgt auf diplomatischem Wege.[66] Zu diesem Zwecke sind die Urtheilsformeln dem auswärtigen Amte mittelst Begleitschreibens nach besonderem Formulare einzureichen.[67]

---

[65] Vertr. mit Italien Art. 13, 14; Vertrag mit der Schweiz Art. 13, 14; Vertr. mit Belgien Art. 14, 15; Vertr. mit Luxemburg Art. 14, 15; Vertr. mit Brasilien Art. 15, 16; Vertr. mit Schweden Art. 13, 14; Vertr. mit Spanien Art. 14, 15.

[66] Verträge qu. Art. 15, 16, 17.

[67] JMBl. 1879 S. 257.

Außer diesen Verträgen bestehen noch zwischen Preußen und folgenden Staaten Auslieferungsverträge:

9. Preußen und eine Anzahl kleinerer deutscher Staaten haben unter Offenlassung des Zutritts für die anderen deutschen Staaten mit Nordamerika unterm 16. Juni resp. 16. November 1852 einen Auslieferungsvertrag geschlossen.[68] Der Zutritt der Staaten des norddeutschen Bundes ist durch Vertrag vom 22. Februar 1868 erfolgt.[69] Dieser Vertrag enthält die wichtige Bestimmung, daß Deutsche, welche in Nordamerika naturalisirt und fünf Jahre dort aufhältlich gewesen sind, als amerikanische Staatsangehörige erachtet und behandelt werden müssen und umgekehrt (Art. 1).

Die Auslieferung soll wegen der Verbrechen des Mordes § 211 StGB., des Mordversuchs § 211, 43 StGB., der Brandstiftung §§ 306—308 StGB., des Raubes §§ 249—252 StGB., der Fälschung §§ 267—273 StGB., der Münzfälschung §§ 146, 147, 149, 150 StGB., Beamtenunterschlagung §§ 350, 351, 353 StGB. erfolgen.

Die herbeizubringenden Beweise müssen nach den Gesetzen des Orts, an dem die Ergreifung erfolgen soll, zeugen, die Verhaftung des Verbrechers und seine Stellung vor Gericht zu rechtfertigen.

In dem nordamerikanischen Gesetze vom 22. Juni 1860 ist bestimmt, daß die zur Begründung eines vertragsmäßigen Auslieferungsantrags beizubringenden Dokumente und Verhandlungen als formell gültige Beweisstücke in Nordamerika anerkannt werden sollen, wenn ihnen von den competenten Behörden des die Auslieferung nachsuchenden Staates die Beglaubigung beigefügt ist, daß sie nach den gesetzlichen Be-

[68] GS. 1853 S. 645.

[69] BGBl. 1868 S. 229.

stimmungen des letztern Staats gültige Beweisstücke sind und der in diesem Staate residirende diplomatische oder konsularische Hauptvertreter der vereinigten Staaten diese Beglaubigung legalisirt hat.[70] Die Anträge auf Auslieferung sind der Regel nach an den Justizminister zu richten und dabei die Gründe anzugeben, welche die Auslieferung als geboten erscheinen lassen.[71] Die Auslieferung erfolgt erst nach Abschluß der gegen die reklamirte Person schwebenden Untersuchungen, die nicht unterbrochen werden dürfen.

Die Kosten der Auslieferung trägt der Staat, der dieselbe in Antrag gebracht hat.

Der Auslieferungsvertrag endet 12 Monate nach der Seitens eines der vertragenden Staaten erfolgten Aufkündigung.

Nur für Fälle ungewöhnlicher Wichtigkeit ist die Benutzung des atlantischen Telegraphen gestattet und empfiehlt es sich in jedem Falle die Vermittelung des auswärtigen Amtes in Anspruch zu nehmen.

Die telegraphische Requisition geht an den Gesandten in Washington oder den Generalkonsul des deutschen Reichs in New-York. Dieselbe muß Vor- und Zunamen des Flüchtigen, dessen Stand, Signalement, das Verbrechen, dessen der Flüchtige beschuldigt wird, Vor- und Zuname des beschädigten Theils, genaue Bezeichnung der öffentlichen Kasse, Nennung des Inhabers der Firma, Ort und Zeit der verübten That, etwaige Andeutungen über den Weg, den der Flüchtige genommen hat und die Zusicherung, enthalten, daß der Schuldbeweis thunlichst bald nachfolgen werde. Die Unterschrift

[70] AV. v. 26. Novbr. 1860 (JMBl. 1860 S. 419).

[71] AV. v. 3. Februar 1879 (JMBl. 1879 S. 22).

des Telegramms muß aus Vor- und Zunamen des requirirenden Beamten unter Zufügung des Amtscharakters bestehen.

Nach Absendung des Telegramms ist dessen Inhalt schriftlich zu bestätigen, um etwaige Verstümmelungen desselben zu heben.

Außer obigen Requisiten ist der Name des Dampfschiffes, auf dem sich der Flüchtige befindet, anzugeben; ist dieser unbekannt, der Name des Abgangshafens, die Abgangszeit und der Umstand, ob die Einschiffung auf einem Dampf- oder Segelschiffe stattgefunden hat.

Die zur Erwirkung der Auslieferung nothwendigen Urkunden sind unverzüglich dem Justizminister einzureichen. Es sind dies die Abschriften der sämmtlichen Beweisverhandlungen und die Ausfertigung des Haftbefehls, welche die Bemerkung enthalten muß, daß die Originalzeugenvernehmung demselben zum Grunde liegt und daß die Untersuchung im Einklange mit den Landesgesetzen geführt ist. Die Abschriften sind, wie oben angeführt, zu beglaubigen, und muß die Beglaubigung und der Haftbefehl von demselben Richter vollzogen sein. Es gelten in Amerika nur beschworene Zeugnisse.

Hat die Verfolgung hauptsächlich den Zweck, dem Flüchtigen die mitgenommenen Gelder und Effekten abzunehmen, so ist dieser Antrag in besonderer Depesche zu telegraphiren.

Ist eine Auslieferung vertragsmäßig nicht statthaft, so kann eine Beschlagnahme von Geldern und Effekten, die der Flüchtige hinter sich hat, nur im Wege des Civilprocesses bewirkt werden. Der Generalkonsul in New-York läßt auf Ersuchen derartige Processe durch einen Anwalt im Namen des Geschädigten führen. Eine hierauf zielende an ihn gerichtete telegraphische Requisition muß außer den sonstigen Erfordernissen den Namen des Beschädigten und die Erklärung enthalten, daß die Schadloshaltung des dort zu bestellenden Anwalts für Kautionen, Proceßkosten u. s. w. sichergestellt sei.[72]

10. **Auslieferungsvertrag zwischen Preußen und dem Königreiche der Niederlande** vom 17. November 1850 (GS. S. 509). Die Gültigkeit des Vertrags endet 6 Monate nach erfolgter Kündigung.[73]

Die Auslieferung erfolgt wegen der Verbrechen des Mords, Todtschlags, Kindesmords, der Nothzucht, Brandstiftung, Urkundenfälschung, wegen Münzverbrechens, falschen Zeugnisses, schweren Diebstahls, Unterschlagung Seitens der Kassenbeamten und Steuererheber, Erpressung, Beamtenbestechung und betrüglichen Bankerutts.[74]

Die Anträge müssen auf diplomatischem Wege[75] gestellt, das Erkenntniß, um dessen Vollstreckung es sich handelt, oder die Anklage oder der Steckbrief mit dem Haftbefehl beigefügt, auch das Verbrechen und das verletzte Strafgesetz bezeichnet werden.

Den Schriftstücken ist eine französische oder holländische Uebersetzung beizufügen. Ist dieselbe nicht zu beschaffen, so sind die Schriftstücke wenigstens mit lateinischen Lettern zu schreiben.[76] Mit der reklamirten Person werden die Gegen-

---

[72] AV. v. 18. Juni 1870 (JMBl. 1870 S. 203); AV. v. 15. Juni 1872 (JMBl. 1872 S. 141).

[73] Art. 12 des Vertrags.

[74] Art. 2 des Vertrags.

[75] AV. v. 16. Septbr. 1844 (JMBl. 1844 S. 207); AV. v. 8. Juli 1852 S. 275); AV. v. 31. Mai 1856 (JMBl. 1856 S. 146); AV. v. 30. November 1863 (JMBl. 1863 S. 294); AV. v. 25. Juli 1876 (JMBl. 1876 S. 142); AV. v. 1. Aug. 1879 (JMBl. 1879 S. 216); AV. v. 14. Juni 1880 (JMBl. 1880 S. 140).

[76] AV. v. 6. Juli 1861 (JMBl. 1861 S. 152); AV. v. 20. Mai 1864 (JMBl. 1864 S. 138).

stände und das baare Geld, welches dieselbe in Besitz hat, ausgeliefert.[77] Die beiden Staaten leisten sich die Hilfe kostenfrei.

Der Antrag auf Auslieferung ist unzulässig, wenn er einen Bürger des um dieselbe angegangen Staates betrifft, wenn er sich gegen Fremde richtet, welche gesetzlich den Eingeborenen gleichgestellt sind (Nationale), wenn ein Ausländer reklamirt wird, der im Lande sich niedergelassen hat und nach seiner Verheirathung mit einer Inländerin Kinder gezeugt hat, die im Lande geboren sind.[78]

Der Antrag wird ferner zurückgewiesen, wenn es sich um ein politisches Verbrechen handelt, wenn die Strafverfolgung oder Strafvollstreckung nach den Gesetzen des ersuchten Landes verjährt ist oder wenn der ersuchte Staat die Strafverfolgung selbst in die Hand genommen hat.

Befindet sich die reklamirte Person in Straf- oder Schuldhaft (Zwangshaft), oder schwebt gegen sie ein Strafverfahren, so ruht der Auslieferungsantrag bis zur Erledigung dieses Verfahrens.[79]

Die Bestimmungen zum Zwecke der Erleichterung der Strafrechtspflege, deren oben (S. 67) Erwähnung gethan ist, sind auch in diesen Vertrag aufgenommen.[80] Im Falle es sich um die vorläufige Festnahme von Personen handelt, welche nach den Niederlanden geflüchtet sind, haben sich die preußischen Gerichtsbehörden an die Kaiserliche Gesandtschaft im Haag zu wenden, welche in besonders dringenden Fällen die Requisition an die betreffenden Polizeibehörden gelangen läßt.

---

[77] AV. v. 16. October 1854 (JMBl. 1854 S. 386).

[78] Art. 1 des Vertrags.

[79] Art. 2—5 des Vertrags.

[80] Art. 9, 10 des Vertrags.

Direkte Requisitionen der diesseitigen Gerichts- oder Polizeibehörden werden von den niederländischen Behörden nicht erledigt. Die diesseitigen Behörden sind angewiesen dem entsprechend zu verfahren und dergl. Anträgen nicht früher Folge zu geben, als die bezügliche Anweisung des Justizministers oder in dringenden Fällen eine solche von Seiten des auswärtigen Amts an sie gelangt ist.

Es bedarf zu dem an die Kaiserl. Gesandtschaft zu richtenden Ersuchen nicht der Beifügung eines Steckbriefs oder der sonstigen zur Begründung des Auslieferungsantrags erforderlichen Urkunden.[81] Dieselben müssen jedoch dem niederländischen Gerichte binnen spätestens 20 Tagen, vom Erlaß des niederländischen Haftbefehls an gerechnet, vorgelegt werden.[82]

11. Auslieferungsvertrag zwischen Preußen und Frankreich vom 21. Juni 1845 (GS. S. 579). Der völkerrechtlich durch den Krieg mit Frankreich gelöste Vertrag hat weder in den Friedensverträgen vom 26. Februar 1871 (cfr. Pr. Staatsanzeiger pro 1871 S. 949) noch 10. Mai 1871 (cfr. Pr. Staatsanzeiger pro 1871 II S. 355) Erwähnung gefunden. Durch Art. 18 der Zusatzkonvention vom 11. Dezember 1871 (RGBl. 1872 S. 20) ist der Vertrag ausdrücklich aufrecht erhalten und auf Elsaß-Lothringen ausgedehnt.

Die vertragschließenden Staaten liefern Urheber und Theilnehmer folgender Delikte aus: Mord, Kindesmord, Todtschlag, Nothzucht, gewaltsame unzüchtige Handlung, Brandstiftung, Urkundenfälschung, Münzverbrechen, falsches

[81] Art. 6 des Vertrags.

[82] AV. v. 21. Dezember 1879 (JMBl. 1879 S. 476).

Zeugniß, Verleitung dazu, Raub, schwerer Diebstahl, Unterschlagung durch Beamte verübt und betrügerischer Bankerutt.[83] Mit der Person werden alle Sachen, die sie im Augenblicke der Verhaftung besaß und alle Beweismittel ausgeliefert.[84] Zur Begründung des auf diplomatischem Wege zu stellenden Antrags auf Auslieferung sind entweder der Haftbefehl oder eine andere gleich gewichtige Urkunde erforderlich, welche das in Rede stehende Verbrechen und das verletzte Strafgesetz näher bezeichnet.[85] Die Kosten der Haftnahme, des Unterhalts und des Transports des Verbrechers bis zum Auslieferungspunkte fallen dem ausliefernden Staate zur Last.[86] Die Auslieferung ist zu verweigern, wenn ein Landeskind (Nationale) reklamirt wird, wenn die reklamirte Person um eines politischen Verbrechens willen oder eines gemeinen Verbrechens wegen verfolgt wird, dessen Strafverfolgung oder Strafvollstreckung nach den Gesetzen des ersuchten Landes bereits verjährt ist. Schwebt gegen die reklamirte Person eine Untersuchung, so erfolgt die Auslieferung erst nach rechtskräftigem Abschluß derselben resp. nach erfolgter Strafvollstreckung.[87] Wesentlich andern Inhalt haben die zwischen Preußen einerseits und Oesterreich und Rußland andererseits in Kraft befindlichen Verträge.

Durch Art. XIII des Vertrags vom 23. August 1866 (Pr. Staatsanzeiger S. 3035) ist festgestellt, daß die durch den Kriegszustand mit Oesterreich gelösten Verträge von Neuem in Gültigkeit treten sollen.

Es sind dies:

---

[83] Art. 2 des Vertrags.
[84] Art. 3 des Vertrags.
[85] Art. 1, 4 des Vertrags.
[86] Art. 7 des Vertrags.
[87] Art. 5, 6 des Vertrags.

a) die Stipulation vom 15. März 1834 (GS. 1834 S. 21);
b) der Beschluß der deutschen Bundesversammlung vom 18. August 1836;
c) der Handels- und Zollvertrag vom 19. Februar 1853 [GS. 1853 S. 357 (Zoll- oder Münzcartel)];
d) der Beschluß derselben Behörde vom 26. Januar 1854;
e) die Publikation des Beschlusses ad d vom 10. Juni 1854;
f) die Ministerialerklärung vom 20. October 1854; publizirt am 27. October 1854 (GS. 1854 S. 555);
g) Handels- und Zollvertrag zwischen den Staaten des deutschen Zoll- und Handelsvereins und Oesterreich vom 11. April 1865 [GS. 1865 S. 565 (Zollcartel)].

Die Stipulation ad a, welche wesentlich durch die polnische Erhebung von 1830 veranlaßt ist, richtet sich nur gegen politische Verbrecher. Die Personen, die sich in Preußen, Oesterreich und Rußland des Hochverraths, der Majestätsbeleidigung oder der bewaffneten Empörung schuldig gemacht oder sich in eine gegen die Sicherheit des Thrones oder der Regierung gerichtete Verbindung eingelassen haben, sollen auf Reklamation der Regierung des Landes, welchem sie angehören, ausgeliefert werden.

Die Verträge ad c und g treffen Abreden im Zoll- und Münzinteresse, der Beschluß ad c ordnet die Auslieferung politischer, der Beschluß ad d die Auslieferung gemeiner Verbrecher an und wird durch die Publikationen vom 10. Juni 1854 und 27. October 1854 die Wirksamkeit des Beschlusses ad d auf die Landestheile Preußens und Oesterreichs ausgedehnt, welche nicht zum deutschen Bunde gehörten.

Die nähern Festsetzungen sind in dem Publikationspatent vom 10. Juni 1854 enthalten.

Die Auslieferung erfolgt wegen sämmtlicher Verbrechen und Vergehen, die im anderen Lande gleichfalls mit Strafe bedroht sind, abgesehen von Abgabedefraudationen und Uebertretungen von Polizei- und Finanzgesetzen. Sie geschieht auf Ansuchen der zuständigen Gerichtsbehörden unter Mittheilung des Haftbefehls oder des Beschlusses auf Versetzung in den Anklagestand oder des verurtheilenden Erkenntnisses oder hinsichtlich entwichener Gefangenen auf Ansuchen der Direktion der Strafanstalt.

Die um Auslieferung angegangene ausländische Behörde hat die nach den Landesgesetzen erforderlichen Einleitungen zur Prüfung des Antrags resp. zur Erwirkung der Auslieferung zu treffen, und erfolgt dieselbe nach eingegangener Genehmigung an dem dem Verhaftungsorte zunächst liegenden Grenzorte, an dem sich eine zur Uebernahme geeignete Behörde befindet.

Mit der Person werden alle in ihrem Besitze befindliche Sachen, sowie die Beweismittel für die Beschuldigung übergeben. Die Kosten der Ergreifung, des Unterhalts und des Transports trägt der requirirende Staat.

Die Auslieferung erfolgt nicht, wenn die reklamirte Person dem Staate angehört, der um Auslieferung angegangen wird, wenn die Strafverfolgung nach den Gesetzen des requirirten Staats bereits verjährt oder die Kompetenz der auswärtigen Gerichte gleichfalls begründet ist, oder wenn der Auszuliefernde in dem um die Auslieferung angegangenen Staate wegen anderer Handlungen einer Untersuchung oder Strafhaft oder wegen Schulden oder sonstiger civilrechtlicher Verbindlichkeiten einem Arreste unterliegt. Im letzteren Falle erfolgt die Auslieferung erst nach Aufhebung des Hindernisses.

Zwischen Preußen und Rußland steht nur noch die Stipulation vom 15. März 1834, betreffend die Auslieferung politischer Verbrecher, in Kraft (GS. 1834 S. 21).

Die Cartelkonvention vom $\frac{\text{8. August}}{\text{27. Juli}}$ 1857 (GS. 1857 S. 765) ist bis zum Jahre 1869 in Kraft gewesen und demnächst nicht erneuert. Es ist ein Abkommen vom 21. August 1872 vorhanden, welches die Ausweisung von Landstreichern und legitimationslosen Personen in den Grenzdistrikten und das hierbei Seitens der Grenzbehörden zu beobachtende Verfahren behandelt.

Verhaftungen und Auslieferungen können nur auf diplomatischem Wege in Antrag gebracht werden und ist der Beschluß dem Ermessen der Minister der Justiz und des Innern vorbehalten.[88] Es sind deshalb Anträge auf vorläufige Festnahme flüchtiger russischer Verbrecher, welche an inländische Staatsanwalte gelangen, den russischen Behörden mit dem Anheimgeben zurückzusenden, dieselben durch Vermittelung der Kaiserl. russischen Botschaft in Berlin an der Centralstelle zu stellen.

Wenn flüchtige russische Verbrecher auf frischer That verfolgt und betroffen werden, so haben die inländischen Staatsanwalte russische Anträge obigen Inhalts der preußischen zuständigen Polizeibehörde zu übergeben.

Anträge auf Auslieferung deutscher in Rußland aufhältlicher Unterthanen sind dem Justizminister, in schleunigen Fällen dem Minister der auswärtigen Angelegenheiten be-

---

[88] JMReſcr. v. 6. Dez. 1875 (Reſcr. des Miniſters d. Innern v. 27. Novbr. 1875).

richtlich einzureichen und die erforderlichen Urkunden (Haftbefehl, mit Bescheinigung der Strafvollstreckbarkeit versehenes Urtheil, unter Hinzufügung einer Abschrift des Wortlauts der angewendeten Strafgesetze), welche vom Landgerichts-Präsidenten beglaubigt sein müssen, beizufügen.

Ebenso wenig besteht ein Auslieferungsvertrag mit Dänemark.

Nach der bestehenden Praxis liefert Dänemark Deutsche, die nach Verübung eines Verbrechens flüchtig geworden sind, auf diesseitigen Antrag den deutschen Behörden aus und bestraft seine Unterthanen wegen innerhalb der deutschen Grenzen begangener Delikte auf diesseitige auf diplomatischem Wege zu bewirkende Requisition.

§ 15.

Benutzung der Post. Geschäftliche Behandlung der Postsendungen.

Durch die §§ 6 und 14 des Gesetzes vom 5. Juni 1869 (BGBl. 1869 S. 142) sind die bis dahin für die Behörden Preußens bestandenen Portofreiheiten vom 1. Januar 1870 ab aufgehoben worden. Das in Folge dieser gesetzlichen Bestimmung Seitens des Staatsministeriums erlassene Regulativ vom 28. November 1869 ist durch die AV. vom 21. Dezember 1869 (JMBl. 1869 S. 254 sequ.) den Justizbehörden mitgetheilt.

Diese allgemeine Verfügung ist mit dem 1. October 1879 außer Kraft gesetzt.[1] Nach den bestehenden Bestimmungen sind alle Postsendungen zwischen preußischen Behörden bei

---

[1] AV. v. 22. Septbr. 1879 (JMBl. 1879 S. 368).

der Absendung zu frankiren.[2] Dasselbe gilt von Postsendungen zwischen Behörden verschiedener deutscher Staaten sowohl in Staatsdienstangelegenheiten als in Parteisachen, ohne Rücksicht darauf, wer das Porto zu tragen hat.[3] Requisitionen an die Konsulate des deutschen Reichs sind stets frankirt abzusenden,[4] ebenso die an die Kaiserlichen Vertretungen im Auslande.[5] Zwischen den deutschen Behörden einerseits und den schweizerischen resp. österreichisch-ungarischen Behörden andererseits ist das Abkommen getroffen, daß die absendende Behörde die Frankirung bewirkt; dies geschieht auch in den Fällen, in welchen eine zur Zahlung des Porto's verpflichtete Person im Gebiete der empfangenden Behörde sich befindet. Letztere ist zur Einziehung des Porto's von der verpflichteten Person berechtigt, zur Erstattung desselben an die absendende Behörde jedoch nicht verpflichtet.[6] Es sind ferner die Sendungen in Strafsachen, in Disciplinarsachen und in dem ehrengerichtlichen Verfahren zu frankiren,[7] ebenso Requisitionen an Amtsvorsteher, Ortspolizeibehörden und Standesbeamte in Strafsachen, während das Porto für Sendungen dieser Beamten an die Justizbehörden auf den Justizfonds zu übernehmen ist.[8] In gleicher Art ist bei

---

[2] § 1 des Regulativs.

[3] AV. v. 31. August 1870 (JMBl. 1870 S. 254).

[4] AV. v. 22. März 1870 (JMBl. 1870 S. 94).

[5] AV. v. 4. September 1876 (JMBl. 1876 S. 173); AV. v. 30. November 1875 (JMBl. 1875 S. 248).

[6] AV. v. 8. April 1878 (JMBl. 1878 S. 60); AV. v. 22. Septbr. 1879 (JMBl. 1879 S. 369); Bekanntmachung v. 31. Octbr. 1873 (RGBl. 1873 S. 366).

[7] AV. v. 22. September 1879 (JMBl. 1879 S. 368).

[8] AV. v. 30. Mai 1870 (JMBl. 1870 S. 190); AV. v. 31. Aug. 1875 (JMBl. 1875 S. 196).

Postsendungen an die Pfarrer zu verfahren.[9] Die von Gerichten und den Staatsanwaltschaften zu frankirenden Sendungen sind, wenn möglich, nur von einer dieser Amtsstellen abzusenden.[10] Briefe mit gleicher Adresse sind in ein gemeinschaftliches Couvert zu verschließen.

Packete ohne Werthsdeklaration, deren Gewicht 10 Kilogramm übersteigt, sind per Fracht zu versenden.[11] Die Befreiung der portopflichtigen Briefe von dem für unfrankirte Briefe zu erhebenden Zuschlagsporto wird durch den oben links in der Ecke auf der Adreßseite der Briefe niederzuschreibenden Vermerk „Portopflichtige Dienstsache" begründet.[12] Die Frankirung der Briefe mit deklarirtem Werthe oder solcher nach außerdeutschen Orten adressirten sowie der nach solchen Orten adressirten Postanweisungen und der Packete erfolgt durch Contirung der Porti und sonstigen Postgebühren.[13] Gehen unfrankirte Sendungen von Personen ein, welche zur Frankirung verpflichtet sind, so ist die Rücksendung des Briefumschlags an den Absender alsbald zu veranlassen. Die Post zieht dann das Porto ein und kommt der Betrag bei der nächsten Monatsrechnung in Abzug.[14] Alle Ausgaben an Porto inclusive der Postfreimarken und Auslagen für Postsendungen sind beim Kapitel 79 des Etats zu verrechnen.[15]

---

[9] AV. v. 11. Juni 1870 (JMBl. 1870 S. 202).

[10] AV. v. 22. September 1879 (JMBl. 1879 S. 369).

[11] § 6 Regulativ v. 28. Nov. 1869 (JMBl. 1869 S. 255); AV. v. 22. September 1879 (JMBl. 1879 S. 370, 371).

[12] AV. v. 22. Septbr. 1879 (JMBl. 1879 S. 369); Bekanntmachung des Kaiserl. Generalpostamts v. 28. November 1871 (JMBl. 1871 S. 282).

[13] § 3 Regulativ (JMBl. 1869 S. 255); AV. v. 22. Sept. 1879 (JMBl. 1879 S. 370).

[14] AV. v. 22. Septbr. 1879 (JMBl. 1879 S. 370).

[15] AV. v. 18. März 1874 (JMBl. 1874 S. 100); AV. v. 12. Mai 1881 (JMBl. 1881 S. 106).

§ 16.

Benutzung des Telegraphen.

Durch die Verordnung vom 2. Juni 1877 (RGBl. 1877 S. 524) ist festgestellt, welche Personen resp. Behörden oder Beamte Anspruch auf gebührenfreie Beförderung von Telegrammen haben. Die allgemeine Verfügung vom 7. Dezember 1872 (JMBl. S. 426 sequ.), welche im § 2 sub. Nr. 4 der amtlichen telegraphischen Korrespondenz der Staatsanwaltschaft in reinem Dienstinteresse, sowie Steckbriefen des Staatsanwalts und seiner Hilfsbeamten gebührenfreie Beförderung auf den Telegraphenlinien des deutschen Reichs, Bayern und Württemberg ausgenommen, gewährte, hat ihre Bedeutung verloren.

Die Gebühr für telegraphische Korrespondenz wird von der absendenden Behörde entweder baar bezahlt — dies muß immer geschehen, wenn die Aufgabe bei einer Eisenbahntelegraphenstation erfolgt — oder die Frankirung durch Verwendung von Post- oder Telegraphenfreimarken bewirkt. Die Gebühren können endlich auch contirt und müssen dann nach Ablauf des Monats bezahlt werden.

Im Contirungsfalle hat die absendende Behörde den Bestimmungsort und den Namen des Adressaten in dem Contobuche zu verzeichnen und dasselbe mit dem Telegramme der Station zu übersenden. Letztere vermerkt in demselben die Gebühr und sonstige baare Auslagen.[1] Telegramme in Staatsdienstangelegenheiten haben den Vorrang vor Privat-

---

[1] Regulativ v. 2. Juni 1877 (JMBl. 1877 S. 169).

telegrammen. Sie müssen als solche bezeichnet und durch Siegel oder Stempel beglaubigt sein.[2] Telegramme in Staatsdienstangelegenheiten sind nur in den wichtigsten und dringendsten Fällen oder wenn sie ausdrücklich vorgeschrieben, abzusenden und in gedrängtester Kürze mit Weglassung aller Curialien und Titulaturen abzufassen.[3]

§ 17.

Die Strafvollstreckung.

Die Strafvollstreckung ist der Staatsanwaltschaft übertragen. Sie erfolgt auf Grund einer von dem Gerichtsschreiber zu ertheilenden, mit der Bescheinigung der Vollstreckbarkeit versehenen, beglaubigten Abschrift der Urtheilsformel.[1] In Preußen ist der Amtsrichter für die Strafvollstreckung in den Fällen zuständig, in welchen das Amtsgericht (Schöffengericht, Rheinschifffahrtsgericht, Elbzollgericht) in erster Instanz erkannt hat.[2] Die Ordnungsstrafen, welche das Gericht gegen Parteien, Beschuldigte, Zeugen, Sachverständige, bei der Verhandlung nicht betheiligte Personen, Rechtsanwalte und Vertheidiger wegen Ungebühr ausspricht oder deswegen verhängt, weil diese Personen den zur Aufrechterhaltung der Ordnung erlassenen Befehlen nicht gehorchen, läßt der Vorsitzende des Gerichts unmittelbar, ohne Mitwirkung der Staatsanwaltschaft vollstrecken.[3] Die Amtsanwälte sind von

---

[2] § 8 Telegraphenordnung v. 21. Juni 1872 für das deutsche Reich (RGBl. 1872 S. 213).

[3] § 6 des Regulativs (JMBl. 1877 S. 170).

[1] § 483 StPO.

[2] AV. v. 14. August 1879 I (JMBl. 1879 S. 237).

[3] §§ 178—181 GerVerfGes.

der Strafvollstreckung ausgeschlossen.[4] In den Fällen, in welchen Mangels der zur Erkenntniß der Strafbarkeit einer Handlung erforderlichen Einsicht auf Freisprechung zu erkennen ist, das Urtheil jedoch anordnet, daß die angeklagte Person in eine Erziehungs- oder Besserungsanstalt gebracht werden solle[5] gebührt nach Analogie des § 483 StPO. der Strafvollstreckungsbehörde die Ausführung des Urtheils.[6] Dem gesetzlichen Vertreter der angeklagten Person ist, wenn derselbe nicht als Beistand in der Hauptverhandlung aufgetreten und bei der Urtheilsverkündigung zugegen gewesen ist, das Urtheil zuzustellen.[7] Die Unterbringung ist durch die Polizeibehörde des Wohnorts des Angeklagten event. des Ortes der begangenen Strafthat zu vollziehen.

Fehlt es in den einzelnen Oberlandesgerichtsbezirken an staatlichen derartigen Anstalten, so ist die Unterbringung bei der Kgl. Regierung unter abschriftlicher Mittheilung des gerichtlichen Erkenntnisses zu beantragen. Rücksichtlich der Strafvollstreckung ist Folgendes zu bemerken:

1. Geldstrafen.

Die Einziehung von Geldstrafen, Vermögensstrafen (Confiskation) und von Bußen erfolgt nach den Vorschriften über die Vollstreckung der Urtheile der Civilgerichte.[8] Der zu einer Geldstrafe Verurtheilte kann dieselbe an die Steuerhebestelle entrichten, welche zur Erhebung der Kosten und Geldstrafen bestimmt ist. Auf sein Verlangen hat ihm der Gerichts-

---

[4] § 483 Abs. 2 StPO.; Art. 1 d. Gesch.Anw. f. d. Amtsanwalte v. 28. August 1879 (JMBl. 1879 S. 263).

[5] § 56 StGB.

[6] Olshausen, Kommentar zum StGB., Note 13 zu § 56.

[7] § 268 StPO.

[8] § 495 StPO.

schreiber ein die Rechtssache und den Betrag bezeichnendes Annahmeersuchen kostenfrei zu ertheilen.

Geschieht die Zahlung der Geldstrafe nicht freiwillig, so erfolgt die Beitreibung durch den Gerichtsvollzieher. Die Strafe wird in die Beitreibungsliste aufgenommen (Formular XVI) und dieselbe dem Gerichtsvollzieher mit dem Auftrage zur Einziehung von Strafe und Kosten übergeben. Wohnt der Verurtheilte in einem auswärtigen Amtsgerichtsbezirke, so ergeht der Auftrag an den Gerichtsvollzieher durch Requisition des Gerichtsschreibers dieses Amtsgerichts (Formular XV).[9] Der Gerichtsvollzieher fordert unter Aushändigung der Kostenrechnung den Debenten zur Zahlung von Strafe und Kosten auf und schreitet eventuell zur Pfändung. Die freiwillig gezahlten oder zwangsweise eingezogenen Gelder werden an die Steuerhebestelle abgeführt und der strafvollstreckenden Behörde Nachricht gegeben. Die Ueberweisung der Geldstrafen an die Steuerhebestelle geschieht durch Registrirung der Beträge in dem Kostenregister (Form. XVII).[10] Das Eigenthum der Geräthschaften, auf deren Einziehung gemäß § 295 StGB. erkannt ist, geht mit der Rechtskraft des Erkenntnisses auf den Fiskus über.[11] Die strafvollstreckende Behörde hat für Einziehung derselben Sorge zu tragen und bedient sich hierzu event. des Gerichtsvollziehers.[12] Die eingezogenen Geräthschaften sind, wenn das Vergehen auf einem Kgl. Jagdrevier stattgefunden hat, dem Revieroberförster, wenn das Vergehen auf einem Gemeinde- oder

---

[9] § 162 Ger.Verf.Ges.

[10] Anweisung v. 30. August 1879, betreff. die Behandlung der bei den Justizbehörden entstehenden Einnahmen und Ausgaben. §§ 1, 3, 5, 18.

[11] AV. v. 28. Novbr. 1860 (JMBl. 1860 S. 435).

[12] § 110 Gesch.Anw. für die Ger.Vollzieher v. 24. Juli 1879 (JMBl. 1879 S. 214).

Privatrevier verübt ist, dem betreffenden Landrathe, (in Hannover dem betreffenden Amtshauptmanne) zu übersenden und davon, daß dies geschehen, der Bezirksregierung (in Hannover der betreffenden Landdrostei) Mittheilung zu machen.[13]

2. Freiheitsstrafen.

Die strafvollstreckende Behörde läßt an den Verurtheilten eine Ladung ergehen, die gegen ihn erkannte Freiheitsstrafe anzutreten und erläßt, wenn der Verurtheilte dieser Anweisung binnen der ihm gestellten Frist nicht nachkommt, oder der Flucht verdächtig ist, einen Vorführungs- oder Haftbefehl. Die steckbriefliche Verfolgung ist zulässig, wenn der Verurtheilte flüchtig ist oder sich verborgen hält.[14] Eine Freiheitsstrafe, welche die Dauer von 6 Wochen nicht übersteigt, ist in dem Bundesstaate zu vollstrecken, in welchem der Verurtheilte sich befindet. Längere Freiheitsstrafen werden in den Anstalten vollstreckt, die für den Bezirk, in dem das verurtheilende Gericht sich befindet, bestimmt sind. Die Staatsanwaltschaft ist um Ausführung zu ersuchen.[15]

A. Die Strafe der Haft besteht in einfacher Freiheitsentziehung.[16] Die Gefangenen tragen ihre eigene Kleidung und Wäsche, sofern dieselbe ausreichend, reinlich und ordentlich ist. Sie können sich selbst beköstigen. Sie können sich auch an den in der Anstalt eingeführten Arbeiten betheiligen, dürfen jedoch hierzu nicht gezwungen werden. Es ist ihnen

---

[13] AV. v. 6. Juli 1854 (JMBl. 1854 S. 294); AV. v. 8. August 1868 (JMBl. 1868 S. 265).

[14] § 489 StPO. (Formulare XVIII—XXIII.)

[15] § 163, 164 GVG. (Formular XXI).

[16] § 18 StGB.

gestattet, eine selbst gewählte Beschäftigung vorzunehmen, wenn dieselbe nicht gegen die Gefängnißordnung verstößt.[17]

B. Gegen die wegen Landstreichens, Bettelns, Müssiggangs, Hurerei, Arbeitsscheu und strafbaren Mangels eines Unterkommens verurtheilten Personen kann qualificirte Haft zur Anwendung kommen.

In diesem Falle gehen die Gefangenen des Rechts, sich selbst zu beköstigen immer, und des Rechts, ihre eigenen Kleider zu tragen, der Regel nach, verlustig. Sie können zu Arbeiten, welche ihren Fähigkeiten und Verhältnissen angemessen sind, selbst außerhalb der Anstalt, angehalten werden.[18] Sobald derartige Häftlinge zur Entlassung kommen, müssen sie der Polizeibehörde des Orts zur Verfügung gestellt werden. Es ist ihnen eine Bescheinigung darüber auszustellen, wegen welcher Uebertretung sie bestraft sind und daß sie die Strafe verbüßt haben resp. daß gegen sie auf Ueberweisung an die Landespolizeibehörde erkannt ist.[19] Ist letzteres geschehen, so sind die Akten nebst Beiakten der Ortspolizeibehörde des Gerichtssitzes zu übersenden, damit dieselbe bei der höheren Landespolizeibehörde (Regierung, Landdrostei) in Bezug auf die Nachhaft geeignete Anträge stellen kann.[20]

C. Die Strafe der Festungshaft besteht in Freiheitsentziehung mit Beaufsichtigung der Beschäftigung und Lebensweise der Gefangenen; sie wird in Festungen oder in andern dazu bestimmten Räumen vollzogen.[21] Es bestehen Festungs-

---

[17] §§ 98—100 d. Reglements (JMBl. 1881 S. 50 sequ.).

[18] §§ 361$^{3-8}$, 362 StGB.; §§ 101—103 des Reglements (JMBl. 1881 S. 50 sequ.).

[19] § 362 Abs. 2 StGB.; AV. v. 22. März 1880 (JMBl. 1880 S. 57).

[20] AV. v. 25. August 1879 (JMBl. 1879 S. 252 ad 4).

[21] § 17 Abs. 4 StGB.

stubengefangenanstalten in Weichselmünde für den Bereich des ersten, in Magdeburg für den Bereich des zweiten, dritten, vierten, neunten und zehnten Armeecorps und des Gardecorps, in Glatz für den Bereich des fünften und sechsten, in Wesel für den Bereich des siebenten und in Koblenz-Ehrenbreitstein für den Bereich des achten, elften, vierzehnten und fünfzehnten Armeecorps.

Die von Civilgerichten zu Festungshaft Verurtheilten sind an diejenigen Festungsstubengefangenanstalten zu überweisen, welche den Armeecorps zugetheilt sind, in dessen Bereich das betreffende Civilgericht seinen Amtssitz hat.[22] Requisitionen um Vollziehung der Festungshaft sind an die Gouverneure der vorgenannten Festungen zu richten. In denselben ist anzugeben, ob der Verurtheilte vermögend ist oder nicht, und letztern Falls nach welchem Satze ihm Reise- und Verpflegungsgelder für die Rückreise gezahlt werden sollen.[23] Die Kosten der Reise nach dem Straforte muß der Verurtheilte tragen, wenn er sich selbst zur Strafverbüßung stellt.

Die Festungsstubengefangenen unterliegen der Aufsicht des Gouverneurs. Gesuche derselben sind ausnahmslos an ihn zu richten. Betreffen dieselben einen zu gewährenden Urlaub, so entscheidet die strafvollstreckende Behörde und ist dieser das Gesuch mit der gutachtlichen Aeußerung des Gouverneurs zu übersenden.

Der Gouverneur kann gegen die Gefangenen als Disciplinarstrafen tageweise statt monatlicher Zahlung der Ver-

---

[22] AV. v. 28. April 1874 (JMBl. 1874 S. 125); AV. v. 31. Jan. 1878 (JMBl. 1878 S. 28); Min.Rescr. v. 20. Jan. 1882 I, 66.

[23] AV. v. 4. Novbr. 1873 (JMBl. 1873 S. 302).

pflegungsgelder und Beschränkung der Bewegung in freier Luft bis auf 14 Tage und unter Gewährung einstündiger Bewegungszeit in frischer Luft, auch auf längere Frist verfügen.

Reicht die Disciplinargewalt zur Ahndung strafbarer Handlungen nicht aus, so hat der Gouverneur dem lokalen Staatsanwalte zur weiteren Veranlassung Mittheilung zu machen.

Die Festungsstubengefangenen wohnen in unverschlossenen Stuben, deren Revision nur in längeren Zwischenräumen erfolgt. Ihre Beschäftigung ist eine freie und selbstgewählte. Ihre Korrespondenz ist der Regel nach frei. Sie können sich täglich bis zu 5 Stunden in freier Luft bewegen und während dieser Zeit inner- und außerhalb der Anstalt Besuche empfangen.

Die Festungsstadt dürfen Gefangene nur mit Genehmigung des Gouverneurs besuchen und darf sich dieser Besuch nicht auf öffentliche Lokale, Promenaden oder Gesellschaften erstrecken.[24] Die Kosten der Alimentirung unbemittelter Festungsstubengefangener (Verpflegungsgelder, Erleuchtungs-, Bekleidungs- und Heizungskosten) werden durch die Korpsintendanturen gezahlt und der Militärverwaltung aus dem Extraordinarium der allgemeinen Verwaltung erstattet.[25]

D. Die zu Gefängnißstrafe verurtheilten Personen können in einer Gefangenanstalt auf eine ihren Fähigkeiten und Verhältnissen angemessene Weise beschäftigt werden. Zur Beschäftigung außerhalb der Anstalt gehört ihre Zustimmung.[26]

---

[24] §§ 149—170 des Reglements v. 2. Juli 1873 (JMBl. 1873 S. 303).

[25] AB. v. 29. Juni 1868 (JMBl. 1868 S. 248); § 166 des Reglements.

[26] § 16 StGB.

Der Gefängnißvorsteher entscheidet im Zweifel darüber, ob eine Arbeit den Fähigkeiten und Verhältnissen entspricht. An Sonntagen und den christlichen Feiertagen ruht die Zwangsarbeit. Gefangene jüdischer Religion sollen am Sabbath, Purim, Passah, Wochenfest, Neujahrsfest, Versöhnungsfest und Laubhüttenfest nicht zur Arbeit gezwungen werden. Sie können dafür an den Sonntagen und christlichen Feiertagen mit geräuschlosen Arbeiten beschäftigt werden.[27]

Selbstbeköstigung der Gefangenen ist ausgeschlossen. Es ist ihnen, sobald nicht der Verlust der bürgerlichen Ehre gegen sie erkannt worden, gestattet, eigene Kleidung und Wäsche zu tragen, sofern dieselbe ausreichend, reinlich und ordentlich ist.[28]

E. Die zur Zuchthausstrafe verurtheilten Personen werden mit den in der Strafanstalt eingeführten Arbeiten beschäftigt. Sie können auch zu Arbeiten außerhalb der Anstalt verwendet werden.[29] Den Transport dieser Personen aus den Gerichtsgefängnissen in die Strafanstalt bewirkt die Polizeibehörde (Formular XXIV).

Die zur Strafanstalt abzuführenden Gefangenen sind so zu bekleiden, wie es das Bedürfniß für den Transport, mit Rücksicht auf die Jahreszeit, die Dauer des Transports, die Gesundheit und die Sitte erfordern. Der Regel nach erfolgt der Transport in den eigenen Kleidern des Gefangenen; fehlende oder unbrauchbare Stücke sind aus den Beständen der Gefängnißverwaltung zu ergänzen.

Diese Stücke sind der Gefängnißverwaltung zurückzu-

---

27 AV. v. 21. Octbr. 1877 (JMBl. 1877 S. 227); § 74 des Reglements (JMBl. 1881 S. 50 sequ.).

28 §§ 94—96 des Reglements (JMBl. 1881 S. 50 sequ).

29 § 15 StGB.

liefern, wenn dieselbe es verlangt und die erkannte Strafe über 5 Jahre beträgt.[30] Den Direktionen der Strafanstalten ist der vollständige Tenor des Strafurtheils einschließlich der Angabe etwa erkannter Nebenstrafen und eine Zusammenstellung der aus den Akten ersichtlichen Personalnachrichten, insbesondere die Angabe der Vermögensverhältnisse des Sträflings und der Vorbestrafungen mitzutheilen. Für letztere ist ein Formular vorgeschrieben.[31] Die Kosten der Verpflegung in den Strafanstalten hat der Züchtling zu tragen. Ist er hierzu unvermögend, so wird bei seiner Einlieferung ein Armenattest der Direktion der Strafanstalt überreicht, das vom Ersten Staatsanwalte auszustellen ist (Formular XXVII).

Besitzt der Züchtling Vermögen, so liquidirt die Strafanstalt alljährlich die Detentionskosten, welche durch die strafvollstreckende Behörde beigetrieben oder, wenn das Vermögen aus Immobilien besteht, hypothekarisch sicher gestellt werden.

Der Grundsatz der Kriminalordnung, daß durch Kriminalkosten Niemand außer Nahrungsstand gesetzt werden soll, ist nicht aufgehoben.[32]

3. Ehrenstrafen.

Mit der Verurtheilung zu einer Zuchthausstrafe ist der Ausschluß vom Militärdienst und von öffentlichen Aemtern, wozu die Advokatur, die Anwaltschaft, das Notariat, der Geschworenen- und Schöffendienst gehören, von Rechtswegen verbunden.[33] Die Folgen einer Verurtheilung, welche den

[30] AV. v. 17. Septbr. 1856 (JMBl. 1856 S. 274).

[31] AV. v. 26. October 1869 (JMBl. 1869 S. 211, 212), Formulare XXV, XXVI.

[32] AV. v. 23. August 1853 (JMBl. 1853 S. 326); AV. v. 31. Juli 1870 (JMBl. 1870 S. 235); § 622 der Crim.O.

[33] § 31 StGB.

Verlust der bürgerlichen Ehre ausspricht, sind in den §§ 33. 34 StGB. aufgezählt. Die strafvollstreckende Behörde hat demgemäß dem Verurtheilten im Wege der Strafvollstreckung die Orden, Ehrenzeichen und Denkmünzen nebst den darüber sprechenden Patenten und Besitzzeugnissen abzunehmen und an die Kgl. Generalordenscommission einzusenden.[34]

Eine fernere Nebenstrafe ist die Polizeiaufsicht, auf deren Zulässigkeit in den im Gesetz vorgesehenen Fällen neben der Zuchthaus- oder Gefängnißstrafe erkannt werden darf. Die höhere Landespolizeibehörde (Kgl. Regierung, Landdrostei) erhält durch ein solches Erkenntniß die Befugniß, den Verurtheilten auf die Zeit bis zu 5 Jahren unter Polizeiaufsicht zu stellen, deren Wirkungen die persönliche Freiheit des Betroffenen beschränkt.[35] Die Stellung unter Polizeiaufsicht wird von derjenigen Regierung oder Landdrostei angeordnet, zu deren Bezirk der Ort gehört, nach welchem der Verurtheilte aus der Strafhaft entlassen wird, oder an welchem derselbe später Aufenthalt nimmt. Hinsichtlich der Ausländer steht die Anordnung der Maßregel der Landespolizeibehörde zu, in deren Bezirk die Strafe verbüßt ist.

Die Stellung unter Polizeiaufsicht soll nur stattfinden, wenn begründete Besorgniß besteht, daß der Verurtheilte die wiedererlangte Freiheit in gemeingefährlicher Weise mißbrauchen werde. Die Gefängnißvorstände haben 14 Tage vor Ablauf der Strafzeit eines derartig Verurtheilten ein Zeugniß über die Führung desselben während der Strafverbüßung der Ortspolizeibehörde des Entlassungsorts mit einem Gutachten darüber zuzusenden, ob die Polizeiaufsicht in dem vor-

[34] AV. v. 23. April 1875 (JMBl. 1875 S. 105).

[35] §§ 38, 39 StGB.

liegenden Falle angemessen sei. Vor Abfassung des Gutachtens ist der Gefängnißgeistliche zu hören.[36] Unter zu Grundelegung dieser Atteste und der sonst in Betracht kommenden Umstände hat die Polizeibehörde des Entlassungsortes darüber Beschluß zu fassen, ob sie die Stellung unter Polizeiaufsicht für erforderlich erachte und event. die Anordnung derselben bei der Landespolizeibehörde sofort in Antrag zu bringen. Die Stellung unter Polizeiaufsicht ist auf mindestens 6 Monate anzuordnen.[37]

4. Todesstrafe.

Die Bestimmungen der §§ 541—551 der Criminalordnung über Vollstreckung der Todesstrafe, sowie der Allg. Verf. vom 4. Februar 1839 (JMBl. S. 74) vom 29. Dezember 1842 (JMBl. 1843 S. 2) und der Kabinets-Ordre vom 23. März 1843 (JMBl. 1843 S. 90) über Begleitung der Verurtheilten zur Richtstätte haben durch die Bestimmungen der Strafproceßordnung ihre Geltung verloren.

Die Vorbereitungen zur Hinrichtung sind durch die Staatsanwaltschaft zu treffen. Dieselbe leitet auch die Vollstreckung.

Aus dem Worte „müssen" folgt, daß die Hinrichtung nicht vor sich gehen kann, wenn eine der 5 Urkundspersonen fehlt, während die Anwesenheit der übrigen Personen facultativ ist.[38] Die Hinrichtung ist mit dem Beile zu bewirken.[39] Im Bezirke des Oberlandesgerichts zu Cöln und in Hannover findet die Hinrichtung mittelst des Fallbeils statt.[40]

---

[36] AV. v. 15. Mai 1871; Instr. des Ministers des Innern v. 12. April 1871 (JMBl. 1871 S. 126, 127).

[37] §§ 5, 7 der vorbez. Instr.

[38] § 486 StPO.

[39] Kab.Ordre v. 19. Juni 1811 (GS. 1811 S. 199).

[40] Kab.Ordre v. 17. Aug. 1818 (Hannöversches Ges. v. 31. Dez. 1859).

§ 18.

Strafaufschub.

Der Rechtsgrundsatz der Criminalordnung, daß Erkenntnisse sofort nach der Rechtskraft zur Vollstreckung kommen sollen[1], ist in der Strafproceßordnung in negativer Fassung zum Ausdruck gelangt.[2]

Todesurtheile dürfen nicht eher vollstreckt werden, ehe nicht die Entschließung des competenten Staatsoberhaupts dahin ergangen ist, von dem Begnadigungsrechte keinen Gebrauch machen zu wollen.

An schwangern und geisteskranken Personen darf ein Todesurtheil nicht vollstreckt werden.[3] Die Berechnung einer zu verbüßenden Freiheitsstrafe beginnt vom Eintritt des Verurtheilten in die Strafanstalt. Auf dieselbe ist jedoch die Untersuchungshaft anzurechnen, welche der Angeklagte erlitten hat, nachdem das Erkenntniß ihm gegenüber rechtskräftig geworden ist.[4] Gesuche um Aufschub oder um Theilung (terminliche Abbüßung) der Strafvollstreckung sind nicht als Begnadigungssachen zu behandeln, da der zustimmende Beschluß der Strafvollstreckungsbehörde keinen Begnadigungsakt involvirt. Die Frage ist bis in die neueste Zeit hinein streitig gewesen, jetzt jedoch im obigen Sinne entschieden, soweit § 4 der unten angezogenen Instruktion zur Anwendung kommt.[5] Die Strafproceßordnung schreibt einen Strafaufschub vor

---

[1] § 536 Krim.O.

[2] § 481 StPO.

[3] § 485 StPO.

[4] § 482 StPO.

[5] JMBl. 1854 S. 303; JMBl. 1875 S. 134 sequ.; AV. v. 15. Novbr. 1866 (JMBl. 1866 S. 311); AV. v. 23. Febr. 1867 (JMBl. 1867 S. 67).

wegen Geisteskrankheit des Verurtheilten, wegen anderer Krankheiten desselben, wenn von der Vollstreckung eine nahe Lebensgefahr für den Verurtheilten zu besorgen steht oder dessen Körperzustand derartig ist, daß die sofortige Vollstreckung mit der Einrichtung der Strafanstalt unverträglich erscheint.[6] Personen, welche mit epidemischen Krankheiten behaftet sind, und weibliche Verurtheilte, deren Schwangerschaft bereits bis zum siebenten Monate vorgerückt ist, dürfen in das Gefängniß nicht aufgenommen werden.[7] Ueber Gesuche um Strafaufschub in diesen Fällen befindet, wenn das Landgericht erkannt hat, der Erste Staatsanwalt, wenn das Schöffengericht erkannt hat, der Amtsrichter.[8] Werden die Einwendungen aus § 487 StPO. von der Staatsanwaltschaft als unbegründet zurückgewiesen, so ist die Beschwerde an den Oberstaatsanwalt resp. den Justizminister zulässig. Der von der Entscheidung Betroffene kann sich jedoch auch sofort oder nach Erschöpfung dieses Instanzenzugs an das Gericht I. Instanz (Strafkammer in Besetzung von 3 Richtern, zweiter und dritter Senat des Reichsgerichts) wenden, welches nachdem es dem Staatsanwalte und dem Verurtheilten Gelegenheit zur Stellung und Begründung von Anträgen gegeben hat, event. nach angeordneter Beweisaufnahme ohne mündliche Verhandlung entscheidet. Gegen die Entscheidung des Landgerichts ist die sofortige Beschwerde zulässig.[9] Diese Bestimmung involvirt eine zweite Durchbrechung des im § 151 des Gerichtsverfassungsgesetzes ausgesprochenen Princips.

---

[6] § 487 StPO.

[7] § 26 des Reglements (JMBl. 1881 S. 50 sequ.).

[8] § 483 Abs. 3 StPO.; AV. v. 14. August 1879 (JMBl. 1879 S. 237).

[9] §§ 490, 494 StPO.; AV. v. 14. August 1879 (JMBl. 1879 S. 237 II).

Es darf auf Antrag des Verurtheilten, die Vollstreckung einer Freiheitsstrafe aufgeschoben werden, wenn durch die sofortige Vollstreckung dem Verurtheilten oder der Familie desselben erhebliche, außerhalb des Strafzwecks liegende Nachtheile erwachsen. Die Dauer dieses Aufschubs ist auf 4 Monate beschränkt.[10] Ueber Strafaufschub in diesem Falle hat stets der Erste Staatsanwalt des Landgerichts zu befinden. Er muß die Genehmigung des Oberstaatsanwalts einholen, wenn er einen mehr als vierwöchentlichen Strafaufschub bewilligen will.[11] Zur Bewilligung von Strafaufschub in anderen, als den in den §§ 487, 488 der Strafproceßordnung hervorgehobenen Fällen, sowie zur Bewilligung von Straftheilung und Strafunterbrechung ist gleichfalls der Erste Staatsanwalt des Landgerichts in erster und der Oberstaatsanwalt in zweiter Instanz competent.[12] Sind Freiheitsstrafen an schulpflichtigen Kindern zu vollstrecken, so soll das Interesse der Schule hinsichtlich der Zeit der Vollstreckung berücksichtigt werden. Es haben sich deshalb die strafvollstreckenden Behörden mit den betreffenden Schulvorständen (Schuldeputationen) über die zur Vollstreckung der Strafe geeignetste Zeit vorher zu verständigen.[13]

Unterbrechung der Strafvollstreckung.

Die rücksichtlich dieses Verfahrens bestehenden Vorschriften sind in Kraft geblieben.

Für die Provinzen, in denen die Criminalordnung galt, erscheint als sedes materiae die Instruktion für sämmt-

[10] § 488 StPO.

[11] AV. v. 14. August 1879 (JMBl. 1879 S. 237 II).

[12] ibidem.

[13] AV. v. 17. October 1881 (JMBl. 1881 S. 248).

liche Gerichtsbehörden über das Verfahren bei Begnadigungsgesuchen, Aussetzungen, Theilungen und Umwandelungen der Strafen, welche durch die Allerhöchste Ordre vom 26. Juni 1834 gebilligt ist.[14] Wird die Aussetzung oder Theilung der Strafe wegen Veränderungen, welche sich in der Person des Verurtheilten ereignet haben (Krankheit, Schwangerschaft ꝛc.) nothwendig, so ist das Obergericht befugt, dieselbe zu verfügen.[15] Der Schlußsatz des § fällt weg, da die Gesetzgebung eine Bestätigung des Erkenntnisses nicht mehr kennt und ist die Staatsanwaltschaft an die Stelle des Obergerichts resp. des die Strafvollstreckung ausführenden Gerichts getreten.[16] Für die Landestheile, welche durch die Gesetze vom 20. September und 24. Dezember 1866 mit Preußen vereinigt sind (außer dem Oberamtsbezirk Meisenheim und der Enclave Kaulsdorf) ist die Strafproceßordnung vom 25. Juni 1867 (GS. 1867 S. 92) sequ. sedes materiae.[17] Es ist das Verfahren bei Aussetzung und Theilung der Strafvollstreckung der Regelung im Justizverwaltungswege vorbehalten.

Der Staatsanwalt am Landgerichte kann eine vierwöchentliche Frist bewilligen. Zu längerer Fristbewilligung ist die Genehmigung des Oberstaatsanwalts einzuholen.[18] Diese Bestimmungen beziehen sich jedoch nur auf Gefangene in Gerichtsgefängnissen.

Die Unterbrechung der Haft eines Strafgefangenen in

---

[14] Kamptz, Jahrbücher Bd. 43 (S. 642).

[15] § 4 der Instr.

[16] Kab.Ordre v. 14. August 1846 (JMBl. 1846 S. 151); AV. v. 14. Aug. 1879 (JMBl. 1879 S. 237 II Abs. 3).

[17] § 437 derselben.

[18] § 10 AV. v. 22. August 1867 (JMBl. 1867 S. 266); § 15 AV. v. 14. Juli 1868 (JMBl. 1868 S. 253).

einem Gefängnisse, das zum Ressort des Ministers des Innern gehört, bestimmt bis zur Dauer von 4 Wochen der Vorstand des Gefängnisses nach erfolgter Zustimmung des Staatsanwalts am Landgerichte. Ist eine längere Unterbrechung nothwendig, so wird dieselbe von der Bezirksregierung nach Zustimmung des Oberstaatsanwalts verfügt.

Zur zeitweiligen Entlassung von Zuchthaussträflingen ist für jeden einzelnen Fall eine Verständigung der Minister der Justiz und des Innern erforderlich.[19] Wenn die Aussetzung der Strafe an sich nicht nothwendig ist, sondern nur deshalb nachgesucht wird, weil ohne dieselbe der Gewerbe- und Nahrungszustand oder die häuslichen und öffentlichen Verhältnisse des Verurtheilten einen bedeutenden Nachtheil erleiden würden, so sollte nicht die Gerichtsbehörde, sondern der Minister berechtigt sein, auf den Bericht des Obergerichts diejenigen Modifikationen eintreten zu lassen, welche das Obergericht in Antrag brachte oder welche innerhalb dieses Antrags lagen.[20] Diese Bestimmung wurde dahin geändert, daß das strafvollstreckende Gericht eine Unterbrechungsfrist bis zu 4 Wochen, das Obergericht eine solche bis zu 6 Monaten gewähren konnte. Zur Gewährung einer längeren Frist war die Genehmigung des Ministers erforderlich. In gleicher Art sollte bei Stundungen von Geldstrafen und bei der Bewilligung von Theilzahlungen verfahren werden.[21] Der Allerh. Erlaß vom 8. Mai 1875 (JMBl. 1875 S. 144) befreite den Minister von der im § 5 der Instruktion ihm auferlegten Beschränkung und berechtigte ihn, eine Aussetzung oder Thei-

---

[19] Min.Rescr. v. 29. Juli 1870 I, 1721; Min.Rescr. v. 12. Novbr. 1879 I, 6950.

[20] § 5 der Instr.

[21] Allerh. Erlaß v. 23. Nov. 1853 (JMBl. 1853 S. 410).

lung der Strafvollstreckung ohne einen darauf gerichteten Antrag der Gerichte anzuordnen.

Die Bestimmung des Allerh. Erlasses vom 23 November 1853 ist auf die neuen Provinzen ausgedehnt.[22] Da bedeutende Freiheits- und Geldstrafen in den meisten Fällen einen nachtheiligen Einfluß auf den Nahrungsstand oder die Familienverhältnisse des Verurtheilten ausüben und wenn derselbe Familienvater ist, seine Familie nothwendiger Weise mittreffen, so sollen Anträge auf Unterbrechung, Aufschub oder Terminalverbüßung nur selten und nur dann berücksichtigt werden, wenn die erkannte Strafe, bei nicht modificirter Vollziehung ein größeres und schwereres Strafübel, als das Urtheil ausgesprochen hat, zufügen und aus besondern Gründen eine ganz ungewöhnliche Härte für den Nahrungszustand oder die Familie herbeiführen würde.[23] Beispielsweise sind als Gründe für Gewährung solcher Gesuche erhebliche Krankheiten in der Familie, bevorstehende Entbindung der Ehefrau, bei Landwirthen die Bestellungs- und Erntezeit, bei Kaufleuten die Zeit der Messe oder eines für die Existenz des Geschäfts wichtigen Jahrmarkts, jedoch auch nur dann anerkannt, wenn ganz besondere Umstände diese Ausnahme nothwendig machen z. B. eine Vertretung oder anderweitige Hilfe nicht zu beschaffen und daß dies der Fall durch Einziehung von Erkundigungen bei Polizei- resp. anderen Behörden nachgewiesen ist.[24] Es steht demnach bei Strafunterbrechungen aus Gründen des § 5 der Instruktion so, daß

a) bei Geldstrafen der Erste Staatsanwalt einen Straf-

---

[22] § 10² AV. v. 22. August 1867 (JMBl. 1867 S. 266); § 15² AV. v. 14. Juli 1868 (JMBl. 1868 S. 253).

[23] ibidem Jahrbücher Bd. 40 S. 252).

[24] Jahrbücher Bd. 38 S. 142, 443.

aufschub resp. Terminszahlungen auf 4 Wochen, der Oberstaatsanwalt beides bis auf 6 Monate, der Minister noch weiter hinaus gewähren kann;

b) bei Freiheitsstrafen, die in gerichtlichen Gefängnissen verbüßt werden, der Erste Staatsanwalt eine Strafunterbrechung bis auf 4 Wochen, der Oberstaatsanwalt eine solche bis zu 6 Monaten, eine weitere der Minister gewähren kann;

c) bei Freiheitsstrafen, die in Gefängnissen vollstreckt werden, welche zum Ressort des Ministers des Innern gehören, der Vorsteher der Anstalt unter Zustimmung des Ersten Staatsanwalts des Landgerichts einen Urlaub bis auf 4 Wochen, die Bezirksregierung unter Zustimmung des Oberstaatsanwalts einen solchen bis zu 6 Monaten, endlich auf gemeinschaftlichen Beschluß des Ministers des Innern und des Justizministers einen längern Urlaub ertheilen kann;

d) bei Freiheitsstrafen, die in Zuchthäusern vollstreckt werden, in jedem Falle und für jede Zeitdauer die gemeinschaftliche Entschließung der vorerwähnten beiden Minister erforderlich ist.[25] In diesem Falle, sowie wenn ad c. ein längerer als sechsmonatlicher Urlaub beantragt wird, hat sich der Oberstaatsanwalt auf Ersuchen der zuständigen Verwaltungsbehörde über die Strafunterbrechung gutachtlich zu äußern.[26] Sofern die Justiz- und Verwaltungsbehörden über die Ablehnung des Beurlaubungsgesuchs einverstanden sind, bedarf es der Entscheidung durch die Ministerien der Justiz und des Innern nicht.[27] Die Vorstände der Strafanstalten müssen den Requisitionen der Staatsanwaltschaft wegen einst-

[25] Min.Rescr. v. 29. Juli 1870 I, 1721.

[26] Min.Rescr. v. 7. Juni 1881 I, 2432.

[27] Min.Rescr. v. 17. Januar 1882 I, 5153.

weiliger Entlassung solcher Gefangenen genügen, bezüglich welcher bei Fortdauer der Haft eine nachgesuchte und amtlich zu befürwortende Begnadigung ohne Wirkung bleiben würde oder hinsichtlich welcher ein anscheinend nicht unbegründetes Restitutionsgesuch vorliegt.[28]

§ 19.

Vorläufige Entlassung.

Dem Justizminister ist das Recht eingeräumt, Personen, die zu längerer Freiheitsstrafe verurtheilt sind, nach Verbüßung dreier Viertheile der gegen sie erkannten Strafe — mindestens ein Jahr — mit ihrer Zustimmung zu entlassen.[1] Die vorläufige Entlassung stellt eine Vergünstigung für solche Strafgefangene dar, deren Besserung erwiesen erscheint und von denen zu erwarten steht, daß sie die Vergünstigung nicht mißbrauchen werden.[2] Gesuche von Strafgefangenen oder deren Angehörigen um vorläufige Entlassung unterliegen zunächst der Prüfung des Gefängnißvorstands (Erster Staatsanwalt, aufsichtführender Richter, Direktor des Strafgefängnisses, Direktor der Strafanstalt, des Zuchthauses), welcher dieselben, wenn nicht Seitens der vorgesetzten Verwaltungsinstanz eine Aeußerung erfordert ist, zurückweisen kann, falls sie zur Befürwortung nicht geeignet erscheinen.[3] Erscheinen die Gesuche dazu geeignet oder will der Gefängnißvorstand von Amtswegen die vorläufige Entlassung herbeiführen, so sind

---

[28] Min.Rescr. v. 29. Juli 1870 I, 1721.

[1] §§ 23, 25 StGB.

[2] § 2 der gemeinschaftl. Verfügung des Ministers des Innern und des Justizministers vom 21. Januar 1871 (JMBl. 1871 S. 35); AV. v. 14. August 1879 (JMBl. 1879 S. 238 IV).

[3] § 9 l. c.

die Lebensverhältnisse, denen der Gefangene entgegengeht und der Ort, nach dem er entlassen werden soll, in Betracht zu ziehen und event. nach spezieller Erörterung dieser Fragen, die Entlassung beim Oberstaatsanwalt des Oberlandesgerichts, in dessen Bezirk das Strafurtheil ergangen ist, in Antrag zu bringen. Dies darf jedoch nur dann geschehen, wenn nicht zu besorgen ist, daß der Gefangene durch die Verhältnisse, in welche er eintritt, in ein verbrecherisches Leben werde zurückgedrängt werden.

Dem Antrage sind die Personalakten und eine motivirte Erklärung der Konferenz der Oberbeamten resp. des Hausgeistlichen beizufügen.[4] Der Oberstaatsanwalt hat mittelst gutachtlichen Berichts die Entscheidung des Ministers einzuholen und dieselbe dem Gefängnißvorstande zu übermitteln. Die angeordnete Entlassung ist sofort auszuführen und dies dem Oberstaatsanwalt anzuzeigen.[5] Zugleich ist Nachricht zu den Untersuchungsakten hierüber zu geben und der Polizeibehörde des Entlassungsorts event. auch dem Landrathe Mittheilung zu machen.[6] Die Entlassung des Gefangenen geschieht unter Ueberreichung eines Entlassungsausweises, der die Verhaltungsvorschriften für vorläufig entlassene Strafgefangene enthält und einer Reiseroute, nachdem mit ihm seines Arbeitsverdienstes wegen Abrechnung gehalten ist (Formulare XXVIII bis XXX). Es wird ihm zu Protokoll, das den Personalakten einzuverleiben ist, eröffnet, daß er die Wiedereinlieferung zur Abbüßung der Reststrafe zu gewärtigen habe, wenn er bis zum Ablaufe der Strafzeit sich schlecht führen oder die Verhaltungsvorschriften nicht beachten sollte.[7] Diese Ver-

---

[4] §§ 4, 5 l. c.
[5] §§ 6, 7 l. c.
[6] § 10 No 4 l. c.
[7] § 10$^{1.2.3}$ l. c.

haltungsvorschriften bezwecken eine spezielle polizeiliche Controle der Entlassenen, indem sie ihre Freizügigkeit beschränken und der Ortspolizeibehörde das Recht geben, besondere Maßregeln zur Controlirung zu treffen.[8] Weicht der Entlassene von der Reiseroute ab oder verläßt er den Entlassungsort ohne Erlaubniß auf mehr als 48 Stunden, so ist seine steckbriefliche Verfolgung zulässig. Es kann in diesem Falle oder, wenn der Entlassene sich arbeitsscheu zeigt, dem Trunke ergiebt, durch ungeordnetes Verhalten Anstoß erregt, Umgang mit Personen üblen Rufs pflegt oder bei ihnen wohnt, oder einen bestimmten Lebenserwerb nicht nachzuweisen vermag, der Widerruf der Entlassung erfolgen, sobald eine einmalige Verwarnung fruchtlos geblieben ist.

Will die Ortspolizeibehörde den Widerruf der Entlassung herbeiführen, so kann sie den vorläufig Entlassenen aus dringenden Gründen des öffentlichen Wohls in Haft nehmen und bis zur Entscheidung über den Antrag in Haft behalten.

Der Antrag auf Widerruf ist beim Oberstaatsanwalte anzubringen, der seiner Seits dem Justizminister behufs Extrahirung des Beschlusses zu berichten hat.

Im Falle des Widerrufs wird der Gefangene in das Gefängniß zurücktransportirt, aus dem seine Entlassung erfolgte.[9] Die Beamten der Staatsanwaltschaft haben die Verpflichtung von jeder strafrechtlichen Verfolgung und von jeder aus diesem Grunde erfolgten Verhaftung eines vorläufig Entlassenen, vorausgesetzt, daß die Strafthat nach der Entlassung verübt ist, unverzüglich dem Oberstaatsanwalte unter Darlegung des Sachverhältnisses Anzeige zu machen.

---

[8] JMBl. 1871 S. 40).

[9] §§ 13—16 l. c.

Diese Anzeigen sind mit dem gutachtlichen Berichte sofort dem Minister einzureichen.[10]

§ 20.

Begnadigungssachen.

Die Verfassungsurkunde vom 31. Januar 1850 wahrt dem Könige das Recht der Begnadigung und der Strafmilderung und beseitigt das dem Staatsoberhaupte früher zustehende Recht der Abolition.[1] Das Begnadigungsrecht ist mehrfach delegirt.

In den durch die Gesetze vom 20. September 1866 und vom 24. Dezember 1866 mit Preußen vereinigten Landestheilen (Hannover, Hessen, Nassau, Frankfurt a. M. Schleswig-Holstein, bayerische und Großherzogl. hessische Gebietstheile) entscheidet der Justizminister über Gnadengesuche, wenn die erkannte Strafe den Betrag von 30 Mark nicht übersteigt.[2] Dem Finanzminister ist die Ermächtigung ertheilt, die in Zoll- und Steuercontraventions- und Defraudationssachen erkannten Strafen ganz oder zum Theil zu erlassen. Diese Berechtigung erstreckt sich nicht auf Strafen, die wegen Defraudationen der Gewerbesteuer oder anderer direkter Steuern erkannt sind.[3] Derselbe hat ferner das Recht zur selbständigen Entscheidung über Begnadigungsgesuche in Untersuchungssachen wegen Zuwiderhandlungen gegen die französische

---

[10] AV. v. 23. Dezbr. 1871 (JMBl. 1871 S. 294).

[1] Art. 49 der Verfassung; § 590 der Criminalordnung.

[2] Allerh. Erlasse v. 19. Dezbr. 1866 und 16. Februar 1867 (JMBl. 1867 S. 6 u. 67).

[3] Rescr. des Justizministers v. 8. Juni 1834 und des Finanzministers v. 27. Juni 1834; v. Kamptz, Jahrbücher Bd. 43 S. 648, 649.

Forstordnung vom August 1869 und die Verordnungen der österreichischen und bayerischen gemeinschaftlichen Landesadministrationscommission vom 30. Juli 1814 und 21. Januar 1815, wenn auf Niederreißung vorschriftswidrig aufgeführter Gebäude und Konfiskation des dazu benutzten Grund und Bodens, sowie der dazu angewendeten oder angefahrenen Baumaterialien erkannt ist.[4] Der Minister für Landwirthschaft, Domainen und Forsten ist ermächtigt, in allen Forstcontraventionsfällen, einschließlich der Forstdiebstähle Geldstrafen, welche den Betrag von 30 Mark nicht übersteigen, ganz oder theilweise zu erlassen.

Durch diesen Erlaß ist die früher dem Justizminister ertheilte Ermächtigung beschränkt.[5] Für antiquirt sind zu erachten:

Die Befugniß des Generalpostmeisters resp. des Handelsministers Strafen, welche in Postcontraventions- und Defraudationsfällen bis inclusive 30 Mark erkannt sind, ganz oder theilweise zu erlassen, da der Postbetrieb auf das Reich übergegangen ist.[6] Ferner die Befugniß des Justizministers die durch Dekrete der Gerichte festgesetzten Strafen gegen Querulanten zu erlassen oder zu mildern, da die Bestrafung der Querulanten nur im Wege des Anklageprocesses erfolgen

---

[4] Allerh. Erlaß v. 4. Mai 1868. Dieser Erlaß hat Geltung für den Bezirk des Oberlandesgerichts zu Cöln (JMBl. 1870 S. 15, 16).

[5] Allerh. Ordre v. 11. Octbr. 1830; Erg. zur Crim.O. I S. 126; Allerh. Erl. v. 26. Sept. 1868; Rescr. v. 19. Octbr. 1868 (JMBl. 1868 S. 333); Allerh. Ordre v. 15. Dezbr. 1880; AE. v. 19. Februar 1881 (JMBl. 1881 S. 31).

[6] Allerh. Ordre v. 22. Jan. 1829; v. Kamptz, Jahrbücher Bd. 50 S. 230 (JMBl. 1854 S. 296); Verf. des deutschen Reichs v. 16. April 1871 Art. 4[10].

kann.[7] Endlich die Befugniß des Justizministers, Gefängnißstrafen in Geldstrafen umzuwandeln, wenn der Körperzustand des Verurtheilten die Vollstreckung der erkannten Strafe hindert.[8] Durch das Erkenntniß des Obertribunals vom 2. Dezember 1853 (JMBl. 1854 S. 81) ist die Rechtsgültigkeit der ministeriellen Befugniß festgestellt, wesentlich aus dem Grunde, weil Art. 147 des Ges. vom 3. Mai 1852 den § 590 der Criminalordnung nicht ausdrücklich aufhebe.

Nach der durch die Einführung der Strafproceßordnung erfolgten Neuordnung muß der § 590 der Criminalordnung und mit ihm die vorcitirte Instruktion für beseitigt gelten.[9] Der Justizminister hat auch in einzelnen Fällen, die nach dem 1. October 1879 zum Zwecke der Strafumwandlung an ihn gelangten, es abgelehnt, Verfügung ergehen zu lassen.

Die Bearbeitung der Begnadigungssachen erfolgt, abgesehen von den Fällen, in denen das Reichsgericht in erster Instanz erkannt hat, durch die Staatsanwaltschaft des Landgerichts, von welchem resp. in dessen Bezirke (Seitens des Amts- oder Schöffengerichts, des Rheinschifffahrts- oder Elbzollgerichts) das Urtheil in erster Instanz ergangen ist.[10] Durch die Einreichung eines Gnadengesuchs wird der Regel nach die Vollstreckung des Erkenntnisses nicht gehemmt.[11] Eine Aufschiebung der Strafvollstreckung muß jedoch statt-

---

[7] Allerh. Ordre v. 16. Aug. 1834; v. Kamptz, Jahrbücher Bd. 44 S. 102; §§ 30, 31 AGO. III, 1; Oppenhoff, StGB. 5. Ausg. S. 7.

[8] Crim.O. § 590; Instruktion v. 30. Juni 1834; v. Kamptz, Jahrbücher Bd. 43 S. 642.

[9] cfr Loewe, StPO. S. 915; anderer Meinung ist Dalcke, StPO. Seite 291.

[10] § 484 StPO.; AV. v. 14. Aug. 1879 III[1] (JMBl. 1879 S. 238).

[11] § 536 Crim.O.; Kab.Ordre v. 29. Aug. 1838; v. Kamptz, Jahrbücher Bd. 52 S. 233.

finden, wenn Allerhöchst auf ein erstes Gnadengesuch Bericht erfordert ist,[12] oder wenn ein zum Tode verurtheilter Verbrecher, nachdem die Entschließung des Staatsoberhauptes, der Gerechtigkeit freien Lauf zu lassen, ergangen,[13] in dem zur Publikation dieser Entschließung anberaumten Termine oder mindestens vor dem zur Hinrichtung festgesetzten Tage ein Gnadengesuch einlegt, in welchem bisher in der Untersuchung unbekannt gebliebene Umstände enthalten sind, die das Staatsoberhaupt bestimmen könnten, Gnade für Recht ergehen zu lassen oder wenn er dem Staate vortheilhafte Entdeckungen macht, aus welchen das Staatsoberhaupt Motive zur Begnadigung entnehmen könnte.[14] Eine Aussetzung der Strafvollstreckung kann ferner erfolgen, wenn die mit dem Strafvollzug befaßte Behörde der Ansicht ist, daß das Gnadengesuch eine Milderung oder Aufhebung der erkannten Strafe herbeiführen wird.[15] Auf Antrag der Verwaltungsbehörde müssen die Staatsanwalte die Vollstreckung gerichtlich erkannter Strafen in Steuercontraventionsfällen sistiren.[16] Für antiquirt muß die Bestimmung gelten, daß die Strafvollstreckung dann auszusetzen sei, wenn einem Verurtheilten, der ein Gnadengesuch eingereicht hat, durch den Antritt der Strafe ein unwiederbringlicher Schaden an seiner Ehre zugefügt werden würde.[17] Die Bestimmung Abs. 3 des § 11 des

[12] Allerh. Erlaß v. 16. März 1878 (JMBl. 1878 S. 55).

[13] § 485 StPO.

[14] Kab.Ordre v. 15. October 1810; Kab.Ordre v. 31. Jan. 1836; v. Kamptz, Jahrbücher Bd. 47 S. 381.

[15] Kab.Ordre v. 29. August 1838; v. Kamptz, Jahrbücher Bd. 52 S. 233; Verf. vom 14. Dezbr. 1849 (JMBl. 1849 S. 499).

[16] AV. v. 7. Februar 1845 (JMBl. 1845 S. 32); AV. v. 28. October 1875 (JMBl. 1875 S. 208).

[17] Allerh. Ordre v. 29. Aug. 1838; Min.Rescr. v. 6. Septbr. 1838; § 14 No. 1 AV. v. 14. Juli 1868 (JMBl. 1868 S. 253);

preußischen Strafgesetzbuchs ist in das Reichsstrafgesetzbuch nicht übergegangen und es treten die Wirkungen der Aberkennung der bürgerlichen Ehrenrechte sofort mit der Rechtskraft des Urtheils ein.[18] Die mit der Bearbeitung der Gnadensachen beauftragten Beamten sind angewiesen, derselben die möglichste Beschleunigung angedeihen zu lassen.[19] Die Berichte werden unmittelbar an den Justizminister erstattet, sollte auch in höherer Instanz eine Abänderung des erstinstanzlichen Erkenntnisses stattgefunden haben.[20] Die bei Sr. Majestät dem Könige oder dem Justizminister eingereichten Gnadengesuche werden vom Minister dem Ersten Staatsanwalte des Landgerichts unmittelbar zugefertigt,[21] entweder zum Zwecke der Prüfung und demnächstiger weiterer Veranlassung oder behufs Erstattung eines Berichts.

Erstern Falls hat der Erste Staatsanwalt das Gesuch seinem Inhalte nach unter Einsicht der Akten einer Prüfung dahin zu unterziehen, ob Begnadigungsgründe für den Verurtheilten wirklich vorhanden sind, ob die nach den Gesetzen richtig bemessene Strafe unter den etwa eintretenden speciellen Umständen einer milderen Ansicht Raum giebt, ob und in wie weit die Vollstreckung der Strafe die Nahrungslosigkeit des Verurtheilten zur Folge haben würde event. ob der bereits in Strafhaft befindliche Verurtheilte sich durch seine Führung der Gnade würdig gezeigt habe.[22] Die Abgabe eines Gnadengesuchs an den Ersten Staatsanwalt zur Prüfung darf nicht

---

§ 9 No. 1 AV. v. 22. August 1867 (JMBl. 1867 S. 266).

[18] § 36 StGB.

[19] AV. v. 23. Dezember 1873 (JMBl. 1873 S. 344).

[20] AV. v. 14. August 1879 III, 2 (JMBl. 1879 S. 238).

[21] AV. v. 5. Dezbr. 1874 (JMBl. 1874 S. 340); AV. v. 15. Novbr. 1866 (JMBl. 1866 S. 310).

[22] JMBl. 1854 S. 301 und die dort angezogenen Rescripte.

als Zurückweisung desselben aufgefaßt werden.[23] Ergiebt die Prüfung des Gnadengesuchs, daß dasselbe nicht zu befürworten, so wird dem Petenten eröffnet, daß das Gesuch unberücksichtigt an die Staatsanwaltschaft abgegeben worden sei und daß letztere nach näherer Prüfung desselben sich nicht veranlaßt gefunden habe, das Gesuch der Allerhöchsten Gnade zu empfehlen (Formular XXXI).[24] Verlangt der Minister die Erstattung eines Berichts oder beschließt der Erste Staatsanwalt nach Prüfung des Gesuchs, dasselbe zu befürworten, so hat er dem Minister direkt über die Sachlage zu berichten und dem Berichte die Untersuchungsakten beizufügen.

Hinsichtlich der äußeren Form der Berichte ist angeordnet, daß derselbe auf halb gebrochenem Bogen zu schreiben, die Bezeichnung der absendenden Behörde in der oberen linken Ecke der ersten Seite anzugeben und das Datum auf der ersten Seite oben rechts als Ueberschrift zu setzen ist. Sollte der Bericht erfordert sein, so ist unter der Bezeichnung der absendenden Behörde das desfallsige Rescript (mit Journalnummer) anzuführen.[25]

Der Bericht soll das Resultat der Prüfung des Begnadigungsgesuchs enthalten und sich mithin über diejenigen Thatsachen verbreiten, welche entweder zur Unterstützung des Gnadengesuchs neu angeführt worden oder welche bereits in den Akten erwähnt und für oder wider das Gnadengesuch ins Gewicht fallen.[26] Die Bemerkungen, welche die Schwurgerichtsvorsitzenden in ihren Berichten niederlegen, sollen

---

[23] Allerh. Ordre v. 8. Novbr. 1835; v. Kamptz, Jahrbücher Bd. 46 S. 582 u. v. 11. Juni 1844 (JMReſcr. v. 30. Juni 1844 I, 2859).

[24] JMBl. 1854 S. 299.

[25] v. Kamptz, Jahrb. Bd. 40 S. 464; AV v. 16. Juni 1874 (JMBl. 1874 S. 196).

[26] JMBl. 1854 S. 300.

hierbei besonders berücksichtigt werden.[27] Die durch die Akten nicht nachgewiesenen resp. nicht notorischen Verhältnisse, welche den Antrag auf Begnadigung unterstützen, müssen event. durch Zuziehung der Ortspolizeibehörde untersucht werden.[28] In diesem Berichte ist bei dem Wohnorte des Condemnaten der landräthliche Kreis und der Regierungsbezirk anzugeben.[29] Im Falle Allerhöchsten Orts Bericht erfordert ist, oder wenn die erkannte Freiheitsstrafe sich über ein Jahr erstreckt, ist dem Berichte Abschrift des Urtheils und ein Aktenauszug beizufügen.[30] Die Aktenauszüge, auf deren Reinschrift besondere Aufmerksamkeit zu verwenden, erhalten die Ueberschrift: „Auszug aus den Akten in der Untersuchungssache wider N. N.". Sie müssen eine gut angeordnete, aktenmäßige, kurze aber vollständige Darstellung des Verlaufs der Untersuchung enthalten. Die Ergebnisse der Voruntersuchung und der mündlichen Verhandlung müssen klar und übersichtlich mit einander verbunden werden.

Hat der Verurtheilte ein Geständniß abgelegt, so ist dasselbe, soweit es sich auf die That und die Motive zu derselben bezieht, wörtlich aufzunehmen.

Steht das abgelegte Geständniß nicht im Einklange mit den sonstigen Ermittelungen, so hat der Aktenauszug die Differenzen anzugeben.

Ist der Widerruf eines Geständnisses erfolgt, so muß des Widerrufs und der für denselben angegebenen Gründe Erwähnung geschehen. In diesem Falle und wenn ein Ge-

[27] AV. v. 6. Dezbr. 1851 (JMBl. 1851 S. 380).

[28] Rescr. v. 11. Juni 1831 (v. Kamptz, Jahrbücher Bd. 37 S. 419).

[29] JMRescr. v. 4. Febr. 1853.

[30] AV. v. 14. August 1879 III, 2 (JMBl. 1879 S. 238).

ständniß nicht vorliegt, sind die ausgemittelten Indizien vollständig und übersichtlich anzugeben, so daß ersehen werden kann, welche Beweise die Verurtheilung herbeigeführt haben.

In schwurgerichtlichen Sachen wird sich, da Gründe für das Verdikt nicht angegeben werden, dieser Passus dahin modificiren, daß die durch die Beweisaufnahme festgestellten Belastungsmomente in den Aktenauszug aufgenommen werden.

Geständnisse, die nach rechtskräftig entschiedener Sache abgelegt werden oder das Ergebniß nachträglich angestellter Ermittelungen, soweit es für die Beurtheilung des Falles von Wichtigkeit ist, müssen in dem Aktenauszuge Platz finden.

Die Aktenauszüge müssen außerdem Angaben über den Stand, die Beschäftigung, das Alter, die Religion, den Wohnort (landräthlichen Kreis und Regierungsbezirk), frühere Bestrafungen des Verurtheilten unter Angabe des Zeitpunktes derselben event. der den Rückfall begründeten Umstände, den Tenor des Erkenntnisses, den Ausspruch der Geschworenen und, ihrem wörtlichen Inhalte nach, die den speciellen Thatbestand des vorliegenden Delikts betreffenden Strafgesetze enthalten, die dem Urtheil zu Grunde liegen. Die zur Anwendung gekommenen Bestimmungen aus dem allgemeinen Theile des Strafgesetzbuchs sind nur dann wörtlich in den Aktenauszug aufzunehmen, wenn dies im einzelnen Falle zum Verständniß der ergangenen Entscheidung erforderlich ist. Die gesetzlichen Bestimmungen, welche Nebenstrafen verhängen, sind nicht aufzunehmen. Endlich ist anzugeben, ob resp. wenn die Freiheitsstrafe angetreten ist. Ist die Untersuchung gegen mehrere Personen gerichtet gewesen und betrifft der Bericht, welchem der Aktenauszug beizufügen ist, nur einen oder einige der Mitbeschuldigten, so muß aus dem Aktenauszuge ersichtlich sein, zu welchem Ergebnisse die Untersuchung hinsichtlich der Mitbeschuldigten geführt hat und ob und inwieweit die gegen diese etwa erkannten Strafen zur Vollstreckung gelangt sind.

Auf dem Rande des Aktenauszugs sind die Aktenfolien anzuziehen und am Schlusse der Ort und das Datum der Abfassung und die deutliche und leserliche Unterschrift des Ersten Staatsanwalts hinzuzufügen.[31] Der Regel nach werden Berichte in Begnadigungssachen, wie oben erwähnt, dem Minister direkt erstattet und ist es demselben vorbehalten, im Einzelfalle eine Berichterstattung des Oberstaatsanwalts anzuordnen. Eine Ausnahme findet statt, wenn der Erste Staatsanwalt des Landgerichts, dessen Schwurgericht ein Todesurtheil gefällt hat, nach dessen Rechtskraft berichtet.

In diesem Falle ist der Bericht mit Aktenauszug und beglaubigter Urtheilsabschrift dem Oberstaatsanwalte zur Weiterbeförderung an den Justizminister einzureichen und hat der Oberstaatsanwalt die ihm erforderlich erscheinenden Bemerkungen dem Berichte beizufügen.[32] Werden Gnadengesuche bei Gerichtsbehörden eingereicht, so sind dieselben der Staatsanwaltschaft zu übergeben. Dasselbe muß von derartigen Gesuchen gelten, die von Gerichtsschreibern oder in den Sekretariaten der Strafanstalten aufgenommen sind.

Hinsichtlich dieser Begnadigungsgesuche oder solcher, welche

---

[31] AV. v. 17. Dezbr. 1873 (JMBl. 1873 S. 337); AV. v. 14. April 1881 (JMBl. 1881 S. 68); AV. v. 9. Febr. 1839 (JMBl. 1839 S. 66); AV. v. 5. Juli 1841 (JMBl. 1841 S. 221); AV. v. 6. Mai 1850 (JMBl. 1850 S. 150); AV. v. 6. Dezbr. 1851 (JMBl. 1851 S. 380, JMBl. 1854 S. 301); AV. v. 2. Juni 1860 (JMBl. 1860 S. 238); Reskr. v. 4. Juli 1881 I, 2664.

[32] AV. v. 14. August 1879 III, 4 (JMBl. 1879 S. 238).

der Staatsanwaltschaft direkt eingereicht werden, findet ein verschiedenes Verfahren statt.

Der Erste Staatsanwalt kann dieselben dem Geheimen Civilkabinet des Königs mittelst Umschlags einsenden.[33] Dies soll namentlich geschehen, wenn die Gesuche von Personen ausgehen, die Freiheitsstrafen verbüßen. Gesuche von Zuchthaussträflingen sind nur dann zu befördern, wenn sie von der Direktion befürwortet sind, sonst sofort zurückzuweisen.[34] Will der Erste Staatsanwalt ein solches Gesuch befürworten, so müssen außer den oben erwähnten Anlagen die Akten der Direktion der Strafanstalt, das Gutachten der Direktion und ein Attest des Seelsorgers über die Führung des Sträflings mit eingereicht werden.[35] Der Erste Staatsanwalt kann aber auch das Gesuch dem Bittsteller mit dem Eröffnen zurückgeben, daß er dasselbe nicht befürworten könne und demselben die direkte Einreichung an Allerhöchster Stelle anheimgeben.[36] Bezwecken Gesuche verurtheilter Personen die Wiederverleihung der Nationalkokarde resp. der bürgerlichen Ehre, welche nach § 11 des preußischen Strafgesetzbuchs durch jede Verurtheilung zu Zuchthausstrafe verloren ging — Rehabilitirungsgesuche — so tritt die Competenz der Verwaltungsbehörden ein und sind derartige Anträge an dieselben abzusenden.[37] Gesuche um Erlaß oder Milderung polizeilicher Strafen, die in Gemäßheit des Ges. vom 14. Mai 1852 (GS. 1852 S. 245) durch eine vollstreckbar gewordene Verfügung des Polizei-

[33] AV. v. 15. Novbr. 1866 (JMBl. 1866 S. 310 § 4); AV. v. 23. Febr. 1867 (JMBl. 1867 S. 67 § 4).

[34] Verf. v. 5. Januar 1841 (JMBl. 1841 S. 31).

[35] AV. v. 24. Februar 1845 (JMBl. 1845 S. 42, 43).

[36] JMBl. 1854 S. 298.

[37] AV. v. 7. Juni 1839 (JMBl. 1839 S. 207); AV. v. 8. März 1853 (JMBl. 1853 S. 122).

verwalters festgesetzt sind, sind der betreffenden Bezirksregierung, in Berlin dem Polizeipräsidium zu übergeben. Sollte Seitens des Ministers Bericht erfordert sein, so ist demselben Anzeige von der Abgabe an die betreffende Verwaltungsbehörde zu machen.[38] Im § 30 des Ausführungsgesetzes zum deutschen Gerichtskostengesetze vom 10. März 1879 (GS. 1879 S. 145) sind Bestimmungen über Stundung und Niederschlagung von Kosten wegen Armuth getroffen. Im Anschluß an dieselben haben der Justiz- und der Finanzminister sich über die Behandlung der Immediatgesuche um Erlaß von Gerichtskosten, bezüglich von Gerichtskosten in Gemeinschaft mit gerichtlich erkannten Geld- oder anderen Strafen dahin geeinigt, daß Gesuche um gnadenweisen Erlaß von Gerichtskosten und Strafen in denjenigen Steuerprocessen, in welchen der Finanzminister über den Straferlaß zu befinden hat, der Prüfung und Beschlußfassung des Finanzministers, dagegen die Gesuche um gnadenweisen Erlaß von Strafen oder von Gerichtskosten und Strafen in anderen Processen, als den erwähnten Steuerprocessen, der Prüfung und Beschlußfassung des Justizministers unterliegen sollen. Wird die Zurückzahlung von Geldstrafen, die bereits zur Staatskasse geflossen sind, nothwendig, so erfolgt dieselbe auf Ersuchen des Gerichtsschreibers event. des Sekretairs der Staatsanwaltschaft. Die Verfügung ist von der strafvollstreckenden Behörde zu erlassen. Der Empfangsberechtigte muß in dem Ersuchen bezeichnet und beglaubigte Abschrift des Allerhöchsten Erlasses, beziehungsweise der Verfügung des zuständigen Ressortchefs, beigefügt werden.[39]

---

[38] AV. v. 8. Februar 1854 (JMBl. 1854 S. 62).

[39] AV. v. 14. Januar 1881 (JMBl. 1881 S. 10).

Die Staatsanwalte haben in den Fällen, in welchen die Kgl. Provinzialsteuerdirektionen oder die denselben untergeordneten Hauptämter zum Zwecke der Berichterstattung über derartige Gesuche einer Auskunft der staatsanwaltlichen Behörde benöthigt sind, dieselbe auf Ersuchen direkt zu ertheilen.[40]

§ 21.

Zustellungen.

Die Staatsanwaltschaft ist zur Vollstreckungsbehörde im Strafverfahren bestellt und liegt ihr als solcher der Betrieb der Zustellungen der gerichtlichen Entscheidungen ob.[1] Der Untersuchungsrichter und der Amtsrichter können Zustellungen aller Art unmittelbar veranlassen.[2] Die Strafproceßordnung versteht unter Entscheidungen alle Arten richterlicher Entschließungen und Anordnungen.[3] Nur die Entscheidungen, bei denen es auf den urkundlichen Beweis der erfolgten Bekanntmachung ankommt, bedürfen der Zustellung. Dies sind Urtheile, Strafbefehle, anfechtbare Beschlüsse, proceßleitende Verfügungen, Befehle, Strafverfügungen und Strafbescheide.[4] Dieselben müssen der Staatsanwaltschaft zur weitern Veranlassung in der die Zustellung ermöglichenden Form übergeben werden.[5] Das Verfahren bei Zustellungen regelt sich

[40] JMReſcr. v. 22. Juli 1880 (Gen.Akt. I, 2666).

[1] § 36 StPO.

[2] § 36 Abſ. 2 StPO.

[3] Motive S. 138.

[4] §§ 259, 363 389, 411, 413, 444, 346, 114, 134, 453, 459 StPO.

[5] § 36 StPO.; §§ 14, 27 Geſch.O. für die Ger.Sch. der Landgerichte; AV. v. 3. Auguſt 1879 (JMBl. 1879 S. 230); AV. v. 31. Octbr. 1881 No. 2 (JMBl. 1881 S. 257).

nach den Vorschriften der Civilproceßordnung,[6] soweit dieselben für das Strafverfahren passen.

Die Zustellungen erfolgen entweder durch den Gerichtsvollzieher direkt (gewöhnliche Zustellung) oder durch die Post. Zustellungen durch Aufgabe zur Post sind im Strafverfahren ausgeschlossen und im Civilproceß auf bestimmte einzelne Fälle beschränkt.[7] Für das Strafverfahren sind jedoch, soweit es sich um Vorbereitung der Anklage, die Voruntersuchung und die Strafvollstreckung handelt, einfachere Formen für den Nachweis der Zustellung zugelassen.[8] Es ist die Uebergabe einer Abschrift der Zustellungsurkunde bei der Zustellung und die Bezeichnung des Auftragsgebers in der Zustellungsurkunde des Gerichtsvollziehers nicht erforderlich. Erfolgt die Zustellung durch die Post, so genügt gegenüber der Bestimmung des § 177 der Civilproceßordnung die Bescheinigung des Gerichtsschreibers, das zuzustellende Schriftstück dem Gerichtsdiener behufs der Beförderung zur Post übergeben zu haben. Auf dem Briefumschlag ist der Vermerk „vereinfachte Zustellung" zu setzen. Die vereinfachte Zustellung findet auch im Forstdiebstahlsstrafverfahren statt.[9] Behändigungen jeder Art und Zustellungen, die nicht beurkundet werden sollen, sind durch die Post zu bewirken. Am Orte sind Gerichtsdiener damit zu beauftragen.[10] Gefangenen ist auf Verlangen das zuzustellende Schriftstück vorzulesen, in Untersuchungshaft Genommene sind auf das Rechtsmittel der Beschwerde auf-

[6] § 37 StPO.; §§ 152—190 CPO.

[7] § 18 der Gesch.Anw. für die Ger.Vollz. v. 24. Juli 1879 (JMBl. 1879 S. 214); §§ 161, 164, 221, 730 CPO.

[8] § 39 StPO.

[9] AV. v. 16. Juli 1879 (JMBl. 1879 S. 194).

[10] § 11 Gesch.O. für die Sekretariate v. 2. August 1879 (JMBl. 1879 S. 230).

merksam zu machen, wenn der Haftbefehl einen derartigen Zusatz nicht bereits enthält.[11] Die von Amtswegen angeordneten Zustellungen an Untersuchungs- und Strafgefangene, welche sich in den Gefängnissen der Justizverwaltung befinden, können durch Gerichtsschreiber oder Gerichtsschreibergehilfen, durch Sekretaire oder Assistenten bei der Staatsanwaltschaft und durch die von den Vorstandsbeamten der Oberlandesgerichte dazu besonders bestimmten Gefängnißbeamten als Hülfsgerichtsvollzieher vorgenommen werden. Einer ausdrücklichen Bestellung derselben als Hilfsgerichtsvollzieher bedarf es hierzu nicht. Die genannten Personen sollen mit der Ausführung solcher Zustellungen nur am Orte ihres Wohnsitzes beauftragt werden und haben keinen Anspruch auf Entschädigung dafür.[12] Bei Zustellungen an die Staatsanwaltschaft, mit welcher der Lauf einer Frist beginnt, muß das Präsentatum auf die Urschrift des zugestellten Schriftstücks gesetzt werden.[13] Es darf dies in Abwesenheit des Ersten Staatsanwalts durch den Sekretair geschehen.[14]

Eine im Auslande zu bewirkende Zustellung erfolgt mittelst Ersuchens der zuständigen Behörde des fremden Staates oder des in diesem Staate residirenden Konsuls oder Gesandten des Reichs. Die erforderlichen Ersuchungsschreiben werden in Strafsachen von dem Ersten Staatsanwalte erlassen. Die Zustellung wird durch das schriftliche Zeugniß der ersuchten Behörden oder Beamten, daß die Zustellung erfolgt sei,

---

[11] § 35 Abs. 3, § 114 Abs. 3 StPO.; § 41 [1 u 2] der Gesch.Anw. für die Ger.Vollz.

[12] § 53 Ger.Vollz.O., AV. v. 25. Octbr. 1881 (JMBl. 1881 S. 257).

[13] § 41 StPO.

[14] §§ 4, 5 Gesch.O. für die Sekretariate.

nachgewiesen.[15] Die auf Grund dieser §§ zu erlassenden Ersuchungsschreiben sind an die fremden Landesbehörden nur unter der Voraussetzung zu richten, daß nach den bestehenden internationalen Vereinbarungen ein direkter Schriftwechsel mit den Behörden des betreffenden Landes zulässig ist. Dies ist der Fall, sobald in der Schweiz eine Zustellung bewirkt werden soll.[16] Es würde das gleiche Verfahren für Großbritannien und dessen Kolonien sowie für die Vereinigten Staaten von Nordamerika aussichtslos sein, da die Behörden dieser Staaten sich mit Erledigung derartiger Requisitionen überhaupt nicht befassen.

In derartigen Fällen ist das Ersuchungsschreiben an den Konsul zu richten, sofern anzunehmen, daß die Zustellung ohne diplomatische Verwendung bei der fremden Regierung bewirkt werden kann; dies trifft zu bei Zustellungen nach Großbritannien und Irland nebst den Kolonien, in den Vereinigten Staaten von Nordamerika und in den Bezirken der mit Gerichtsbarkeit ausgestatteten Konsulate, über welche das durch das auswärtige Amt alljährlich veröffentlichte und im Buchhandel erscheinende „Verzeichniß der Kaiserlich deutschen Konsulate" den erforderlichen Aufschluß giebt. In den übrigen Ländern ist die Zustellung durch den Konsul nur dann zulässig, wenn die Person, welcher zugestellt werden soll, erweislich oder präsumtiv dem deutschen Reiche angehört.[17]

Von Ertheilung eines die Zustellung nachweisenden Zeugnisses ist nur dann abzusehen, wenn die requirirende Behörde

---

[15] §§ 182, 185 CPO.; § 37 StPO.

[16] Uebereinkommen v. 1. u. 10. Dezbr. 1878 (Centralblatt für das deutsche Reich 1879 S. 6).

[17] AV. v. 12. Juli 1881 (JMBl. 1881 S. 159).

ausdrücklich auf dasselbe verzichtet. In diesem Falle hat der Konsul die ersuchende Behörde von der Erledigung der Requisition durch ein einfaches Schreiben zu benachrichtigen.[18] Die den preußischen Justizbehörden ertheilte Anweisung, sich mit ihren Anträgen auf Bewirkung konsularischer Zustellungen in Großbritannien und Irland an das Generalkonsulat in London zu wenden, hat sich als zweckmäßig bewährt und ist die Beibehaltung dieses Verfahrens empfohlen.[19] Aeußersten Falls ist das vorgedachte Ersuchungsschreiben an die Gesandten des deutschen Reichs zu richten und soll, entgegen den sonstigen Anordnungen, in Zustellungsangelegenheiten thunlichst ein unmittelbarer Geschäftsverkehr der deutschen Gerichtsbehörden mit den betreffenden Zustellungsbehörden stattfinden. Es dürfen deshalb die Ersuchungsschreiben der diesseitigen Behörden um Bewirkung von Zustellungen durch die Gesandten denselben ohne Vermittelung des Auswärtigen Amtes zugesandt werden.[20]

Sollen Urkunden in Frankreich behändigt werden, so muß dem Wohnort des Adressaten, falls dies ein kleinerer Ort ist, der Name des Arrondissements oder Departements und bei größeren Orten Straße und Hausnummer zugefügt werden. Die Adresse ist, wo möglich, in französischer Sprache und mit rother oder blauer Tinte zu schreiben.[21]

---

[18] AV. v. 15. Februar 1870 (JMBl. 1870 S. 66); AV. v. 14. März 1873 (JMBl. S. 86).

[19] § 19 Ges. v. 8. Nov. 1867 (BGBl. 1867 S. 141); AV. v. 26. August 1869 (JMBl. 1869 S. 171).

[20] AV. v. 3. Septbr. 1880 (JMBl. 1880 S. 205).

[21] AV. v. 7. Januar 1876 (JMBl. 1876 S. 7).

Ladungen.

Die Staatsanwaltschaft hat ferner die Pflicht, die Ladungen zur Hauptverhandlung zu bewirken und die in derselben vorzulegenden Beweismittel herbeizuschaffen.[22] Die Ladungen zu den Hauptverhandlungen vor dem Schöffengericht können durch das Amtsgericht bewirkt werden.[23] Wenn das Amtsgericht von dieser Befugniß nicht Gebrauch macht, so ist das Schreibwerk für die Ladungen und die denselben beizufügenden Schriftstücke beim Amtsgericht zu fertigen und dem Amtsanwalt behufs der Zustellung zu übergeben.[24] Das Kaiserliche Reichsjustizamt und das Königliche Justizministerium haben Formulare auch für die Ladungen zum Gebrauche bei den Gerichten und Staatsanwaltschaften festgestellt.

Ist dem Staatsanwalte die Wahrnehmung der Geschäfte des Amtsanwalts übertragen, so erfolgen zum Zwecke der Hauptverhandlung vor dem Schöffengerichte die Vorladungen

des auf freiem Fuße befindlichen Angeklagten	nach Form.	373
im Falle des § 231 StPO.	„ „	374
des verhafteten Angeklagten	„ „	376
im Falle des § 231 StPO.	„ „	377
der Zeugen	„ „	380
der Sachverständigen	„ „	381
des Vertheidigers	„ „	379

(Formulare XXXII — XXXVIII).

Es erfolgen zum Zwecke der Hauptverhandlung vor dem Berufungsgerichte die Vorladungen

[22] § 213 StPO.
[23] § 36 Abs. 2 StPO.
[24] Min.Rescr. v. 3. Februar 1880 I, 19; Circularverfügung v. 22. Octbr. 1879 I, 6532.

des Angeklagten . . . . nach Form. 349
der Zeugen . . . . „ „ 340
der Sachverständigen . . . . „ „ 342
des Vertheidigers . . . . „ „ 339
(Form. XXXIX, XL, XLI, XLII).

Zum Zwecke der Hauptverhandlung vor der Strafkammer geschehen die Vorladungen
des freien Angeklagten . . . . nach Form. 335
im Falle des § 231 StPO. . . . . . „ „ 336
des verhafteten Angeklagten . . . . . . „ „ 337
im Falle des § 231 StPO. . . . . . „ „ 338
der Zeugen . . . . „ „ 340
der Sachverständigen . . . . „ „ 342
des Vertheidigers . . . . „ „ 339
(Form. XLIII, XLIV, XLV, XLVI, XL, XLI, XLII).

Im Falle die Hauptverhandlung vor einer auswärtigen Strafkammer stattfinden soll, erfolgen die Vorladungen
des freien Angeklagten . . . . nach Form. 361
des verhafteten Angeklagten . . . . . . „ „ 362
der Zeugen . . . . „ „ 363
der Sachverständigen . . . . „ „ 364
des Vertheidigers . . . . „ „ 339
(Form. XLVII — L, XLII).

Zur Hauptverhandlung vor das Schwurgericht werden vorgeladen:
der freie Angeklagte . . . . nach Form. 344
der verhaftete Angeklagte . . . . „ „ 345
die Zeugen . . . . „ „ 346
die Sachverständigen . . . . „ „ 347

der Vertheidiger . . . . nach Form. 339
der Geschworene . . . . " " 343
(Form. LI — LV, XLII).

Wenn Gensdarmen zu gerichtlichen Terminen als Zeugen geladen werden, so ist dem vorgesetzten Landrathe — in Hannover dem betreffenden Gensdarmeriedistriktsoffizier — Abschrift der Ladung ohne Anschreiben unter Couvert portofrei zu übersenden.[25] Militärpersonen werden durch Requisition ihrer Kommandos geladen (Formular LVI). Hinsichtlich der nach dem Auslande gehenden Vorladungen gelten folgende Vorschriften:

Zu allen Behändigungen, Requisitionen und sonstigen Korrespondenzen nach dem Auslande bedarf es — den Fall einer Zustellung ausgenommen — der Vermittelung des auswärtigen Amtes. Demselben sind die Schriftstücke entweder offen oder, wenn verschlossen, mit einer Abschrift versehen, einzureichen und ist im Portointeresse Briefpapier zu verwenden, auch mit möglichster Raumersparniß zu schreiben.

Vorladungen nach England, Frankreich, den Niederlanden und Belgien sind unmittelbar an die deutschen Bot- resp. Gesandtschaften der dortigen Hauptstädte zu schicken.[26] Wie zu verfahren, wenn Ausländer vor ein deutsches Gericht persönlich als Zeugen zu laden, ist in den Auslieferungsverträgen (cf. oben) bestimmt.

---

[25] AV. v. 29. Juli 1880 (JMBl. 1880 S. 186).

[26] AV. v. 16. Septbr. 1844 (JMBl. 1844 S. 207 sequ).

§ 22.

Disciplinarsachen.

Die Verrichtungen der Staatsanwaltschaft werden in Disciplinaruntersuchungen gegen nicht richterliche Beamte, welchen ihren Gerichtsstand beim Disciplinarhof oder den im § 24 Ges. vom 21. Juli 1852 (GS. S. 465) genannten Provinzialbehörden haben, durch Beamte wahrgenommen, welche die Behörde ernennt, von der die Einleitung des Verfahrens verfügt ist (§ 32 l. c.). Im Falle, daß gegen die Entscheidung einer Provinzialbehörde Berufung an das Staatsministerium eingelegt ist und der vor dem Beschlusse desselben zu hörende Disciplinarhof eine mündliche Verhandlung anordnet, bezeichnet der Ressortminister des Angeklagten den Beamten, der die Funktionen des Staatsanwalts auszuüben hat (§ 45 l. c.). Bei dem Generalauditoriate fungirt als Staatsanwalt ein von den Ministern der Justiz und des Kriegs zu bezeichnender Beamter, welche die Qualifikation zum höheren Richteramte besitzt.[1] Auch im Disciplinarverfahren gegen Reichsbeamte ist die preußische Staatsanwaltschaft unbetheiligt.[2] In dem Disciplinarverfahren gegen Richter, Subalternbeamte der Justizverwaltung, Rechtsanwalte und Notare werden die Verrichtungen der Staatsanwaltschaft von der Staatsanwaltschaft des Oberlandesgerichts wahrgenommen.[3] Das Disciplinarverfahren gegen Mitglieder

[1] § 76 Ges. v. 7. Mai 1851 (GS. S. 218).

[2] § 85 Ges. v. 31. März 1873 (RGBl. 1873 S. 77); § 122 ibidem.

[3] §§ 21, 25 Ges. v. 7. Mai 1851 (GS. 1851 S. 218); § 64[3] Ges. v. 21. Juli 1852 (GS. 1852 S. 465); § 92 der Rechtsanwaltsordnung v. 1. Juli 1878 (RGBl. 1878 S. 177); § 21 Ges. v. 9. April 1879 (GS. 1879 S. 345).

des Richterstandes richtet sich nach den Bestimmungen des Gesetzes vom 7. Mai 1851, welches an die Stelle der die frühere Disciplinarbestimmungen für Richter aufhebenden Verordnung vom 10. Juli 1849 trat, unter Berücksichtigung der durch das Gesetz vom 9. April 1879 getroffenen Abänderungen.

Das Disciplinargericht I. Instanz ist der aus sieben Mitgliedern bestehende Disciplinarsenat des Oberlandesgerichts, in dem der Präsident den Vorsitz führt und zu dessen Mitgliedern der älteste Senatspräsident oder wenn dieser den Präsidenten vertritt, der zweitälteste Senatspräsident gehört. Beim Oberlandesgericht zu Berlin (Kammergericht) führt der älteste Senatspräsident im Disciplinarsenate den Vorsitz und gehört der nächstälteste Senatspräsident zu den Mitgliedern. Führt letzterer den Vorsitz in Vertretung des ältesten Senatspräsidenten, so tritt der dem Alter nach folgende Senatspräsident an seine Stelle. Die sonstigen Mitglieder werden vor Beginn des Geschäftsjahrs durch das Präsidium bestimmt.[4] Die Staatsanwaltschaft ist berechtigt, gegen Richter, denen ein geringes Dienstvergehen zur Last fällt, den Erlaß einer Mahnung zu beantragen (§ 13). Sie kann ferner in schwereren Fällen den Antrag auf Einleitung des Disciplinarverfahrens stellen (§ 24) und die Verweisung der Sache an ein anderes Disciplinargericht in Antrag bringen, wenn bei dem zuständigen Gerichte die beschlußfähige Anzahl von Richtern nicht vorhanden ist oder Gründe vorliegen, aus welchen die Unbefangenheit des zuständigen Gerichts bezweifelt werden kann (§ 21). Sie kann ferner die Suspension des

[4] §§ 5—7 Ges. v. 9. April 1879; §§ 62, 63, 120, 121 Ger.Verf.Ges.

Richters beantragen (§ 46) und bei Ablehnung dieses Antrags, sowie bei Ablehnung eines solchen auf Einleitung der Disciplinaruntersuchung Beschwerde erheben (§ 25).

Die zu erkennenden Strafen sind Warnung, Verweis, mit dem eine Geldstrafe verbunden werden kann, Versetzung in ein anderes Richteramt und Dienstentlassung.[5] Beschwerden gegen Beschlüsse und Berufungen gegen Erkenntnisse des Disciplinarsenats gehen an den beim Kammergerichte gebildeten großen Disciplinarsenat, der aus dem Präsidenten als Vorsitzenden, den fünf ältesten Senatspräsidenten und neun Oberlandesgerichtsräthen besteht, die vor Anfang des Geschäftsjahrs durch das Präsidium hierzu berufen sind. Hat einer dieser Richter bei einer durch ein Rechtsmittel angefochtenen Entscheidung mitgewirkt, so ist er von der Mitwirkung bei der Entscheidung des großen Disciplinarsenats kraft Gesetzes ausgeschlossen.[6] Der große Disciplinarsenat kann den Disciplinarsenaten der Oberlandesgerichte aufgeben, die Disciplinaruntersuchung gegen einen Richter zu eröffnen (§ 26). Derselbe ist überhaupt an die Stelle getreten, welche vordem dem Obertribunale in Disciplinarsachen zukam.[7]

Die Verrichtungen der Staatsanwaltschaft in Disciplinarsachen, welche bei den Revisionscollegien anhängig sind, werden durch den Oberstaatsanwalt wahrgenommen, in dessen Bezirk das Revisionscollegium seinen Sitz hat (§ 69).

Die unfreiwillige Versetzung eines Richters im Interesse der Rechtspflege kann auf Grund eines von dem großen Disciplinarsenate gefaßten Beschlusses erfolgen, wenn ein

---

[5] § 15 Ges. v. 7. Mai 1851; § 1 Ges. v. 26. März 1856.

[6] §§ 8, 9 Ges. v. 9. April 1879 (GS. 1879 S. 345).

[7] § 8 Ges. v. 9. April 1879 (GS. 1879 S. 346).

desfallsiger Antrag von der Staatsanwaltschaft unter Vorlegung eines ihr von dem Justizminister dazu ertheilten Befehls gestellt wird.[8] Im Disciplinarverfahren gegen Büreau- und Unterbeamte der Gerichte stehen der Staatsanwaltschaft dieselben Befugnisse zu. Das zuständige Disciplinargericht I. Instanz ist der Senat des Oberlandesgerichts, in welchem der Präsident gewöhnlich den Vorsitz führt.[9]

Die Bestimmungen des Ges. vom 29. März 1844 (GS. S. 77) betreffend das gerichtliche und disciplinarische Verfahren gegen Beamte fanden nach § 1 auch auf Rechtsanwalte Anwendung. Die Advokaten, Anwalte und Notare des Appellationsgerichtshofs zu Cöln hatten ihr besonderes Disciplinargesetz in der Verordnung vom 7. Juni 1844 (GS. 1844 S. 175). Durch die Verordnung über die Bildung eines Ehrenraths unter den Justizcommissarien, Advokaten und Notaren vom 30. April 1847 (GS. S. 196) resp. durch das Ges. vom 26. März 1856 (GS. S. 201) wurde für diese Beamte ein Gericht von Standesgenossen geschaffen, welches über die Erfüllung der besonderen Amtspflichten, so wie derjenigen Pflichten zu wachen hatte, welche durch Ehrenhaftigkeit, Redlichkeit und Anstand bedingt werden. Die Funktionen der Staatsanwaltschaft bei diesem Ehrengerichte wurden vom Landesjustizcollegium einem höheren Justizbeamten übertragen, so lange ein Staatsanwalt für Criminalsachen bei demselben noch nicht angestellt war (§§ 2, 4 l. c.).

Diese Verordnung ist auch in den durch die Gesetze vom 20. September 1866 und 24. Dezember 1866 mit Preußen vereinigten Landestheilen mit Ausnahme von Hannover ein-

[8] § 54 Ges. v. 7. Mai 1851.

[9] § 64 Ges. v. 21. Juli 1852; § 11 Ges. v. 9. April 1879.

geführt, in welcher Provinz es hinsichtlich der Anwalte und Advokaten bei dem bestehenden Rechte verblieb, während hinsichtlich der Notarien die §§ 17—43 und § 47 des Gesetzes vom 7. Mai 1851 in Kraft treten.[10] Nach § 21 Ges. vom 9 April 1879 ist für den Geltungsbereich der Verordnung vom 30. April 1847 und im Kreise Herzogthum Lauenburg der aus sieben Mitgliedern bestehende Disciplinarsenat des Oberlandesgerichts das zuständige Disciplinargericht für Notare und gelten für das Verfahren die §§ 17—50 des Ges. vom 7. Mai 1851.

Für die Rechtsanwalte im deutschen Reiche und das gegen sie zulässige Disciplinarverfahren sind die Bestimmungen der Rechtsanwaltsordnung maßgebend.

Die innerhalb des Bezirkes eines Oberlandesgerichtes zugelassenen Rechtsanwalte bilden eine Anwaltskammer, die am Orte des Oberlandesgerichts ihren Sitz hat (§ 41). Aus dem aus 9—15 Mitgliedern bestehenden, aus Wahlen der Kammer hervorgegangenen Vorstände (§ 42) wird das Ehrengericht gebildet, welches aus dem Vorsitzenden des Vorstands, seinen Stellvertreter und drei anderen Mitgliedern des Vorstandes, welche dieser wählt, besteht (§ 67).

Das Ehrengericht kann das Hauptverfahren ohne vorgängige Voruntersuchung eröffnen. Dieser Beschluß ist unanfechtbar (§ 70). Abgesehen von diesem Falle hat die Staatsanwaltschaft gegen den die Eröffnung der Voruntersuchung ablehnenden Beschluß die sofortige Beschwerde (§ 69), über welche zu entscheiden das Oberlandesgericht zuständig ist (§ 89). Die Voruntersuchung führt ein durch den Präsidenten des Oberlandesgerichts beauftragter Richter. Die

[10] Art. V Verordn. v. 23. Sept. 1867 (GS. 1867 S. 1613).

Mittheilung der Anklageschrift erfolgt mit der Ladung zur Hauptverhandlung (§ 79), zu welcher der Staatsanwalt und als Gerichtsschreiber ein am Sitze der Kammer wohnhafter zum Vorstand nicht gehöriger Rechtsanwalt zuzuziehen sind. Der nicht öffentlichen Hauptverhandlung können die Mitglieder der Kammer beiwohnen (§ 82). Die Vernehmung der Zeugen muß auf Antrag des Staatsanwalts oder des Angeklagten in der Regel in der Hauptverhandlung erfolgen, event. ist die Aussage derselben zu verlesen (§§ 86, 88). Das Ehrengericht kann auf Warnung, Verweis, Geldstrafe bis 3000 Mark und Ausschließung von der Rechtsanwaltschaft erkennen (§ 63).

Die Berufung gegen ehrengerichtliche Urtheile geht an den aus dem Präsidenten des Reichsgerichts, drei durch das Präsidium desselben vor Beginn des Geschäftsjahrs bestimmten Mitgliedern des Reichsgerichts (§§ 62, 63, 133 Ger.Verf.-Ges.) und drei Mitgliedern der Anwaltskammer bei dem Reichsgerichte gebildeten Ehrengerichtshof (§ 90) vor welchem der Oberreichsanwalt als Vertreter der Staatsanwaltschaft auftritt (§ 92).

Mit der Strafvollstreckung ist die Staatsanwaltschaft nicht befaßt (§§ 96, 97)[11].

§ 23.

Kosten.

Die durch § 12 des Ausführungsgesetzes zum deutschen Gerichtsverfassungsgesetze verfügte Aufhebung der Gerichte hat auch die mit denselben verbundenen Kassen (Justizhaupt-

[11] Rechtsanwaltsordnung v. 1. Juli 1878 (RGBl. S. 177).

kassen, Gerichtskassen und Depositalkassen) beseitigt. Die Ausgaben, welche die Justizbehörden veranlassen, erfolgen durch die Regierungshauptkassen resp. die besonders beauftragten Kreiskassen. Die durch den Geschäftsbetrieb der Justizbehörden entstehenden Einnahmen an Kosten (Gerichtsgebühren, baare Auslagen, durchlaufende Gelder, Stempelabgaben, soweit mit denselben kein Materialverbrauch verbunden ist) und Geldstrafen (Werthsersatzgelder in Forstdiebstahlssachen und Erlös aus dem Verkaufe von Confiscaten) werden durch die Verwaltung der indirekten Steuern erhoben. Für jede Justizbehörde ist eine Steuerhebestelle zu diesem Zwecke bestimmt.[1]

Zur Vertretung des Fiskus in Rechtsangelegenheiten, welche die Erhebung und Beitreibung von Gerichtskosten betreffen, sind die Organe der Verwaltung der indirekten Steuern berufen.[2] Die Staatsanwaltschaft hat die Rechte der Staatskasse nur in folgenden Fällen wahrzunehmen:

Sobald durch den zur Prüfung des Gerichtskostenansatzes berufenen Rechnungsrevisor der Staatsanwaltschaft ein Monitum gezogen ist, welches das Amtsgericht als begründet nicht anerkennt, steht der Staatsanwaltschaft des Landgerichts die Beschwerde zu, welche an die Civilkammer des Landgerichts zu richten ist. Gegen derartige Entscheidungen der Landgerichte und Oberlandesgerichte steht dem Oberstaatsanwalte, in dessen Bezirk das Gericht erster Instanz seinen Sitz hat, das Recht der Beschwerde zu. Dieselbe geht gegen die Entscheidungen des Oberlandesgerichts an das Reichsgericht.[3]

Wenn auf Antrag einer Partei der Ansatz der Gerichts-

---

[1] § 1 Anweisung v. 30. Aug. 1879.

[2] AB. v. 25. März 1880 (JMBl. 1880 S. 61).

[3] § 135 Ger.Verf.Ges.

kosten ermäßigt wird, so muß der Gerichtsschreiber dem Staatsanwalte unter Einreichung der Akten 2c. Kenntniß geben. Findet der Staatsanwalt keine Veranlassung, die Entscheidung anzugreifen, so werden die Akten 2c. dem Gerichtsschreiber, nachdem die Entscheidung mit dem Visum des Staatsanwalts versehen ist, zurückgegeben. Liegt Veranlassung zur Beschwerde vor, so ist dieselbe beim Landgerichte zu erheben.[4]

In sämmtlichen Strafsachen mit Ausnahme derjenigen, in welchen das Amtsgericht in erster Instanz erkannt hat, liegt der Staatsanwaltschaft die Verpflichtung ob, die Vermögensverhältnisse des Angeklagten, dessen Vermögenslosigkeit nicht gerichtskundig oder durch Lage der Sache erwiesen ist, durch eine von der Ortsbehörde einzuholende amtliche Auskunft zu ermitteln (Formular LVII). Nach dem Ergebnisse dieser Ermittelungen ist zu beurtheilen, ob der Angeklagte die Kosten des Strafverfahrens und der Strafvollstreckung zu erstatten im Stande ist. Findet die Strafvollstreckung in einer zum Ressort des Ministers des Innern gehörigen Anstalt statt (Zuchthäuser, Strafgefängnisse in Berlin, Glückstadt, Hannover und Frankfurt a. M.), so ist im Verneinungsfalle der Direktion dieser Strafanstalt Seitens der Staatsanwaltschaft ein Armuthsattest zu übersenden.[5] Ascendenten und Descendenten gerichtlicher Gefangenen haften nicht für Haft- und Verpflegungskosten ihrer Verwandten.[6] Befindet sich ein gerichtlich Verurtheilter im Besitze einer Invalidenpension, so darf der Betrag derselben zur Deckung der Untersuchungs- und Strafvollstreckungskosten seit dem

[4] §§ 1, 2 AV. v. 28. Octbr. 1879 (JMBl. 1879 S. 425).

[5] AV. v. 5. März 1880 (JMBl. 1880 S. 50).

[6] Allerh. Erlaß v. 7. Juli 1858 (JMBl. 1858 S. 266).

1. October 1879 nicht mehr verwendet werden.[7] Ebenso wenig dürfen die Pensionsbeträge gegen den Willen des Invaliden an Familienangehörige derselben ausgezahlt werden,

Die Zahlung der Invalidenpensionen für Invaliden. welche sich in Untersuchungs- oder in Strafhaft befinden, darf nur einstweilen so lange eingestellt werden, bis der Invalide die Auszahlung an seine Ehefrau, einen andern Angehörigen oder einen Bevollmächtigten beantragt.[8]

Die Kosten, welche durch die Strafverfolgung entstehen, fallen zum Theil der Staatskasse zum Theil den Polizeiverwaltungen zur Last. Letzteres ist immer der Fall, wenn die Polizeibehörde selbstständig vorgeht. Führt dieser Angriff zu einer Verhaftung, so trägt die Staatskasse die Kosten erst vom Augenblicke der Einlieferung ab. Die Kosten einer auf Verlangen der Staatsanwaltschaft von der Polizei vorgenommenen Maßregel in Untersuchungssachen fallen der Staatskasse immer zur Last, mag dieselbe ein Strafverfahren nach sich ziehen oder nicht. Ebenso trägt die Staatskasse die Kosten einer Verhaftung, die auf Grund direkter oder durch Steckbrief erlassener Requisition der Staatsanwaltschaft entstehen.[9] Die Kosten, welche durch Transportirung von Verbrechern nach Strafanstalten zum Zwecke der Strafvollstreckung erwachsen, wozu alle während des Transports entstehenden Auslagen zu rechnen sind[10] trägt die Kasse der den Transportaten auf-

[7] § 749 No 5 CPO.; § 495 StPO.; § 51 No.4 Verordn. v. 7. Septbr. 1879 (GS. 1879 S. 591).

[8] AV. v. 9. November 1881 (JMBl. 1881 S. 276); AV. v. 2. März 1882 (JMBl. 1882 S. 43).

[9] AV. v. 11. Juni 1869 (JMBl. 1869 S. 134); AV. v. 29. Dezbr. 1865 (JMBl. 1866 S. 2); AV. v. 12. Septbr. 1859 (JMBl. 1859 S. 298).

[10] Tarif für Ansatz der Haft- 2c. Kosten (JMBl. 1858 S. 377 III).

nehmenden Strafanstalt. Erfolgt die Aufnahme in ein auswärtiges Gerichtsgefängniß, so ist der Betrag der Kosten dem Gerichte, bei welchem die Untersuchung geschwebt hat, zum Zwecke der Wiedereinziehung mitzutheilen.[11]

Die Kosten des Transports von Landstreichern und Bettlern, gegen welche auf Ueberweisung an die Landespolizeibehörde erkannt ist[12] nach der Korrektionsanstalt, sowie die Kosten des Transports eines aus dem Bundesgebiete verwiesenen Verurtheilten[13] fallen den Verwaltungsbehörden zur Last.[14] Die Kosten einer ärztlichen Untersuchung einer der Landespolizeibehörde überwiesenen Person zum Zwecke des Nachweises der Transport- resp. Arbeitsfähigkeit trägt die Polizeiverwaltung, es sei denn, daß die Untersuchung durch einen Arzt vorgenommen wird, welcher als Gefängnißarzt engagirt ist. In diesem Falle werden Kosten nicht liquidirt.[15]

§ 24.

Ehesachen.

Die Mitwirkung der Staatsanwaltschaft bei Ehesachen ist durch die Verordnung vom 28. Juni 1844 eingeführt. Dieselbe bestellte gegenüber den Bestimmungen des 40. Titels Theil I der Allgem. Gerichtsordnung das Obergericht zum competenten Richter in Ehesachen und ordnete die Bestellung eines Staatsanwalts an, welcher in den Processen wegen

---

[11] AV. v. 21. Septbr. 1857 (JMBl. 1857 S. 386); AV. v. 2. Mai 1859 (JMBl. 1859 S. 138).

[12] § 362 StGB.

[13] § 39[2] StGB.

[14] AV. v. 3. März 1857 (JMBl. 1857 S. 106).

[15] AV. v. 27. Octbr. 1874 (JMBl. 1874 S. 281).

Trennung, Ungültigkeit oder Nichtigkeit einer Ehe durch alle Instanzen das öffentliche Interesse wahrzunehmen hatte.[1] Die Stellung der Staatsanwaltschaft im Ehescheidungsproceß rc. wurde durch die abändernde Gesetzgebung, welche die Verhandlung dieser Processe den Kreisgerichten zuwies,[2] nicht alterirt.

Jetzt ist für Rechtsstreitigkeiten, welche die Trennung, Ungültigkeit oder Nichtigkeit einer Ehe oder die Herstellung des ehelichen Lebens zum Gegenstande haben, der Regel nach das Landgericht ausschließlich zuständig, bei welchem der Ehemann seinen allgemeinen Gerichtsstand hat. Die Staatsanwaltschaft ist zur Mitwirkung in Ehesachen befugt. Sie kann allen Terminen in Ehesachen beiwohnen, sich über die zu erlassende Entscheidung gutachtlich äußern und neue Thatsachen und Beweismittel vorbringen, sofern es sich um die Aufrechterhaltung der Ehe handelt. Sie muß deshalb von allen Terminen von Amts wegenin Kenntniß gesetzt werden.[3] Dies geschieht durch Vorlegung der Akten an die Staatsanwaltschaft. Findet der Termin vor einem beauftragten oder ersuchten Richter eines andern Gerichts statt, so erfolgt die Benachrichtigung durch eine schriftliche Mittheilung des Gerichtsschreibers. Von der nach Einlegung eines Rechtsmittels erfolgenden Absendung der Akten an das höhere Gericht ist die Staatsanwaltschaft schriftlich zu benachrichtigen und sind ihr nach rechtskräftiger Entscheidung oder wenn die Klage zurückgenommen wird, die Akten vorzulegen.[4] Die Klage auf Nichtigkeit einer Ehe konnte früher im Geltungsbereiche

---

[1] §§ 1, 4 Verordn. v. 28. Juni 1844 (GS. 1844 S. 184).

[2] § 22 Verordn. v. 2. Jan. 1849.

[3] §§ 568, 569 CPO.

[4] AV. v. 13. Juni 1881 (JMBl. 1881 S. 137).

des Allgem. Landrechts und der Verordnung vom 28. Juni 1844 in Preußen nur vom Staatsanwalt angestellt werden.[5] Den Bestimmungen der Civilproceßordnung nach kann die Staatsanwaltschaft diese Klage anstellen, sie ist in diesem Falle rücksichtlich der zu ertheilenden Ausfertigungen und Abschriften den Parteien gleich zu behandeln.[6] In wiefern der Ehegatte resp. dritte Personen zu dieser Klage legitimirt sind, bestimmt sich nach den Vorschriften des Civilrechts.[7] Erhebt der Ehegatte oder ein nach dem Civilrecht competenter Dritter die Nichtigkeitsklage, so kann der Staatsanwalt den Rechtsstreit betreiben, insbesondere selbstständige Anträge stellen und Rechtsmittel einlegen.[8] Im Falle im Proceß Edictalcitation erforderlich werden sollte, ist der Staatsanwalt zur Leistung des sonst vorgeschriebenen Diligenzeides nicht verpflichtet.[9] Ehen zwischen einer wegen Ehebruchs geschiedenen Person und seinem Mitschuldigen sind verboten.[10] Es haben aus diesem Grunde die Beamten der Staatsanwaltschaft in Ehescheidungsprocessen durch geeignete Anträge darauf hinzuwirken, daß ein Vorbehalt der Erlaubniß zur Wiederverheirathung oder ein Verbot der Wiederverheirathung gerichtsseitig nicht ausgesprochen, jedoch zur Sicherstellung obigen Eheverbots bei derartigen Fällen in den Urtheilsgründen der begangene Ehebruch ausdrücklich als Scheidungsgrund bezeichnet und der Name der Person, mit welcher die

---

[5] §§ 950, 951 ALR. II, 1; §§ 5, 54 Verordn. v. 28. Juni 1844 (GS. S. 184).

[6] AV. v. 13. Juni 1881 (JMBl. 1881 S. 138).

[7] §§ 231, 586 CPO.

[8] § 589 CPO.

[9] Entsch. des Ob.Trib. v. 21. April 1879 (JMBl. 1879 S. 132).

[10] § 33 No. 5 Ges. v. 6. Febr. 1875 (RGBl. 1875 S. 23).

Ehe gebrochen worden ist, erkennbar gemacht werde.[11] Die Bestimmung des § 736 Allgem. Landrecht II, 1 und die allgemeine Verfügung vom 16. November 1860 (JMBl. 1860 S. 414) sind demnach als aufgehoben anzusehen; desgl. mit Beseitigung der Verordnung vom 28. Juni 1844 die AV. vom 27. Dezember 1869 (JMBl. 1870 S. 4). Ist eine Ehe für aufgelöst, ungültig oder nichtig erklärt worden, so ist dies am Rande der über die Eheschließung bewirkten Eintragung zu vermerken.[12] Zu diesem Zwecke hat die Staatsanwaltschaft, auch wenn sie sich der Mitwirkung im Verfahren enthalten hat, eine mit der Bescheinigung der Rechtskraft versehene Ausfertigung des Urtheils dem Standesbeamten, vor welchem die Ehe geschlossen ist, zu übersenden.[13] Ebenso muß die Staatsanwaltschaft für verpflichtet erachtet werden, der Generaldirektion der allgem. Wittwenverpflegungsanstalt Nachricht von Ehescheidungserkenntnissen zu geben, wenn Beamte oder andern bei derselben versicherte Personen den Proceß geführt haben.[14]

§ 25.

Entmündigungssachen.

Das Verfahren bei der Erklärung eines Menschen für einen Blödsinnigen resp. Wahnsinnigen[1] oder Verschwender war im 38. Titel der preußischen Proceßordnung geordnet. Die Civilproceßordnung behandelt diese Lehre im II. Abschnitt

[11] AV. v. 13. Mai 1875 (JMBl. 1875 S. 118).

[12] § 55 Ges. v. 6. Febr. 1875 (RGBl. 1875 S. 33).

[13] AV. v. 28. August 1878 (JMBl. 1878 S. 132); AV. v. 25. August 1879 (JMBl. 1879 S. 256).

[14] AV. v. 8. Nov. 1861 (JMBl. 1861 S. 273).

[1] § 2 AGO. I, 38.

des sechsten Buches. Für alle Entmündigungssachen ist das Amtsgericht ausschließlich zuständig, in dem der zu Entmündigende seinen allgemeinen Gerichtsstand hat.[2] Die Erklärung erfolgt durch amtsgerichtlichen Beschluß, zu dessen Extrahirung in der Regel auch der Staatsanwalt berufen ist. Er kann in allen Fällen das Verfahren durch Stellung von Anträgen betreiben.[3] Im Prodigalitätsverfahren findet seine Mitwirkung nicht statt.[4] Der amtsgerichtliche Beschluß, kann durch Beschwerde resp. Klage vor dem, dem Amtsgerichte vorgesetzten, Landgerichte angefochten werden. Der Staatsanwalt kann in diesem Verfahren als Beschwerdeführer, Kläger und Beklagter fungiren.[5]

Die Kaiserl. russische Regierung erkennt die Rechtsgültigkeit preußischer amtsgerichtlicher Beschlüsse auf Entmündigung geisteskranker russischer Unterthanen an, wenn das Verfahren unter Zuziehung eines Abgeordneten oder Bevollmächtigten der russischen Gesandtschaft oder des russischen Konsulats stattgefunden hat. Es sind demzufolge die Gerichte angewiesen, dem auswärtigen Amte in geeigneten Fällen von der bevorstehenden Untersuchung des Gemüthszustands russischer Unterthanen Anzeige zu erstatten und die Bevollmächtigten bei den Verhandlungen zuzulassen.[6] Sobald eine geisteskranke Person einer Heilanstalt überliefert ist, muß Seitens der Direktion dem competenten Gerichte Nachricht von der Aufnahme gegeben werden.[7]

---

[2] § 594 CPO.

[3] §§ 595—597 CPO.

[4] § 621 CPO.

[5] §§ 604, 605, 607, 614, 616, 619, 620, 624 CPO.

[6] AV. v. 11. Dezbr. 1860 (JMBl. 1860 S. 459).

[7] Kab.Ordre v. 5. April 1804; v. Kamptz, Jahrbücher Bd. 26 S. 391; AV. v. 4. März 1839 (JMBl. 1839 S. 102).

§ 26.

Im Bezirke des früheren Appellationsgerichtshofs zu Cöln üben die Ersten Staatsanwalte bei den Landgerichten die Aufsicht über die Standesbeamten aus.[1]

Die für den ganzen preußischen Staat gültige Vormundschaftsordnung bestimmt, daß wenn eine Bevormundung in Folge eines gerichtlichen Verfahrens nöthig wird, in dem die Staatsanwaltschaft mitwirkte, die Staatsanwaltschaft verpflichtet ist, das Vormundschaftsgericht zu benachrichtigen.[2] Dies ist der Fall, wenn gegen einen Vormund auf Verlust der bürgerlichen Ehrenrechte erkannt ist,[3] wenn hinsichtlich minderjähriger Personen die über sie ausgeübte väterliche Gewalt wegen Unwürdigkeit des Vaters von selbst aufhört[4] oder ruht,[5] oder der Vater selbst bevormundet wird,[6] endlich, wenn der Vater oder der Vormund in Folge rechtskräftigen Todesurtheils des Lebens verlustig gehen.

Das deutsche Handelsgesetzbuch hat in Preußen seit dem 1. März 1862 Gesetzeskraft. In den Art. 19, 21, 25, 26, 45, 86—88, 129, 135, 151—156, 171, 176, 177, 179, 198, 210, 212, 228, 233, 244, 247, 251 desselben ist den Handelsgerichten das Recht eingeräumt, die Ausführung der in diesen Artikeln vorgeschriebenen Handlungen durch Ordnungsstrafen zu erzwingen.

Die Beamten der Staatsanwaltschaft haben die Unter-

---

[1] AV. v. 1. Juli 1879 (JMBl. 1879 S. 154).

[2] § 16 Vorm.O. v. 5. Juli 1875 (GS. 1875 S. 431).

[3] § 21 Vorm.O.; § 34b StGB.

[4] § 11 Vorm.O.; §§ 255—258 ALR. II, 2.

[5] § 260 ALR. II, 2.

[6] § 81[1] Vorm O.

lassungen und Zuwiderhandlungen, welche zu ihrer Kenntniß gelangen, bei den zuständigen Handelsgerichten zur Anzeige zu bringen.[7]

§ 27.

Die Gefängnißverwaltung.

Durch § 107 des Reglements für die Gefängnisse der Justizverwaltung vom 16. März 1881 (JMBl. 1881 S. 50) sind die Instruktion vom 24. October 1837, die Dienst- und Hausordnungen für die gerichtlichen Gefängnisse in den im Jahre 1866 mit Preußen vereinigten Landestheilen vom 1. Dezember 1869 und die Allg. Verfügung vom 19. Februar 1876, soweit sich letztere nicht auf die zum Ressort des Ministeriums des Innern gehörige Gefängnisse erstreckt, aufgehoben.

Die obere Leitung der Verwaltung der sämmtlichen Gefängnisse einer Provinz gebührt dem Oberstaatsanwalt unter der Aufsicht des Justizministers (§ 23). Er hat alljährlich demselben einen Generalbericht über den Stand der Gefängnißverwaltung in dem Oberlandesgerichtsbezirke einzureichen.[1] Dieser Bericht, welcher den Zeitraum eines Etatsjahres umfassen soll, muß alljährlich bis zum 15. August beim Ministerium eingehen.[2] Der Oberstaatsanwalt hat ferner die geeigneten allgemeinen Vorschriften über den Geschäftsbetrieb und die Ordnung in den Gefängnissen zu erlassen und im einzelnen Falle die erforderliche Abhilfe im Aufsichtswege oder auf erhobene Beschwerde zu treffen (§ 23).

---

[7] Art. 7 Ges. v. 24. Juni 1861 (GS. S. 449).

[1] § 6 d. Allg. Verf. v. 14. Aug. 1879 (JMBl. 1879 S. 242).

[2] JMRescr. v. 27. Apr. 1880 (Gen.Akt. I, 575).

Insbesondere ist ihm das Recht eingeräumt, die Verabreichung von Waffen an die Beamten der Gefängnißverwaltung anzuordnen. In diesem Falle haben die Gefangenaufseher und Wächter bei Ausübung ihres Dienstes Seitengewehre zu tragen (§ 21). Es bedarf ferner seiner Genehmigung, wenn ein Gefangener während der Strafverbüßung über mehr als die Hälfte seines Guthabens vom Arbeitsverdienste verfügen will (§ 94). Seinem Ermessen unterliegt endlich, in welcher Art die Dienstgeschäfte zu vertheilen, wenn bei einem Gefängnisse mehrere Inspektoren oder Unterbeamte, Rechnungs- und Kanzleibeamte, sowie Beamte des technischen oder wirthschaftlichen Betriebs angestellt sind. Er kann jedoch die Bestimmung hierüber dem Gefängnißvorsteher übertragen (§ 5).

Bei jedem Gefängnisse sind ein Vorsteher, ein oder mehrere Inspektoren und eine Anzahl von Unterbeamten thätig. Geistliche, Aerzte und Lehrer werden nach Bedürfniß angestellt oder vertragsweise angenommen. (§ 2).

Der Gefängnißvorsteher.

Die Geschäfte des Gefängnißvorstehers versieht an den Orten, welche Sitz eines Landgerichts sind, der Erste Staatsanwalt, an anderen Orten Mangels anderweiter Bestimmung der aufsichtführende Amtsrichter (§ 3). Nur an wenigen größeren Gefängnissen z. B. in Berlin resp. Moabit, Hannover, Frankfurt a. M. und Glückstadt sind besondere Gefängnißvorsteher angestellt.

Der erste Staatsanwalt hat in der Eigenschaft als Gefängnißvorsteher die Verwaltung der Gefängnisse nach Maßgabe des Reglements und der besonderen Seitens des Ministers und des Oberstaatsanwalts erlassenen Verwaltungsvorschriften zu leiten; er hat namentlich auch darüber zu wachen, daß jeder Gefangene nach Maßgabe des Haftzwecks behandelt werde (§ 6).

Insbesondere ist er verpflichtet, einen Hauptschlüssel zu dem Gefängnisse in seine Verwahrung zu nehmen (§ 39), wenigstens einmal in der Woche, zuweilen auch des Nachts, das Gefängniß zu revidiren (§ 8) und sich der Revision der Kleider- und Wäschevorräthe zu unterziehen (§ 62). Er hat über Verwahrung von Geldern, Werthpapieren und Kostbarkeiten, die dem eingelieferten Gefangenen abgenommen sind, Bestimmung zu treffen (§ 29), die Vertheilung der Gefangenen zu controliren (§ 6) und Gesuche und Beschwerden der Gefangenen entgegenzunehmen (§ 54). Er ist für die rechtzeitige Entlassung der Gefangenen verantwortlich (§ 85). Es erscheint praktisch, jedem entlassenen Strafgefangenen eine mit Unterschrift des Gefängnißvorstehers versehene Bescheinigung über die erfolgte Strafverbüßung zu behändigen.[3] Hinsichtlich der auf Grund des § 361 No. 3—8 StGB. bestraften Personen, welche bei der Entlassung der Polizeibehörde des Orts zur Verfügung gestellt werden, ist die Ertheilung einer solchen Bescheinigung direkt vorgeschrieben.[4] Wenn es nothwendig erscheint, einem Untersuchungsgefangenen Fesseln anzulegen oder ihm für die Nacht den Gebrauch seiner Kleider zu entziehen, muß dem Untersuchungsrichter Nachricht gegeben werden (§ 43). Bedarf es des Gebrauchs der Waffen gegen Gefangene, so hat der Erste Staatsanwalt dafür zu sorgen, daß der Sachverhalt sofort festgestellt werde (§ 21) und wird es sich im Falle erheblicher Verletzungen

[3] § 28 Gef.Instr. v. 24. Oct. 1837, aufgehoben durch § 107 der Reglements.

[4] AV. v. 22. März 1880 (JMBl. S. 57 Form. LVIII).

empfehlen, das zuständige Amtsgericht um Feststellung des Thatbestandes zu requiriren.[5] Geburten und Todesfälle, welche sich in Gefangenanstalten ereignen, sind dem Standesbeamten anzuzeigen. Der Tod eines Gefangenen ist außerdem den Angehörigen, der Polizeibehörde des Heimathsortes des Gefangenen und der Strafvollstreckungsbehörde durch den Gefängnißvorsteher mitzutheilen (§ 84).

Endlich ist der Erste Staatsanwalt verpflichtet, dem Oberstaatsanwalte am Schlusse des Geschäftsjahres einen den Zeitraum vom 1. April des Vorjahrs bis zum 31. März des laufenden Jahres umfassenden Jahresbericht einzureichen[6] und demselben von jedem wichtigen Vorgange, als Meuterei, Entweichung, Selbstmord, Versuch desselben, Ausbruch ansteckender Krankheiten, sowie von dem in diesem Falle getroffenen Maßregeln sofort berichtliche Anzeige zu erstatten.[7]

Der vorgedachte Jahresbericht muß sich über die Frequenz des Gefängnisses,* die Einrichtungen desselben, die Art der Beschäftigung der Gefangenen u. dgl. m. aussprechen und können in demselben Vorschläge auf Abänderung von Einrichtungen, die sich nicht bewährt haben, wenn es zur Vornahme derselben höherer Genehmigung bedarf, ihren Platz finden. Bis spätestens eine Woche vor dem 1. Juli jedes Jahres sind erforderlichen Falls die Nachträge zu den Grundstücksinventarien oder die Vakat-Bescheinigungen den Vorstandsbeamten des Oberlandesgerichts einzureichen.[8]

---

[5] § 100 StPO.

[6] JMResct. v. 27. Apr. 1880 (Gen.Akt. I, 575).

[7] § 10 des Reglements; Allerh. Kab.Ordre v. 8. August 1835 (GS. 1835 S. 240).

* AV. v. 18. Apr. 1882 betr. die Aufstellung d. Jahrestabellen der Gefängnißverwaltung über den Gefangenenstand ꝛc. (JMBl. 1882 S. 93).

[8] AV. v. 5. Juni 1881 (JMBl. 1881 S. 122).

Der Verpflichtung des ersten Staatsanwalts zur Revision der Kleider und Wäschbestände steht das Recht gegenüber, ausschließlich Bestimmung über die Ausrangirung derselben zu treffen (§ 62).

Es steht ihm ferner das Recht zu, die Tagesordnung für das Gefängniß zu entwerfen (§ 57).

Die sämmtlichen bei dem Gefängnisse angestellten Beamten sind seiner Aufsicht unterworfen.[9] Geistliche, Aerzte und Lehrer bei den Gefängnissen sind in Beziehung auf die Hausordnung an die Anordnungen des Vorstehers gebunden (§ 22).

Der Erste Staatsanwalt controlirt die Vertheilung der Gefangenen in die Zellen und bestimmt, ob dieselben in Einzelhaft oder Gemeinschaftshaft zu bringen sind. Gefangene verschiedenen Geschlechts dürfen niemals in eine Zelle zusammen gebracht werden. Können die Gefangenen verschiedenen Geschlechts nicht in besondern Gebäuden oder völlig getrennten Abtheilungen desselben Gebäudes untergebracht werden, so sind wenigstens besondere Zellen zur ausschließlichen Verwahrung weiblicher Gefangenen zu bestimmen.

Jugendliche Gefangene sind von Erwachsenen zu trennen, die Strafvollstreckung gegen sie ist in gesonderten Räumen resp. besonderen Anstalten zu bewirken. Sie verbleiben auch in denselben, wenn sie während der Strafverbüßung das 18. Lebensjahr erreichen und der Strafrest nicht 3 Monate übersteigt.

Die Gefängnißstrafe beginnt der Regel nach mit Einzelhaft. Dieselbe darf ohne die portokollarisch festzustellende Zu-

[9] § 4 des Reglements; §§ 78, 80 Ges. v. 24. April 1878 (GS. 1878 S. 230); §§ 18, 19 Ges. v. 9. April 1879 S. 345).

stimmung des Gefangenen die Dauer von 3 Jahren nicht übersteigen. Sie ist ausgeschlossen, wenn von derselben eine Gefahr für den körperlichen oder geistigen Zustand des Gefangenen zu befürchten steht. Soll die Einzelhaft über 3 Monate dauern, so ist der Anstaltsarzt vorher gutachtlich zu hören.[10] Die Zellen für Gemeinschaftshaft sind mit mindestens drei Personen zu belegen. Es ist unzulässig, einen Erwachsenen und einen jugendlichen Gefangenen in einer Zelle zu verwahren, die Belegung einer solchen mit zwei Personen überhaupt zu vermeiden.

Zellen von weniger als 36 Kubikmeter Raum sollen nur als Einzelzellen benutzt werden.[11]

Der Regel nach sind die Gefangenen zur Leistung der in der Gefangenanstalt eingeführten Arbeiten verpflichtet. Zu denselben gehört die Anfertigung der für die Gefangenanstalt nothwendigen Kleider, Lagerungsgegenstände und Utensilien, die Reinigung der letztern und der Zellen.[12]

Die gerichtlichen Strafgefangenen können auch außerhalb der Anstalt mit Arbeiten beschäftigt werden, sei es, daß sie zur Arbeit von der Gefangenanstalt aus täglich geführt werden und nur die Nacht über im Gefangenhause verweilen, sei es, daß sie auch ihr Nachtquartier auf der Arbeitsstelle haben. Es dürfen nur solche Gefangene zur Außenarbeit verwendet werden, bei denen eine Entweichung nicht zu besorgen ist, welche als Freie dergl. Arbeiten verrichtet haben oder an der Verrichtung keinen Anstand nehmen können und deren bisheriges Betragen im Gefängnisse die

[10] §§ 6, 32—35 des Reglements; § 22 StGB.

[11] § 38 des Reglements (JMResct. v. 4. Febr. 1874).

[12] §§ 52, 70—72 des Reglements.

Annahme rechtfertigt, daß sie zu Unordnungen keinen Anlaß geben werden.

Den Gefangenen soll die Arbeit im Freien als eine Belohnung ihres guten Verhaltens gelten und dürfen deshalb die Gefangenen nicht gleich im Anfang der Strafzeit zur Außenarbeit verstattet werden.

Verträge, durch welche der Arbeitgeber besondere Lokale zur sichern Aufbewahrung der mit Außenarbeit beschäftigten Gefangenen, namentlich während der Nachtzeit, zu gewähren sich verpflichtet, unterliegen der Bestätigung des Oberstaatsanwalts.

Bei Prüfung derselben ist namentlich darauf zu achten, ob die Lokalien ausreichend geräumig, trocken, reinlich und gut verwahrt sind.

Zur Bewachung sind Hilfsgefangenwärter anzunehmen, welche aus dem aufkommenden Arbeitsverdienste honorirt werden.[13]

An den Sonntagen und den christlichen Feiertagen ruht die Zwangsarbeit. Gefangene jüdischer Religion brauchen am Sabbath und den wichtigen Feiertagen nicht zu arbeiten, können jedoch an Sonntagen und den christlichen Feiertagen mit geräuschlosen Arbeiten beschäftigt werden.[14] Der Gefängnißvorsteher kann einzelnen Gefangenen gestatten, andere, als in der Anstalt eingeführte Arbeiten zu betreiben und Gefangene vom Reinigen der Zellen und der Utensilien dispensiren. Er hat ferner das Recht, zulässigen Falls Gefangenen

---

[13] Instr. v. 30. Mai 1854 (JMBl. 1854 S. 251); AV. v. 26. März 1874 No. V (JMBl. 1874 S. 110); AV. v. 28. Juni 1864 (JMBl. 1864 S. 187).

[14] § 74 des Reglements; AV. v. 21. Octbr. 1877 (JMBl. 1877 S. 227).

die Selbstbeköstigung, die Benutzung eigener Betten und den Genuß von Tabak zu gestatten,[15] sie vom gemeinschaftlichen Gottesdienste zu dispensiren und ihnen den Gebrauch eines anderen, als des Gefängnißarztes zu gestatten.[16]

Rücksichtlich des Verkehrs der Gefangenen mit der Außenwelt ist bestimmt, daß die Gefangenen monatlich nur einmal Besuch empfangen dürfen. Auch der briefliche Verkehr ist darauf beschränkt, daß jeder Gefangene innerhalb eines vierwöchentlichen Zeitraums nur einen Brief schreiben und einen Brief empfangen darf. Der Gefängnißvorsteher kann jedoch Ausnahmen von dieser Regel eintreten lassen.

Zur Erbauung und Belehrung der Gefangenen muß in jeder Gefängnißzelle eine Bibel oder ein neues Testament oder ein geeignetes Erbauungsbuch vorhanden sein. Außerdem sind Bücher religiösen und belehrenden Inhalts für das Gefängniß anzuschaffen. Der Gefängnißvorsteher kann die Lektüre auch anderer Bücher gestatten, das Lesen einer Zeitung in der Regel nur den in einer Einzelzelle befindlichen Gefangenen.[17] Zur Anschaffung der Bibeln, neuen Testamenten, Auszügen aus denselben, von Gesang und Gebetbüchern sind die Gefängnißvorstände ermächtigt.[18] Zur Anschaffung anderer Erbauungsbücher resp. von anderen Schriften belehrenden Inhalts, bedarf es der speciellen Genehmigung des Ministers in jedem einzelnen Falle.

Vor der Anschaffung dieser Bücher sind die geistlichen Behörden, (Consistorien) zu hören.[19] Der Gefängnißvorsteher

[15] §§ 63, 64, 49. des Reglements.

[16] §§ 80, 83 des Reglements.

[17] § 82 des Reglements.

[18] Min.Rescr. v. 14. Februar 1882 I, 5200.

[19] Verf. des Justizministers v. 24. Octbr. 1859; Anweisung des evangelischen Kirchenraths v. 24. Dezember 1858 § 1 No. 5, § 24 (JMBl. 1859 S. 346).

hat die Disciplinargewalt über die Gefangenen. Er stellt die Anträge auf vorläufige Entlassung (cfr. oben).

Als Disciplinarstrafen kommen Verweis, Entziehung der Erlaubniß, über das Guthaben aus dem Arbeitsverdienste zum Zwecke des Ankaufs von Zusatznahrungsmitteln zu verfügen, bis auf die Dauer von 2 Monaten, Einziehung des vorhandenen Guthabens aus dem Arbeitsverdienste bis auf Höhe des in einem Zeitraume von 2 Monaten angesammelten Betrags, Entziehung der Bewegung im Freien bis auf höchstens 8 Tage, der Lektüre bis auf 14 Tage (bei Einzelhaft Entziehung der Arbeit und Lektüre bis auf höchstens 8 Tage) Kostschmälerung und Arrest in Anwendung. Die Disciplinarstrafen außer dem Arrest, der in einsamer Einsperrung besteht, können verbunden zur Anwendung gebracht werden.

Der Verhängung des strengen Arrestes, unter welchen Begriff die Entziehung des Bettlagers, die Verdunkelung der Arrestzelle und Kostschmälerung fallen, muß ein schriftliches Verfahren vorhergehen, durch welches die Schuld des Gefangenen festgestellt wird; auch ist der Anstaltsarzt vor der Vollstreckung darüber zu hören, ob der körperliche Zustand des Gefangenen dieselbe zuläßt.

Vor jeder Beschlußfassung über Verhängung einer Disciplinarstrafe ist der Gefangene zu hören. Ihm steht die Beschwerde gegen den Beschluß zu, welche jedoch nur Devolutiveffekt hat. Ueber die Disciplinarstrafen wird ein Strafbuch geführt.

Zur augenblicklichen Bändigung bei thätlicher Widersetzlichkeit oder bei Toben und Schreien dürfen Fesselung, Zwangsstuhl und Zwangsjacke angewendet werden. Körperliche Züchtigung und Lattenstrafe sind auch hierbei ausgeschlossen.[20] Wenn es nothwendig wird, Gefangene in andere Anstalten überzuführen, so sind dieselben behufs Feststellung ihrer Transport- resp. Aufnahmefähigkeit einer ärztlichen Untersuchung zu unterwerfen. Dieselbe kann unterbleiben, wenn der Gefangene bisher gesund gewesen ist und Einwendungen gegen seine Transportfähigkeit nicht erhebt. In diesem Falle befindet der Gefängnißvorsteher über die Transportfähigkeit.[21] Den entlassenen Gefangenen kann ein aus dem Arbeitsverdienste zu entnehmendes Zehrgeld auf den Weg gegeben werden. Die Höhe desselben richtet sich nach der Entfernung des Heimathsorts. Es kann jedoch auch ein größerer Geldbetrag, sogar der ganze Arbeitsverdienstantheil dem Gefangenen bei der Entlassung eingehändigt werden.

Erachtet der Gefängnißvorsteher letzteres nicht für angemessen, so ist der betreffende Geldbetrag nach Abzug des Reise- und Zehrgeldes der Polizeibehörde des Entlassungsortes oder einem dort bestehenden Vereine zur Fürsorge für entlassene Strafgefangene zu übersenden.[22] Die dem Gefängnißvorsteher den Strafgefangenen gegenüber eingeräumten Rechte stehen den Untersuchungsgefangenen gegenüber dem Amtsrichter zu, wenn sich der Gefangene im Amtsgerichtsgefängnisse befindet und gegen ihn in scrutinio vorgegangen wird oder dem Amtsrichter die Führung der Voruntersuchung übertragen ist. Abgesehen hiervon unterliegen Untersuchungsgefangene der Disciplinargewalt des Untersuchungsrichters

[20] §§ 45, 55, 56 Form. 9 des Reglements.

[21] § 86 des Reglements; AV. v. 31. Januar 1877 (JMBl. 1877 S. 20).

[22] § 87 des Reglements; AV. v. 4. Febr. 1874 (JMBl. 1874 S. 77).

und nach Eröffnung des Hauptverfahrens der des Vorsitzenden des erkennenden Gerichts.

Untersuchungsgefangene können schriftlich und mündlich mit dem Vertheidiger verkehren, jedoch nicht ohne Vorwissen des Richters, da seine Bestimmung darüber einzuholen ist, ob schriftliche Mittheilungen, deren Einsicht ihm nicht gestattet wird, zurückzuweisen sind oder nicht.

Ueber Zeit und Ort der Besuche, welche der Vertheidiger einem Untersuchungsgefangenen machen will, entscheidet der Gefängnißvorsteher.[23]

Der Gefängnißinspektor.

Zur Wahrnehmung der Geschäfte des Gefängnißinspektors wird entweder ein besonderer Beamter angestellt oder es werden dieselben einem Büreaubeamten der Staatsanwaltschaft oder des Amtsgerichts übertragen. Der Gefängnißinspektor muß für die sichere Verwahrung der Gefangenen, die innere Ordnung des Gefängnisses und die Aufsicht über die Gebäude sorgen, die Gefangenen aufnehmen und entlassen und die hierauf bezüglichen Anzeigen erstatten (Formular LIX), täglich dem Gefängnißvorsteher rapportiren (Formular LX—LXVIII) und dabei über besondere Vorkommnisse berichten, die Gefangenen in die Zellen vertheilen, die Gefangenaufseher controliren und sämmtliche Räume des Gefängnisses wöchentlich zweimal, zuweilen auch des Nachts, revidiren.

Es liegt ihm ferner ob die ökonomische Verwaltung und die Aufstellung der Berechnungen über die Gefängnißverwaltungskosten die Führung des Inventariums über die Utensilien, Lagerungs- und Bekleidungsgegenstände und die

---

[23] §§ 93, 77, 78 des Reglements.

Sorge für deren Ausbesserung und Ergänzung, die Vorbereitung des Transports der Gefangenen nach anderen Gefängnissen oder nach Strafanstalten, die Herbeischaffung angemessener Arbeit für die Gefangenen, die Verwaltung der Arbeitsverdienstkasse und die Führung der vorgeschriebenen Bücher (cf. S. 151).

Der Gefängnißinspektor muß, wenn er in dem Gefangenhause wohnt, einen Hauptschlüssel zu dem Gefängnisse bei sich aufbewahren.

Die den Gefangenen bei der Aufnahme abgenommenen Sachen sind in ein Register einzutragen und so zu verwahren, daß sie gegen Diebstahl und Verderben geschützt sind (Formular LXIX).

Der Gefängnißinspektor hat endlich von jedem Untersuchungsgefangenen und jedem Strafgefangenen, der eine die Dauer eines Monats übersteigende Freiheitsstrafe zu verbüßen hat, ein Signalement aufzunehmen, welches zu den Akten gebracht werden muß.

Der Gefangenaufseher.

Den Dienst der Gefangenaufseher versehen, wenn nicht besondere Beamte angestellt sind, die Gerichtsdiener.

Den Gefangenaufsehern liegt die unmittelbare Beaufsichtigung der Gefangenen, der Verschluß der Zellen und des Gefängnisses, die Ausführung der Hausordnung, die Sorge für die Reinlichkeit der Gefängnißräume, Utensilien, Lagerungsgegenstände, der Gefangenen selbst, ihrer Wäsche und Kleider und die Wartung erkrankter Gefangenen ob. Wenn Gefangene Hausarbeiten, zu deren Leistung die Gefangenwärter vermöge ihres Amts verpflichtet sind, verrichten, müssen sie dafür entschädigt werden. Derartige Arbeiten sind: die Reinigung der Eß- und Trinkgeschirre, der Korridore, der Abtritte, des Hofs, das Heizen der Oefen, Wassertragen und Hilfeleisten in der Küche.[24] Die Gefangenaufseher müssen ferner täglich die Zellen revidiren und sich dabei davon überzeugen, daß die Fenstervergitterungen, Thürverschlüsse, Wände, Oefen und Utensilien unversehrt sind, daß in den Strohsäcken und Ecken der Zellen nichts Verdächtiges sich befindet und daß die Fesseln gefesselter Gefangener sich in Ordnung befinden. Vor dem Abendschluß haben sich die Gefangenaufseher davon zu überzeugen, daß das Feuer in den Oefen und in der Küche erloschen ist (§§ 14, 41, 68, 39). Neu eingelieferte Gefangene sind durch die Gefangenaufseher zu visitiren und werden ihnen sämmtliche während der Haft entbehrliche Gegenstände abgenommen.

Die Gefangenaufseher haben ihren Dienst in Uniform zu leisten (§§ 15, 28). Sie können Gefangene, welche die Ordnung stören und der ihnen ertheilten Warnung nicht Folge leisten, sofort in eine Arrestzelle abführen (§ 44).

Der Gebrauch der Waffe ist dem Gefangenaufseher gestattet, wenn ein Angriff auf ihn oder auf Andere erfolgt oder er mit einem Angriffe bedroht wird und ein anderes Mittel zur Abwehr nicht vorhanden ist, wenn ein flüchtiger Gefangener bei der Ergreifung thätlich oder durch gefährliche Drohungen Widerstand leistet und wenn ein Gefangener der Aufforderung, ein gefährliches Werkzeug abzulegen, nicht nachkommt.[25] In den Fällen des §§ 21 und 44 ist dem Gefängnißvorsteher sofort Anzeige zu machen.

Die von der Behörde bestellten Aufseher bei den außer-

---

[24] AV. v. 5. Juni 1856 (JMBl. 1856 S. 158).

[25] § 21 des Reglements.

halb der Anstalt beschäftigten Gefangenen dürfen zum Zwecke der Verhinderung der Flucht von ihren Hieb- und Schußwaffen Gebrauch machen.[26] In jedem Gefängnisse werden folgende Bücher und Listen geführt:

a) Gefangenbuch I für Untersuchungsgefangene (Form. LXIV);
b) Gefangenbuch II für Strafgefangene (Form. LXV);
c) Gefangenbuch III für Civilgefangene (Form. LXVI);
d) der Tagesrapport (Form. LXVII);
e) der Frührapport (Form. LXVIII);
f) das Register über die den Gefangenen abgenommenen Gegenstände (Form. LXIX);
g) das Strafbuch über die Disciplinarbestrafungen (Formular LXX);
h) der Kalender für die Entlassungstermine (Form. LXXI);
i) das Inventarium (Form. LXXII);

und außerdem für Gefängnisse mit etatsmäßig angestelltem Inspektor

k) die Zugangsliste nach Form. LXII;
l) die Abgangsliste nach Form. LXIII.

Zur Bewältigung des Schreibwerks kann dem Gefängnißinspektor Beihülfe gewährt werden.[27]

Die Kosten der Gefängnißverwaltung fallen der Staatskasse zur Last. Auf Tit. 1 des Kriminalfonds werden die Kosten der Verpflegung, des Transports zum Zwecke der Dislokation, der Bekleidung der Gefangenen und die Kosten für die Anschaffung und Instandhaltung der Gefängnißutensilien angewiesen, insoweit letztere nicht bei der ersten Einrichtung des Gefängnisses aus dem Baufonds beschafft

---

[26] § 6 Ges. v. 11. April 1854 (GS. 1854 S. 143).

[27] § 12 des Reglements.

werden. Die Kosten für Schreib- und Packmaterialien sind bei den Fonds für sachliche Ausgaben zu verrechnen.[28]

Der bei den gerichtlichen Gefängnissen aufkommende Arbeitsverdienst wird in folgender Art verwendet.

Zunächst werden von demselben die bei der Arbeit außerhalb des Gefängnisses erwachsenen besonderen Kosten (Gehalt der Hilfsgefangenwärter und Zulage zur Mahlzeit) entnommen. Ein Drittel der verbleibenden Summe fließt zur Staatskasse, ein zweites Drittel kann den Gefangenen überwiesen werden. Aus dem Restbetrage können am Jahresschlusse — Ende März[29] — den Gefängnißbeamten und den bei der Rechnungsführung der Arbeitsverdienstkassen betheiligten gerichtlichen Subalternbeamten Remunerationen bewilligt werden.

Der Ueberrest fließt zu den Unterstützungsfonds hilfsbedürftiger Kinder verstorbener Justizbeamten, in der Provinz Posen zur von Frankenberg'schen Stiftung.[30] In welcher Höhe die Remunerationen zu bewilligen, bleibt dem Ermessen des Vorstandsbeamten des Oberlandesgerichts überlassen.[31] Für die Landestheile, in welchen die Verordnung vom 25. Juni 1867 gilt, ist in gleicher Art über Verwendung des Arbeitsverdienstes der gerichtlichen Gefangenen Verfügung getroffen.[32] Die Nachweisungen über die Verwendung des Arbeitsverdienstes erfolgen nach besonderem Formular und müssen alljährlich bis zum 1. Mai beim Justizminister eingereicht werden.[33]

---

[28] AV. v. 10. Novbr. 1877 (JMBl. 1877 S. 232).

[29] AV. v. 19. Februar 1877 (JMBl. 1877 S. 33).

[30] Kab.Ordre v. 29. Octbr. 1859 (JMBl. 1860 S. 386).

[31] AV. v. 9. Octbr. 1860 No. IV (JMBl. 1860 S. 389); AV. v. 26. März 1874 No. IV (JMBl. 1874 S. 110).

[32] AV. v. 12. Januar 1870 (JMBl. 1870 S. 6).

[33] AV. v. 27. Octbr. 1877 (JMBl. 1877 S. 221).

§ 28.

Die Verwaltung der Fonds bei den Justizbehörden.

Die Summen, welche der Staat alljährlich für die Verwaltung der Justiz auswirft, sind im Staatshaushaltsetat aufgeführt. Die Verwaltung dieser Fonds liegt in den Händen der Vorstandsbeamten der Oberlandesgerichte, soweit nicht der Justizminister sich die Verfügung über einzelne Fonds vorbehalten hat oder das Verfügungsrecht durch die Vorschriften über die Fondsverwaltung bei den Justizbehörden vom 28. September 1879 anderen Beamten oder Behörden delegirt ist.

I. Der Justizminister verfügt über die Fonds

a) zu Besoldungen, Remunerationen oder Funktionszulagen für die Beamten des höheren Justizdienstes einschließlich der Gefängnißdirektoren;

b) zur Besoldung oder Remunerirung der Revisionsbeamten bei den Oberstaatsanwalten und den Staatsanwaltschaften;

c) zur Besoldung der Gerichtsschreiber, der Sekretaire und Kanzlisten bei den Oberlandesgerichten und den Oberstaatsanwälten, soweit sie den Mindestbetrag der Besoldungssätze überschreiten;

d) über die Fonds, bei denen in den Kassenetats ein Geldbetrag nicht ausgebracht ist;

e) den Fonds zur Remunerirung von Hilfsarbeitern, die zur Verstärkung des etatsmäßig gewährten Personals oder zur Vertretung der Beamten des höheren Justizdienstes herangezogen werden;[1]

[1] § 4 l. c.

f) den Fonds zur Bewilligung von Gnadencompetenzen an die Hinterbliebenen verstorbener Beamten;

α) wenn das Gnadengehalt, im Falle der Verstorbene der Ernährer armer Eltern, Geschwister, Geschwisterkinder oder Pflegekinder gewesen ist, diesen ausnahmsweise bewilligt werden soll (Kabinetsordre vom 15. November 1819);

β) wenn die Vorstandsbeamten des Oberlandesgerichts wegen der Persönlichkeit der Wittwe oder wegen besonderer Familienverhältnisse Bedenken tragen, die Zahlung der Gnadenbewilligung an die Wittwe des verstorbenen Beamten zu verfügen.[2]

II. Die Kgl. Oberrechnungskammer verfügt über den Fonds zu Rechnungsvergütungen.[3]

III. Die Vorstandsbeamten der Oberlandesgerichte verfügen in Folge besonderer Ermächtigung bis auf Weiteres über die Fonds zu Umzugs- und Reisekosten versetzter Beamten, zu baulicher Unterhaltung der Dienstgebäude, soweit diese Kosten bei Aufstellung des Bauetats nicht berücksichtigt sind und zur Bewilligung von Gnadencompetenzen an die Hinterbliebenen verstorbener Beamten, abgesehen von den Ausnahmen sub. I, f.[4]

IV. Der Oberstaatsanwalt verfügt über die für einzelne Gefängnisse nach besonderen Kassenetats zahlbaren Fonds, soweit dieselben zu Besoldungen und Remunerationen der Gefängnißbeamten, ausschließlich der Direktoren oder zur Gewährung von anderen festen Bezügen bestimmt sind.[5]

---

[2] Anweisung v. 26. Novbr. 1832 (Jahrb. Bd. 40 S. 457, 458).

[3] § 5 l. c.

[4] §§ 10, 11 l. c.

[5] § 6 l. c

V. Die Vorstandsbeamten der Landgerichte verfügen über die Fonds

a) zur Bestreitung der Kosten des Schreibwerks (Zur Remunerirung von ständigen Hilfsarbeitern im Kanzleidienst bei den Landgerichten und zur Annahme der nöthigen Lohnschreiber bei denselben);

b) zur Bestreitung der sächlichen Ausgaben [zu Büreaubedürfnissen (Schreib- und Packmaterialien, Drucksachen, Feuerung, Beleuchtung) Bibliothek, Utensilien, Aktenheften und dergl.] zu den Kosten der Revisionsreisen, für Abhaltung der Gerichtstage, zu Diäten und Reisekosten der Staatsanwalte und zu Reisekosten der Vorsitzenden und Beisitzer der Schwurgerichte und detachirten Strafkammern, sowie der Geschworenen, Schöffen und Mitglieder des Wahlausschusses, für Aktentransport, Reinigung und Heizung der Geschäftsräume und zu sonstigen vermischten Ausgaben;

c) zur Bestreitung der sächlichen Ausgaben bei der Gefängnißverwaltung (Büreaubedürfnisse, Miethsentschädigungen der Gerichtsbeamten und sonstige vermischte Ausgaben).[6]

VI. Die Landgerichtspräsidenten verfügen über den Fonds

a) zur Bestreitung der den Gerichtsvollziehern zu gewährenden Beträge behufs des ihnen gewährleisteten Mindesteinkommens;

b) zur Entschädigung für die Amtshandlungen der Gerichtsvollzieher, welche von den Gerichten oder der Staatsanwaltschaft angeordnet sind;[7]

c) zu Verwaltungskosten, zu baaren Auslagen in Civil- und Strafsachen, zu Porto und Auslagen für Postsendungen, sowie Gebühren für telegraphische Korrespondenz.

---

[6] § 8c l. c.

[7] § 8d l. c.

VII. Die Gefängnißvorstände verfügen über die Fonds, welche für die einzelnen Gefängnisse nach den besonderen Kassenetats zahlbar sind und nicht nach Nr. IV der Verfügung des Oberstaatsanwalts unterliegen.[8]

VIII. Die Ersten Staatsanwalte verfügen über die Fonds

a) zur Bestreitung der Gefängnißverwaltungskosten d. h. für Utensilien und Lagerbedürfnisse, Beköstigungs-, Bekleidungs-, Transport- behufs Dislokation der Gefangenen und sonstige Kosten;[9]

b) zur Bestreitung der Miethsentschädigungen der Gefängnißbeamten.[10]

IX. Die aufsichtführenden Richter verfügen

a) über die oben sub V a und b und VI c bezeichneten Fonds hinsichtlich der Amtsgerichte;[11]

b) weisen die Zahlung der Auslagen an, die in Strafsachen durch Amtshandlungen oder Anordnungen der Amtsanwalte veranlaßt sind.[12]

X. Jede Justizbehörde mit Ausnahme des Amtsanwalts verfügt über den Fonds zur Bestreitung der Auslagen in Civil- und Strafsachen und an Porto und Auslagen für Postsendungen und Postbestellungen, sowie Gebühren für die telegraphische Korrespondenz; über den Fonds zu Verwaltungskosten (cf. oben VII b) jedoch nur insoweit, als er zur Bestreitung der Transportkosten bestimmt ist.[13]

Die Regierungshauptkassen, in der Provinz Hannover die Bezirkshauptkassen, sind nach Maßgabe der ihnen ertheilten Kassenetats zur Zahlung der Summen angewiesen,

---

[8] § 6 l. c.

[9] AV. v. 3. Januar 1881 (JMBl. 1881 S. 4).

[10] § 8b l. c.

[11] § 8c l. c.

[12] AV. v. 10. Mai 1881 (JMBl. 1881 S. 991).

[13] § 8a l. c.

welche nach dem Etat der Justizverwaltung zur Verfügung stehen. Die Regierungen resp. die Finanzdirektion in Hannover bezeichnen auf Ersuchen der Oberstaatsanwalte diejenigen Specialkassen, welche die Zahlungsanweisungen der Justizbehörden sub V, VI, VIII — X zu erledigen haben.[14] Die Uebertragung der dem einen Kapital angehörigen Fonds auf die für gleichartige Zwecke bestimmten Fonds des anderen Kapitals ist ausgeschlossen, wenn der Etat dieselbe nicht ausdrücklich gestattet.[15] Die den Vorstandsbeamten der Landgerichte, den Landgerichtspräsidenten, den Ersten Staatsanwalten und den aufsichtführenden Richtern ertheilten Ermächtigungen unterliegen keiner Beschränkung auf bestimmte Summen. Nur die Aufwendungen für die Bibliothek und zu Utensilien werden von den Vorstandsbeamten der Oberlandesgerichte auf feste Beträge limitirt, welche nicht überschritten werden dürfen.[16]

Sobald eine Etatsüberschreitung unvermeindlich geworden, ist der Oberstaatsanwalt verpflichtet, die Ermächtigung des Justizministers zu derselben nachzusuchen.

Bei einzelnen besonders bezeichneten Fonds muß der Oberstaatsanwalt geschehene Etatsüberschreitungen gelegentlich der Einsendung des Finalabschlusses motiviren. Da die Regierungen den Finalabschluß dem Justizminister unmittelbar einreichen, so wird Abschrift desselben dem Oberstaatsanwalt durch die Hauptkasse übersendet und die Motivirung der Etatsüberschreitungen nachträglich eingereicht.

Derartige Fonds sind die:

1. zu Büreaubedürfnissen (Schreib- und Packmaterialien, Drucksachen, Feuerung, Beleuchtung) für die Bibliothek

---

[14] §§ 1, 9 l. c.

[15] § 1 al. 2 l. c.

[16] § 8 al. 3 l. c.

(limitirt) Utensilien, Aktenheften und dergl. und zu Büreaukosten des Oberstaatsanwalts;

2. zu Justizvisitationskosten und zu den Kosten der Revisions- und Inspektionsreisen des Präsidenten und der Räthe des Oberlandesgerichts und des Oberstaatsanwalts;
3. zu Aktentransport, zur Remunerirung von Haus- und Arbeitspersonal, Reinigung, Heizung und zu sonstigen vermischten Ausgaben;
4. zu den oben sub V b verzeichneten Ausgaben;
5. zu Büreaubedürfnissen, Bibliothek, Utensilien und dergl. der Gefängnißverwaltung;
6. zu Miethsentschädigungen der Gefängnißbeamten und zu sonstigen vermischten Ausgaben;
7. zu den oben sub IX verzeichneten Ausgaben.[17]

Die Behörden oder Beamten, welche zur Verfügung über einen Fonds befugt sind, erlassen auch die Zahlungsanweisung an die Regierungshauptkasse resp. die von den Regierungen bezeichneten Specialkassen.[18] Der Oberstaatsanwalt hat die Zahlungsanweisung zu erlassen, wenn die Bewilligung auf einer Entscheidung des Ministers beruht oder wenn über dieselbe die Vorstandsbeamten des Oberlandesgerichts entschieden haben.

Der Erste Staatsanwalt erläßt die Zahlungsanweisung, wenn über die Bewilligung von den Vorstandsbeamten des Landgerichts gemeinsam entschieden ist.

In den letzten beiden Fällen muß aus der Anweisung ersichtlich sein, daß ihr eine gemeinschaftliche Entscheidung zu Grunde liegt.

---

[17] § 2 l. c.

[18] § 12 l. c

Der Gefängnißvorsteher erläßt die Zahlungsanweisungen für Rechnung der nach den besonderen Kassenetats eines Gefängnisses zahlbaren Fonds.

Wenn ein Richter oder Staatsanwalt durch eine Amtshandlung oder eine Anordnung Auslagen veranlaßt, so hat er die Zahlungsanweisung Namens der Behörde zu unterzeichnen und der Unterschrift seinen Amtscharakter, sowie einen Abdruck des Dienstsiegels beizufügen.[19] In den §§ 16—24 l. c. sind einzelne Verhältnisse besonders geregelt. Dieselben enthalten Vorschriften über die dem Minister zu erstattenden Anzeigen, welche durch die bei den Stellen der Gerichtsschreiber, Sekretaire und Kanzlisten der Oberlandesgerichte eingetretenen Veränderungen veranlaßt werden, über das Verfahren bei definitiver Anstellung der Büreaubeamten über die Auszahlung der Entschädigung für die Beschaffung von Schreibmaterialien zum häuslichen Gebrauch an die Beamten des höheren Justizdienstes, hinsichtlich des Aktenheftens, der Reinigung und Heizung der Geschäftslokale, der Gewährung von Feuerungsmaterial aus den Vorräthen der Behörden, hinsichtlich des Jahresabschlusses des Dienstregisters der Gerichtsvollzieher, hinsichtlich der Berechnung und Verwendung des Arbeitsverdienstes der Gefangenen und der Bewilligung von Remunerationen aus demselben an Gefängnißbeamte.

Mit der Erhebung und Abführung der Prüfungsgebühren haben die Vorstandsbeamten des Landgerichts einen Gerichtsschreiber oder einen Sekretair zu beauftragen.[20] Es ist den Vorstandsbeamten der Landgerichte überlassen, wie sie das Einverständniß über das gemeinschaftlich auszuübende Ver-

[19] §§ 12, 13 l. c.

[20] § 22 l. c.

fügungsrecht sich verschaffen. Es kann der gemeinschaftliche Beschluß das Resultat mündlicher Abrede oder einer Korrespondenz sein. Als dem Sinne der Bestimmung entsprechend dürfte Nachstehendes anzunehmen sein.

Weder der Präsident noch der Erste Staatsanwalt können allein eine Zahlung aus den zu ihrer gemeinschaftlichen Verfügung stehenden Fonds veranlassen. Es gehört dazu eine von beiden Beamten gezeichnete Verfügung, welche von dem Vorstandsbeamten zu entwerfen ist, zu dessen Geschäftskreis die Angelegenheit hauptsächlich gehört. Handelt es sich um Anschaffungen, so hat deren Nothwendigkeit derjenige von den Vorstandsbeamten zu beurtheilen, für dessen Geschäftsbereich sie erfolgen sollen. Er hat demnächst die Verfügung zu entwerfen und zu unterzeichnen und dem andern Vorstandsbeamten zur Vollziehung zu übersenden. Im Fall der andere Vorstandsbeamte sich der Vollziehung der Verfügung weigern sollte, würde durch mündliche Rücksprache oder durch Korrespondenz eine Verständigung herzustellen event. die Entscheidung der Vorstandsbeamten des Oberlandesgerichts einzuholen sein.

§ 29.

Die Bearbeitung der Justizbauangelegenheiten.

Die Bearbeitung der Bausachen erfolgt theils durch die Vorstandsbeamten der Oberlandesgerichte, der Landgerichte resp. durch den aufsichtführenden Richter, theils durch den Oberstaatsanwalt oder den Gefängnißvorsteher (Ersten Staatsanwalt) allein. Letzteres ist der Fall, wenn es sich um Bauangelegenheiten der Gefängnisse handelt, welche einen besonderen Etat haben.[1] Der Begriff „Bausachen" umfaßt die eigentlichen Bausachen und die nicht bauliche Ausstattung gerichtlicher Geschäftsgebäude und Gefängnisse. Zu den eigentlichen Bausachen gehören alle diejenigen Herstellungen, welche die Substanz der Gebäude, Lokalien und Grundstücke und deren Pertinenzstücke betreffen, als Neubauten, bauliche Einrichtungen, Aenderungen und Reparaturen.

Erscheinen größere Neu- und Erweiterungsbauten nothwendig oder umfangreichere Reparaturen sog. Hauptreparaturen erforderlich, so sind die Kosten für dieselben unter die einmaligen und außerordentlichen Ausgaben der Justizverwaltung in den Staatshaushaltsetat aufzunehmen. Zur speciellen technischen Vorbereitung derartiger Projekte ist die Genehmigung des Justizministers erforderlich.

Die Kosten für die eigentlichen Bausachen werden aus dem etatsmäßigen Fonds, zur Unterhaltung der Justizgebäude mit Ausschluß der größern Neubauten und Hauptreparaturen entnommen. Für jeden Oberlandesgerichtsbezirk stellt der Justizminister zu Anfang des Etatsjahrs einen Theil dieses Fonds zur Verfügung. Auf denselben werden alle Kosten für geringere Neubauten, bauliche Einrichtungen, Aenderungen und Reparaturen, mögen sie Lokalien der Justizverwaltung oder Dienstwohnungen betreffen, ohne Rücksicht auf die Höhe des Betrags, angewiesen.

Die Justizbehörden führen Bauten und bauliche Reparaturen selbstständig aus, wenn die Kosten den Betrag von 500 Mark nicht übersteigen. Es ist in diesem Falle weder eine vorgängige Veranschlagung des Baues noch eine Revision und Abnahme desselben durch die Beamten der allge-

---

[1] AV. v. 30. Septbr. 1879 (JMBl. 1879 S. 395).

meinen Bauverwaltung nothwendig. Ebenso wenig bedürfen die Rechnungen für ausgeführte Arbeiten der Bauhandwerker bis zum Betrage von 300 Mark eines Revisionsattestes oder eines Vermerks eines Kgl. Bezirksbaubeamten über die untadelhafte Ausführung, Beschaffenheit und Preiswürdigkeit der Arbeit. Das Revisionsattest resp. der vorgedachte Vermerk kann jedoch von der bauenden Behörde extrahirt werden, wenn sie die angesetzten Preise übertrieben hoch findet oder dem eigenen Urtheile über die Angemessenheit derselben mißtraut.

Berühren die baulichen Einrichtungen oder Aenderungen, welche geplant sind, die Konstruktion des Gebäudes, so muß, auch bei einem Kostenanschlage unter 500 Mark, vor der Ausführung des Baues durch einen Kgl. Baubeamten festgestellt werden, daß der geplante Bau den allgemeinen baulichen Zustand des Gebäudes nicht gefährdet. In diesem Falle und wenn es sich um Vorkehrungen handelt, welche nur ein Bausachverständiger beurtheilen kann, ist die Revision des Baues durch einen Kgl. Baubeamten nothwendig.

Uebersteigen voraussichtlich die Kosten den Betrag von 500 Mark, so erfolgt die Ausführung des Baues durch die Vermittlung der Bezirksregierung (Landdrostei), in Berlin durch Vermittelung der Ministerialbaucommission auf Requisition der zuständigen Vorstandsbeamten. Der Voranschlag muß in diesem Falle durch einen Kgl. Kreisbaumeister oder Bauinspektor gefertigt und von der Regierung (Landdrostei) der technischen Revision unterworfen werden. Die Superrevision durch die Bauabtheilung des Ministeriums muß erfolgen, wenn die auf den Fiskus fallenden Kosten bei Neubauten 3000 Mark und bei Reparaturbauten 9000 Mark betragen. Auch ist zu derartigen Neu- resp. Reparaturbauten die Genehmigung des Justizministers einzuholen. Die Voranschläge sind vor ihrer Einreichung durch die gerichtlichen Kalkulaturbeamten in calculo zu prüfen.

Die Gebäude der Justizverwaltung werden alljährlich — event. unter Zuziehung eines Sachverständigen — einer Revision unterworfen und dabei die im nächsten Jahre auszuführenden Bauten, baulichen Einrichtungen, Aenderungen und Reparaturen verzeichnet. Die hierauf bezüglichen Anträge der Lokalbehörden an die Vorstandsbeamten der Oberlandesgerichte müssen hinreichend vorbereitet spätestens im November jedes Jahres, die durch neu eingetretene Umstände im Laufe des Winters hervorgerufenen Anträge spätestens im Februar bei letztern eingereicht werden. Auf Grund dieser Nachweisungen wird der Bauplan für den ganzen Oberlandesgerichtsbezirk bis zum 15. März festgestellt. Durch den Bauplan darf der Fonds nicht völlig erschöpft werden. Es muß ein Reservefonds für die in dem Baujahre vorkommenden dringlichen und unvorhergesehenen Bauten und Reparaturen zurückbleiben.

Die für Rechnung des etatsmäßigen Justizbaufonds auszuführenden Bauten an Gefängnissen mit besonderem Etat hat der Oberstaatsanwalt selbstständig anzuordnen, sofern die Kosten im Einzelnen bei Neubauten und neuen baulichen Einrichtungen nicht auf mehr als 3000 Mark und bei baulichen Aenderungen und Reparaturen auf nicht mehr als 9000 Mark veranschlagt sind. Entstehen die Kosten für Bauten an Gerichts- und solchen Gefängnißlokalien, für welche ein besonderer Etat nicht besteht, so gebührt die Anordnung des Baues den Vorstandsbeamten des Oberlandesgerichts gemeinsam.

Bauten, welche in den oben erwähnten Bauplan für den

Oberlandesgerichtsbezirk nicht aufgenommen sind, dürfen in dem betreffenden Jahre nur mit vorgängiger Genehmigung der Vorstandsbeamten des Bezirks angeordnet und ausgeführt werden. Sollten jedoch nach Aufstellung des Bauplans bauliche Arbeiten nothwendig werden und so dringlich sein, daß eine Aufschiebung überhaupt unzulässig erscheint, so sind hinsichtlich der Gefängnisse mit besonderem Etat der Gefängnißvorsteher, hinsichtlich der sonstigen Gerichts- und Gefängnißlokalien die Vorstandsbeamten des Landgerichts zur selbstständigen Anordnung von dergl. Bauten befugt, wenn die Kosten des Baues den Betrag von 300 Mark nicht übersteigen. Für den aufsichtführenden Richter ist in diesem Falle die Grenze durch den Betrag von 30 Mark gegeben.

Die Gefängnißvorsteher, die Vorstandsbeamten des Landgerichts und die aufsichtführenden Richter müssen in dringenden, ihr selbstständiges Einschreiten fordernden Fällen auch dann die unaufschiebbaren provisorischen Maßregeln treffen, wenn die Kosten der vorzunehmenden Bauten die obigen Sätze überschreiten, dann aber auch sofort den Vorstandsbeamten des Oberlandesgerichts Anzeige erstatten und ihre Verfügung rechtfertigen.

Die Bearbeitung der Justizbauangelegenheiten erstreckt sich ferner auf die nicht bauliche Ausstattung der Geschäftslokalien und Gefängnisse. Dieselbe umfaßt die Beschaffung und Instandhaltung aller derjenigen Gegenstände, welche nothwendig sind, um in baulicher Beziehung fertig gestellte Gebäude resp. Lokalien jeder Art oder Grundstücke ihrer Bestimmung gemäß zu benutzen; dazu gehören Mobilien, Utensilien und in den Gefängnissen die Bekleidungs- und Lagerungsgegenstände und die Geräthschaften zur Verpflegung der Gefangenen. Zu den Utensilien werden auch solche Gegenstände gerechnet, die zwar nicht absolut unentbehrlich sind, deren Anschaffung aber aus Zweckmäßigkeitsrücksichten und in Rücksicht auf besondere obwaltende Verhältnisse wünschenswerth erscheint, z. B. Uhren, Geldschränke, Umdruckmaschinen, in Gefängnissen Controluhren zc.

Handelt es sich um die nicht bauliche Ausstattung größerer Neu- resp. Erweiterungsbauten, so sind die Kosten unter den einmaligen und außerordentlichen Ausgaben der Justizverwaltung im Staatshaushaltsetat aufzuführen. Im Uebrigen fallen die Kosten dafür dem Fonds zu Kriminalkosten zur Last, wenn es sich um Mobilien, Utensilien und Geräthschaften für Gefängnisse handelt, während der Fonds zu sächlichen Ausgaben die Kosten trägt, wenn sie durch die Anschaffung derartiger Sachen für die Geschäftslokalien der Gerichte entstehen.

Den Etat der Gefängnisse, welche einen besondern Etat haben, führt der Oberstaatsanwalt aus. Die Vorsteher solcher Gefängnisse sind zur selbstständigen Verfügung in Betreff der Utensilien bis auf Höhe von 300 Mark befugt.

Gleiches Verfügungsrecht haben die Ersten Staatsanwalte am Landgerichte hinsichtlich der Gefängnisse am Orte des Landgerichts und steht dem Landgerichtspräsidenten eine Mitwirkung hierbei nicht zu.[2] Hinsichtlich der Ausgaben, welche durch Beschaffung der Utensilien für andere Gefängnisse des Landgerichtsbezirks und für die Geschäftslokalien der Gerichte entstehen, hat der aufsichtführende Richter das Verfügungsrecht bis auf Höhe von 30 Mark; die Vorstandsbeamten des Landgerichts können gemeinschaftlich bis auf Höhe von 300 Mark verfügen. Höhere Ausgaben unterliegen der Ge-

---

[2] AV. v. 3. Januar 1881 (JMBl. 1881 S. 4).

nehmigung der Vorstandsbeamten des Oberlandesgerichts. Die Dispositionsbefugniß dieser Beamten ist hinsichtlich der auf den sächlichen Fonds zu nehmenden Kosten durch dessen Höhe begrenzt, hinsichtlich der auf den Kriminalfonds fallenden Kosten nicht limitirt.[3]

§ 30.

Prüfungen.

Die Ausbildung der Justizsubalternbeamten, zu welcher Beamtenklasse die Gerichtsschreiber, Sekretaire, Gerichtsschreibergehilfen, Assistenten und Gerichtsvollzieher gehören, erfolgt in den Büreaux der Gerichte und der Staatsanwaltschaften, sowie durch Beschäftigung bei einem Gerichtsvollzieher. Den Vorständen der Gerichte und Staatsanwaltschaften liegt die allgemeine Leitung des Vorbereitungsdienstes ob.

a) Gerichtsschreiber. Zum Vorbereitungsdienste, welcher einen Zeitraum von mindestens 2 Jahren umfassen muß, dürfen nur Militäranwärter, Personen, welchen durch Allerh. Ordre die Anstellungsberechtigung beigelegt ist, und solche Aspiranten zugelassen werden, die das 18. Lebensjahr vollendet haben, die Qualification zum einjährigen freiwilligen Dienste besitzen und sich ohne Beihilfe des Staats drei Jahre erhalten können.

Rechtscandidaten, welche das Referendarexamen bestanden haben, können nach sechsmonatlicher Ausbildung im Gerichts-

---

[3] AV. v. 14. Juli 1874 (JMBl. 1874 S. 215); AV. v. 30. Septbr. 1879 (JMBl. 1879 S. 395); Rescript des Ministers der öffentl. Arbeiten v. 20. Juni 1880 III, 9437.

schreiberdienste zur Prüfung zugelassen werden.[1] Die Ernennung zum Gerichtsschreiber, welche durch die Vorstandsbeamten der Oberlandesgerichte erfolgt, setzt ein Alter von 21 Jahren, Erfüllung der Militärdienstpflicht oder Befreiung von derselben in Friedenszeit und das Bestehen einer Prüfung voraus, in welcher außer praktischer Gewandtheit die Kenntniß sämmtlicher Zweige des Gerichtsschreiberdienstes inclusive des Rechnungswesens und des Büreaudienstes bei der Staatsanwaltschaft verlangt wird.

Referendare, welche im richterlichen Vorbereitungsdienste zwei Jahre beschäftigt gewesen sind, können ohne Ablegung dieser Prüfung zu Gerichtsschreibern ernannt werden.[2] Die Prüfungen der Candidaten des Gerichtsschreiberamtes werden bei den Oberlandesgerichten und dem Landgerichte zu Hechingen durch Commissionen abgehalten, welche aus zwei Beamten des höheren Justizdienstes und dem Rechnungsrevisor gebildet werden. Die schriftliche Prüfung besteht in Führung des Nebenprotokolls in Sitzungen der Civil- und der Strafkammer und in der unter Beaufsichtigung anzufertigenden Lösung von mindestens 6 Aufgaben aus dem Gebiete des Gerichtsschreiberamtes. Wenn diese Arbeiten völlig mißlingen, so gilt die Prüfung als nicht bestanden. Anderen Falls schließt sich die nicht öffentliche mündliche Prüfung an, welche sich auf Civil- und Strafrecht, sowie Proceß erstreckt und eine genaue Kenntniß der Kosten- und Stempelgesetzgebung, der Vorschriften über die Obliegenheiten der Gerichtsschreiber,

---

[1] §§ 1, 5, 6 AV. v. 5. Sept. 1879 (JMBl. 1879 S. 317); § 2 Ges. v. 3. März 1879 (GS. 1879 S. 99).

[2] §§ 1, 3, 6 Ges. v. 3. März 1879 (GS. 1879 S. 99); §§ 5, 17 AV. v. 5. Sept. 1879 (JMBl. 1879 S. 317).

sowie der auf den Büreaudienst bezüglichen Geschäftsanweisungen erfordert.[3]

b) Gerichtsschreibergehilfen. Neben den Gerichtsschreibern können Gerichtsschreibergehilfen ernannt werden, welche zur Wahrnehmung der Gerichtsschreibergeschäfte befähigt sind. Dieselben müssen entweder die Prüfung ad a oder die Gerichtsschreibergehilfenprüfung bestanden,[4] das 21. Lebensjahr vollendet und ihrer Militärpflicht genügt haben oder für die Friedenszeit militärfrei sein.[5] Wenn Militäranwärter die Prüfung ad a nicht bestehen, so hat die Examinationscommission des Oberlandesgerichts zu prüfen, ob dem Candidaten die Kenntnisse innewohnen, welche für das Bestehen der Gerichtsschreibergehilfenprüfung erforderlich sind.

Militäranwärter können jedoch auch, wenn sie einen sechsmonatlichen Vorbereitungsdienst durchlaufen haben, sich zur Gerichtsschreibergehilfenprüfung melden. Zur Prüfung derartiger Candidaten werden bei den von den Vorstandsbeamten der Oberlandesgerichte bestimmten Landgerichten Commissionen aus Richtern und Staatsanwalten gebildet. Die Prüfung erstreckt sich darauf, ob die Anwärter für die Aufnahme von Gesuchen zu Protokoll des Gerichtsschreibers, für die Protokollführung bei den gerichtlichen Verhandlungen und im übrigen für die leichteren Zweige des Gerichtsschreiberdienstes, insbesondere für den Registraturdienst sowie für die Anfertigung einfacher Kostenliquidationen und einfacher Rechnungsarbeiten sich die erforderliche Kenntniß und praktische

---

[3] §§ 11—14 AV. v. 5. Sept. 1879 (JMBl. 1879 S. 317).

[4] §§ 4, 5 Ges. v. 3. März 1879 (GS. 1879 S. 99).

[5] § 18 AV. v. 5. Sept. 1879 (JMBl. 1879 S. 319).

Gewandtheit erworben haben.[6] Gerichtsschreibergehilfen, welche nicht die Prüfung ad a bestanden haben, sind nicht befugt, vollstreckbare Ausfertigungen und Zeugnisse zu ertheilen, welche sich auf die Rechtskraft der Urtheile beziehen (§ 646 Civilproceßordnung), die Geschäfte des Grundbuchführers wahrzunehmen, die zur Eintragung in das Handelsregister, das Genossenschaftsregister oder das Musterregister vor dem Amtsgericht zu erklärenden Anmeldungen, einschließlich der Zeichnung von Firmen und Unterschriften, sowie Wechselproteste aufzunehmen, Siegelungen, Entsiegelungen und Inventuren vorzunehmen und das durch Art. 784 des rheinischen Civilgesetzbuchs vorgeschriebene Register zu führen.[7] Auf diese Geschäfte und auf den Büreaudienst bei der Staatsanwaltschaft hat sich die Prüfung nicht zu erstrecken.[8]

c) Gerichtsvollzieher. Zu Gerichtsvollziehern können nur Personen ernannt werden, welche das 25. Lebensjahr vollendet, der Militärpflicht genügt haben oder für die Friedenszeit vom Militärdienste befreit sind, die erforderliche körperliche Rüstigkeit besitzen, sich in geordneten Vermögensverhältnissen befinden und entweder die Prüfung ad a oder die Gerichtsvollzieherprüfung bestanden haben.

Dieser Prüfung muß ein mindestens sechsmonatiger Vorbereitungsdienst bei einem Gerichtsvollzieher und einem Gerichtsschreiber eines Amtsgerichts vorhergehen.

Die Prüfungscommission wird bei den von den Vor-

---

[6] §§ 14, 19—21 AV. v. 5. Sept. 1879 (JMBl. 1879 S. 319).

[7] § 5 Ges. v. 3. März 1879 (GS. 1879 S. 99); §§ 69, 70 Ges. v. 24. April 1878 (GS. 1878 S. 230).

[8] § 21 AV. v. 5. Sept. 1879 (JMBl. 1879 S. 319).

standsbeamten des Oberlandesgerichts bestimmten Landgerichten aus Richtern und Staatsanwalten gebildet.

Die schriftliche Prüfung, welche der mündlichen vorangeht, besteht in unter Aufsicht zu leistenden Anfertigungen von Urkunden, deren Aufnahme in den Geschäftskreis des Gerichtsvollziehers fällt. Wenn diese Arbeiten völlig mißlingen, gilt die Prüfung als nicht bestanden. Anderenfalls findet die mündliche Prüfung statt, welche sich auf die Kenntniß sämmtlicher Zweige des Gerichtsvollzieherdienstes zu erstrecken hat.[9] Gemeinschaftlich für die drei Prüfungen sind die Bestimmungen, daß die geschäftliche Leitung der Prüfungscommissionen den Präsidenten der Gerichte zusteht, bei welchem sie gebildet sind, daß ferner die mündliche Prüfung von den Mitgliedern der Commission vorzunehmen sind, welchen die schriftlichen Arbeiten zur Begutachtung vorgelegen haben, daß die Candidaten Examinationsgebühren zahlen müssen und zwar den vollen Betrag auch in dem Falle, daß es nicht zur mündlichen Prüfung kommt.[10]

§ 31.

Mittheilungen an andere Behörden.

Der Staatsanwaltschaft ist die Verpflichtung auferlegt, in Strafsachen und in solchen Civilsachen, in denen sie mitzuwirken berechtigt ist, an andere Behörden besonders angeordnete Mittheilungen gelangen zu lassen. Derartige Mitthei-

[9] §§ 1, 2, 6—8, 10 der GVO. (JMBl. 1879 hinter S. 204).

[10] §§ 9, 12, 20 AV. v. 5. Sept. 1879 (JMBl. 1879 S. 317); §§ 6, 9 GVO. v. 14. Juli 1879 (JMBl. 1879 hinter S. 204; JMRescr. v. 23. August 1881 I, 3092).

lungen sind für die verschiedensten Stadien des Strafprocesses vorgeschrieben.

Es ist Mittheilung zu machen:

I. von Einleitung eines Vorverfahrens

a) dem Oberstaatsanwalt, welcher zur Herbeiführung des Widerrufs der Entlassung eines Strafgefangenen competent ist (§ 23 StGB.), wenn das Vorverfahren sich gegen einen vorläufig Entlassenen richtet, dessen Strafzeit noch nicht abgelaufen ist;[1]

b) dem Vorgesetzten einer dienstlich beleidigten oder körperlich verletzten Militärperson, wenn das Verfahren allein auf dem Antrage des Verletzten beruht;

c) dem zuständigen Vormundschaftsgerichte, wenn die Anzeige gegen Kinder im Alter von sechs bis zwölf Jahren sich richtet;

d) der Staatsanwalt, welcher eine inländische Zeitung wegen eines Artikels verfolgt, welcher einer anderen inländischen Zeitung entnommen ist, hat den Staatsanwalt des Bezirks, in welchem diese Zeitung erscheint, zu benachrichtigen. Dasselbe gilt, wenn ein strafbarer Artikel einer ausländischen Zeitung in mehreren inländischen Zeitungen erschienen ist;[2]

e) Es ist ferner in allen Preßstrafsachen über die Einleitung des Verfahrens dem Oberstaatsanwalt zu berichten.

Betreffen die Preßstrafsachen Majestätsbeleidigung, Beleidigung eines Mitglieds des Kgl. Hauses, Beleidigung der Staatsregierung oder eines Mitgliedes derselben, so ist von 4 zu 4 Wochen über Lage der Sache zu berichten.[3]

---

[1] AV. v. 23. Dez. 1871 (JMBl. 1871 S. 294).

[2] Rescr. v. 11. Novbr. 1865.

[3] Min.Rescr. v. 1. Febr. 1875 I, 451; Min.Rescr. v. 17. Jan. 1882 I, 150.

f) Die Staatsanwalte haben, wenn sie von einem Verbrechen Kenntniß erhalten, für welches das Reichsgericht in erster Instanz zuständig ist, dem Oberreichsanwalte Bericht zu erstatten.[4]

g) Ordnet das Gericht die Wiederaufnahme des Verfahrens und die Erneuerung der Hauptverhandlung an, so erhält jede Behörde, welcher von dem früheren rechtskräftigen Urtheile Mittheilung gemacht ist, Nachricht.

II. nach Abschluß eines Vorverfahrens.

a) Richtet sich das Vorverfahren gegen einen Beamten wegen angeblicher Ueberschreitung seiner Amtsbefugnisse oder Unterlassung einer Amtshandlung, so hat der Staatsanwalt, nachdem die erheblichen Thatsachen ermittelt sind, dem Oberstaatsanwalte die Akten zur Weiterbeförderung an die zur Erhebung des Conflikts zuständige Provinzial- oder Centralbehörde berichtlich einzureichen;[5]

b) in den Scrutinialsachen, welche die Ermittelung der Ursache eines Todesfalls zum Gegenstande haben,[6] hat der Staatsanwalt dem Standesbeamten schriftliche Mittheilung über den Sterbefall zu machen.[7] Diese Mittheilung resp. der Beerdigungsschein ist der zuständigen Polizeibehörde einzuhändigen und von dieser die Mittheilung an den Standesbeamten zu bewirken.[8]

III. von Einleitung einer Voruntersuchung,

a) im Falle ad I a;

---

[4] §§ 136, 147 [2] Ger.Verf.Ges.; (Löwe, Commentar zum GVG. S. 120 No. 7 b).

[5] Ges. v. 13. Februar 1854 (GS. 1854 S. 86); Rescr. v. 12. Mai 1854; AV. v. 3. Dez. 1860 ad 3 (JMBl. 1860 S. 426).

[6] § 157 StPO.

[7] §§ 58, 59 Ges. v. 6. Febr. 1875 (RGBl. 1875 S. 23).

[8] AV. v. 21. Juni 1875 (JMBl. 1875 S. 159); AV. v. 4. Mai 1878 (JMBl. 1878 S. 75).

b) wenn der Antrag gegen eine im militärpflichtigen Alter stehende Person sich richtet oder dieselbe im Laufe der Untersuchung dieses Alter voraussichtlich erreicht, so ist dem Civilvorsitzenden der Ersatzcommission des Aushebungsbezirks, in dem der Angeschuldigte gestellungspflichtig ist, Mittheilung zu machen;[9]

c) wenn der Antrag gegen einen Wehrmann, Reservisten oder Ersatzreservisten I. Klasse sich richtet, ist das die Controle ausübende Landwehrbezirkskommando zu benachrichtigen;

d) im Falle ad If.

IV. vom Ausfall der Untersuchung,

a) im Falle ad IIIb;

b) im Falle ad IIIc;

c) in den auf Metallgeld sich beziehenden Untersuchungen wegen Münzverbrechen oder Münzvergehen sind die Falsifikate nach beendeter Untersuchung der betreffenden Regierung (Hannover — Finanzdirektion) unter Bezugnahme auf das Gutachten der Münzdirektion zu übersenden;

d) lehnt der Staatsanwalt ab, auf Grund des Resultats bergpolizeilicher Untersuchungsverhandlungen Anklage zu erheben oder lehnt das Gericht die Eröffnung des Hauptverfahrens ab, so sind die Verhandlungen dem betreffenden Revierbeamten zurückzugeben.[10]

V. von der Verhaftung,

a) im Falle ad Ia;

b) erfolgt im Laufe der Untersuchung gegen einen im unmittelbaren oder mittelbaren Staatsdienste stehenden Beamten oder Offizier des Beurlaubtenstandes die Verhaftung

---

[9] AV. v. 12. Juli 1881 (JMBl. 1881 S. 159).

[10] Rescr. v. 24. März 1880 (Naumburg OStA).

des Beschuldigten, so ist der vorgesetzten Dienstbehörde resp. dem Landwehrbezirkskommando von Vollstreckung resp. Aufhebung des Haftbefehls sofort Mittheilung zu machen;

c) wenn der Haftbefehl einen Eisenbahnpolizei- oder Betriebsbeamten betrifft, ist, wenn der Erfolg dadurch nicht in Frage gestellt wird, der unmittelbar vorgesetzten Dienstbehörde schon vor Vollziehung der Verhaftung Mittheilung zu machen. Dasselbe gilt von Zwangsgestellungen dieser Personen.

VI. von Erhebung der Anklage,

a) im Falle ad III b, wenn ein Verbrechen oder Vergehen den Gegenstand der Untersuchung bildet.

b) im Falle ad III c.

VII. von der Eröffnung des Hauptverfahrens.

Ist dasselbe gegen einen im unmittelbaren oder mittelbaren Staatsdienste stehenden Beamten oder einen Offizier des Beurlaubtenstandes gerichtet, so muß der zunächst vorgesetzten Dienstbehörde des Angeklagten unter kurzer Angabe der Veranlassung oder unter Mittheilung der Anklageschrift Nachricht gegeben werden.[11]

Insbesondere:

Ist die Eröffnung des Hauptverfahrens beschlossen gegen	so ergeht die oben vorgeschriebene Mittheilung an
a.	
einen richterlichen Beamten,	den Landgerichts-Prisidenten event. den Oberlandesgerichts-Präsidenten und der Justizminister;

[11] Min.Rescr. v. 7. Juli 1881 I, 2676.

b.

einen richterlichen Beamten bei Auseinandersetzungsbehörden,	den Präsidenten der Generalcommission und den Minister für Landwirthschaft, Domainen und Forsten;

c.

einen richterlichen Beamten bei den Verwaltungsgerichten,	den Präsidenten der Regierung und den Minister des Innern;

d.

einen Beamten der Staatsanwaltschaft,	den Ersten Staatsanwalt event. den Oberstaatsanwalt und den Justizminister;

e.

einen Notar,	den Oberlandesgerichts-Präsidenten und den Justizminister;

f.

einen Rechtsanwalt,	den Oberlandesgerichtspräsidenten, den Oberstaatsanwalt und den Vorstand der Anwaltskammer;

g.

Geistliche und Kirchenbeamte — und wenn das Delikt mit den in den §§ 14, 33, 35 StGB. verzeichneten Strafen bedroht ist oder die Gesetze vom 11., 12., 13. Mai 1873 verletzt,	die geistlichen Obern (Superintendent, Dekan) den Oberpräsidenten der Provinz;

h.

Medizinalpersonen, die nicht Staatsbeamte sind,	die Regierung resp. Landdrostei;

i.

Lehrer an	
α) Gymnasien, Progymnasien, Realschulen,	α) das Provinzialschulcollegium;
β) sonstige Schulen,	β) die Regierung resp. Landdrostei;

gegen Elementarlehrer in Hannover außerdem an das Consistorium;

k.

vereidete Feldmesser, Baueleven, Bauführer und Baumeister,	die Regierung, in deren Bezirk der Wohnsitz liegt;
Ist der Beamte im Ressort der Auseinandersetzungsbehörden in Hannover oder dem Regierungsbezirk Cassel beschäftigt,	die Generalcommission;

l.

Eisenbahnbeamte	
α) der Privateisenbahnen	α) die Eisenbahncommissariate;
β) der Staatseisenbahnen und der unter Staatsverwaltung stehenden Privatbahnen,	β) die Kgl. Direktion (JMBl. 1880 S. 85) od. des Eisenbahnbetriebsamt AV. v. 6. Januar 1881 (JMBl. S. 6);

m.

betrifft das Hauptverfahren ein Münzverbrechen oder Vergehen hinsichtlich des Papiergeldes oder demselben gleichstehender Werthzeichen (§ 149 StGB.),	die Hauptverwaltung der Staatsschulden;

VIII. von dem gefällten Erkenntnisse,

a) sofort nach der Publikation

1. in den Fällen ad VII a—l;

2. in Zoll- und Steuerdefraudations- und Contraventionssachen der betreffenden Provinzialbehörde (Regierung resp. Provinzialsteuerdirektor);

3. in Untersuchungen wegen Grundsteuer- und Gebäudesteuerdefraudation dem Landrathe.

Zugleich ist mitzutheilen, ob die Einlegung eines Rechtsmittels in Aussicht genommen ist oder aus welchen Gründen dies unterbleibe;

4. in Disciplinarsachen sind auch die Gründe der Entscheidung mitzutheilen;

5. erfolgt in bergpolizeilichen Uebertretungssachen eine Freisprechung des Angeklagten, dem betreffenden Revierbeamten unter Darlegung der Gründe resp. Uebersendung einer Abschrift des Urtheils. Es ist dabei anzugeben, ob ein Rechtsmittel eingelegt worden oder aus welchen Gründen dies nicht geschehen sei;

b) nach Eintritt der Rechtskraft des Urtheils

1. dem Ersten Staatsanwalt des Landgerichts, in dessen Bezirke der Wohn- und Aufenthaltsort des Verurtheilten liegt durch beglaubigte Abschrift der Urtheilsformel,

welche den Namen, sämmtliche Vornamen des Verurtheilten, bei Ehefrauen und Wittwen auch den Vatersnamen, Stand oder Gewerbe, Wohnort oder Aufenthaltsort, Jahr und Tag der Geburt, den Geburtsort und die Religion enthalten muß.[12]

Die Staatsanwaltschaft hat diese Verpflichtung nur dann, wenn das betreffende Erkenntniß von der Strafkammer oder dem Schwurgericht I. Instanz gefällt ist.

Im Fall das Schöffengericht in I. Instanz erkannt hat, hat die Gerichtsschreiberei des Amtsgerichts die Verpflichtung zur Mittheilung;[13]

2. wenn das Erkenntniß einen vorläufig Entlassenen (§ 23 StGB.) betrifft, dem Oberstaatsanwalt, welcher die Entlassung eines Strafgefangenen hat eintreten lassen;

3. der Ortspolizeibehörde (Amtshauptmann, Amtmann, Hardesvogt, Kirchspielsvogt, Polizeiverwaltung, Amtsvorsteher, Distriktscommissar), in den landräthlichen Kreisen unter der Adresse des Landraths durch Abschrift des Strafbefehls oder der Urtheilsformel;

4. dem Kgl. Generalauditoriat, wenn gegen einen Offizier des Beurlaubtenstandes auf zeitigen Verlust der bürgerlichen Ehrenrechte (§§ 32—34 StGB.) oder eine härtere Strafe erkannt ist, durch beglaubigte Abschrift des Urtheils;

5. dem Generalkommando resp. dem Oberkommando der Marine, wenn gegen den Inhaber eines Civilversorgungs- oder Anstellungsscheins auf Unfähigkeit zur Bekleidung öffentlicher Aemter (§§ 35, 36, 81, 83, 87, 88, 89, 90, 94, 95, 358 StGB.) oder eine solche Strafe erkannt wird, welche für immer oder auf Zeit diese Unfähigkeit zur Folge hat

[12] AV. v. 7. Juli 1881 (JMBl. 1881 S. 152. Form. LXXIII).

[13] § 35 GeschO. für die Gerichtsschreibereien der Amtsgerichte (JMBl. 1879 S. 230).

(§ 31 StGB.) durch Abschrift der Urtheilsformel unter Beifügung des Civilversorgungsscheines;

6. der Kgl. Regierung des Wohnorts, in Ermangelung eines solchen, des Geburtsorts im Fall ad 5, wenn der Militairanwärter noch nicht versorgt ist, durch Abschrift der Urtheilsformel und Beifügung des dem Verurtheilten abzunehmenden Civilversorgungsscheins;[14]

7. dem Rektor der Universität, wenn gegen Studenten erkannt ist;

8. der Generalordenscommission zu Berlin, wenn der Verurtheilte in- oder ausländische Orden besitzt im Fall des § 33 StGB.;

9. dem Reichskanzler (auswärtiges Amt), wenn der wegen Verbrechens oder Vergehens Verurtheilte Brasilianer, Belgier, Italiener, Spanier, Luxemburger oder Schweizer ist, durch eine mittelst Begleitschreibens einzureichende Urtheilsformel nach dem Seite 257 JMBl. 1879 gegebenen Formulare;

10. im Fall ad VII m durch Abschrift der Urtheilsformel;

11. im Fall Staats- und Gemeinde- oder Corporationskassen an Entscheidungen ein rechtliches Interesse haben z. B. zur Begründung eines Regreßanspruchs oder bei Verurtheilungen wegen Post- und Portodefraudationen (RGBl. 1871 Seite 353) durch Abschrift der Urtheilsformel:

12. im Fall ad I h den früher benachrichtigten Behörden durch Abschrift der Urtheilsformel. Auch in dem Falle, daß wegen Todes des Verurtheilten ohne Erneuerung der Haupt-

[14] § 35 des Reglements über Civilversorgung vom 26. Juni 1867 (JMBl. 1867 S. 229).

verhandlung auf Feisprechung erkannt wird, ist Abschrift der Formel mitzutheilen (§ 411 StPO);

13. in Ehesachen dem Standesbeamten, vor welchem die Ehe geschlossen ist, durch Uebersendung einer Ausfertigung des mit dem Atteste der Rechtskraft versehenen Urtheils und der Generaldirektion der allgemeinen Wittwenkasse;

14. α. im Fall ad III b, auch wenn es sich nur um eine Uebertretung handelt, dem Civilvorsitzenden der Ersatzcommission des Aushebungsbezirks;[15]

β. im Fall ad III c dem Landwehrbezirkskommando, in dessen Controle der Angeklagte steht, durch Zusendung einer Abschrift der Urtheilsformel, wenn auf Zuchthaus oder auf Verlust der bürgerlichen Ehrenrechte erkannt ist;

15. im Fall eine durch einen Bergrevierbeamten geführte Untersuchung dem Staatsanwalte Veranlassung zur Erhebung der öffentlichen Klage gegeben hat, sind die Akten nach Aburtelung der Sache, sobald sie irgend entbehrlich sind, dem Revierbeamten zur Kenntnißnahme mitzutheilen;[16]

16. Im Fall ad I f.

IX. vom Strafantritt,

1. im Fall ad III b;

2. im Fall ad III c, wenn der Verlust der bürgerlichen Ehrenrechte für eine den Zeitraum von 3 Jahren nicht übersteigende Dauer ausgesprochen ist.

X. von der Strafvollstreckung resp. dem Erlaß der Strafe,

1. im Fall ad III b;

2. im Fall ad III c;

---

[15] AV. v. 12. Juli 1881 (JMBl. 1881 S. 159).

[16] Rescr. v. 24. März 1880 (OStA. zu Naumburg).

3. Geburten und Todesfälle, welche sich in Gefangenanstalten ereignen, sind dem Standesbeamten durch den Gefängnißvorsteher anzuzeigen und in die Anzeige, wenn dies möglich, die Notizen aufzunehmen, welche zur Beantwortung der Fragen unter Nr. 4 und 5 des § 59 des Gesetzes vom 19. Juli 1876 erforderlich sind;[17]

4. Wird eine Bevormundung in Folge eines gerichtlichen Verfahrens nöthig, so ist die Staatsanwaltschaft, wenn sie in dem Verfahren mitgewirkt hat, zur Benachrichtigung des Vormundschaftsgerichts verpflichtet (Hinrichtung, Wahnsinnigkeitserklärung, Verurtheilung eines Vormunds zum Verlust der bürgerlichen Ehrenrechte ꝛc.);[18]

5. Im Falle ein Strafgefangener gemäß ministeriellen Beschlusses vorläufig aus der Strafhaft entlassen wird, ist die geschehene Entlassung dem Oberstaatsanwalt anzuzeigen und der Polizeibehörde (Landrath) des Entlassungsortes Nachricht zu geben.[19] Die Quellen für den ganzen Inhalt des § sind, abgesehen von den im Texte angezogenen die AV. v. 25. August 1879 (JMBl. 1879 S. 251); Erlaß v. 22. März 1880 (JMBl. 1880 S. 58).

§ 32.

Statistik der Strafrechtspflege.

Die allgemeine Verfügung vom 20. October 1851 betreffend die Einreichung der Uebersichten und Tabellen über

---

[17] AV. v. 19. Juli 1876 (JMBl. 1876 S. 141); § 84 des Reglements für die Gefängnisse (JMBl. 1881 S. 50).

[18] § 16 Abs. 3 Ges. v. 5. Juli 1875 (GS. 1875 S. 434).

[19] Gem.Verf. v. 21. Januar 1871 (JMBl. 1871 S. 35).

den Zustand der Justizverwaltung (JMBl. 1851 S. 333) ist durch die allgemeine Verfügung vom 22. Dezember 1880 (JMBl. 1880 S. 337) außer Kraft gesetzt. Diese allgemeine Verfügung hat mit dem 1. Januar 1882 ihre Gültigkeit verloren, da Seitens des deutschen Reichs die Herstellung einer Statistik über die Resultate der Strafrechtspflege erfolgt ist.[1] Die Thätigkeit der Justizbehörden beschränkt sich auf die Ausfüllung von Zählkarten. Mit der tabellarischen Zusammenstellung der Ergebnisse ist das Kaiserl. Statistische Amt in Berlin befaßt.

Dasselbe versendet die Zählkarten nach Maßgabe des Bedarfs der einzelnen Landgerichtsbezirke an die Ersten Staatsanwalte, welche die weitere Vertheilung an die Amtsgerichte bewirken. Die Ausfüllung der Karten wird durch die Strafvollstreckungsbehörde — in landgerichtlichen Strafsachen die Staatsanwaltschaft, § 483 StPO. in amtsgerichtlichen Strafsachen durch den Amtsrichter[2] — angeordnet. Sie erfolgt durch das Sekretariat resp. die Gerichtsschreiberei. Für männliche Angeklagte sind weiße, für weibliche blaue Zählkarten zu verwenden (Form. LXXIV und LXXV). Jede Karte erhält links oben das Aktenzeichen und rechts oben die laufende Nummer für das Kalenderjahr. Die Statistik erstreckt sich nur auf Verbrechen und Vergehen gegen Reichsgesetze. Zuwiderhandlungen gegen die Vorschriften über die Erhebung öffentlicher Abgaben und Gefälle sind ausgeschlossen. Die ausgefüllten Zählkarten sind allvierteljährlich von den Amtsgerichten dem Ersten Staatsanwalte des Landgerichts in ver-

[1] Beschluß des Bundesrathes v. 5. Dezember 1881; AV. v. v. 21. Dezember 1881 (JMBl. 1881 S. 329).

[2] AV. v. 14. August 1879 I (JMBl. 1879 S. 237).

schlossenen Packeten zu übersenden. Dieser übersendet diese Packete und die im Sekretariate aufgestellten Zählkarten in ein Sammelpacket verschlossen und mit der Aufschrift: Zählkarten des Landgerichtsbezirks N. N. für das Quartal von . . . bis . . . . versehen, spätestens am 10. Tage des ersten Monats des nächsten Quartals dem Kaiserl. Statistischen Amte in Berlin Lützow-Ufer 7,8. Die Sendung erfolgt als Reichsdienstsache portofrei.

Die Ersten Staatsanwalte haben etwaigen Rückfragen, welche das Statistische Büreau an sie richtet, ungesäumt zu erledigen resp. die Erledigung durch den betreffenden Amtsrichter zu veranlassen.

Angabe der Rechtsquellen,

welche außer dem Allgem. Landrechte, der Allgem. Gerichtsordnung und der Preuß. Criminalordnung bei Abfassung vorstehenden Buches benutzt sind.

Die Zahlen bezeichnen die Seiten des Buches.

Sachregister.

Anhang.

Formulare.

Formular I.

Staatsanwaltschaft
bei dem Landgerichte.

, den ten 188

In der Strafsache
gegen
d

wegen

werden die von

gegen das Urtheil der Strafkammer des gerichts zu vom ten 188 eingelegte Revision die aus Band von Blättern bestehenden Akten in Gemäßheit des § 387 Abs. 2 der Strafprozeßordnung gehorsamst übersendet.

Nach Bl. ist das Urtheil in wesenheit de Angeklagten am ten 188 verkündet.

Das Urtheil ist zugestellt am ten 188 — Bl. —

Die Vollmacht des Vertheidigers zur Empfangnahme desselben befindet sich Bl.

Die Revisionsanträge sind am ten 188 eingegangen. — Bl. —

Eine Abschrift des angefochtenen Urtheils mit den diesseitigen Handakten ist hier beigefügt.

An
den Herrn Ober-Reichsanwalt
zu
Leipzig.

Form. Nr. 390.

Formular II.

Staatsanwaltschaft
bei dem Königl. Landgerichte.

, den ten 188

In der Strafsache
gegen

d

wegen

werden auf die von

gegen das Urtheil — der Strafkammer — des Königlichen gerichts — zu vom ten 18 eingelegte Revision die aus Band von Blättern bestehenden Akten in Gemäßheit des § 387 Abs. 2 der Strafprozeßordnung gehorsamst übersendet.

An
die Staatsanwaltschaft
bei dem Königl. Oberlandesgerichte
zu

Die Akten sind dem Herrn Vorsitzenden des Strafsenats zu übergeben.

, den ten 18

Form. Nr. 350.

Formular III. **Tage**

Jährlich fortlaufende Nummer.	Tag des Eingangs.	Aktenzeichen.	Name des Absenders.	Kurze Angabe des Inhalts der Schrift.
1.	2.	3.	4.	5.
1	10/2. 82	J. 2001/81.	Naumann, Amtsvorst. in Rabatz	c/a Ecke Sigl. v. 8/2. 82.
2	„	N. S.	Friesch, Tischlermstr. hier	c/a Peter Anz. v. 9/2. 82.
3	„	L I. 156/80.	Justiz-Ministerium	c/a John Marg. Rescr. v. 7/2. 82
4	„	N. S.	Berger, Buchbinder hier	c/a Recke Anz. v. 9/2. 82.
5	„	M II. 40/81.	Märker, Bergmann in Eisleben	c/a Märker Schreiben v. 8/2. 82.

Formular IV. **Register für**

Nummer.	Angefangen im Jahre	Bezeichnung der Akten.
1.	2.	3.

buch.

Name des Staatsanwalts.	Tag der Verfügung.	Jährlich fortlaufende Zahl der Anträge, welche sofort zurückgewiesen sind.	Jährlich fortlaufende Zahl der Anträge, welche sofort an die zuständige Behörde abgegeben sind.	der Berichte in Gnadensachen.	Zur weitern Erledigung an wen?	Zur weitern Erledigung Tag.	Als erledigt zu den Akten gebracht am
6.	7.	8. a.	8. b.	8. c.	9. a.	9. b.	10.
Müller	11/2. 82	.	.	.	Landger. Strafk.	11/2.	—
Else	10/2. „	1	.	.	„	„	11/2.
Derselbe	12/2. „	.	.	1	„	„	14/2.
Müller	10/2. „	.	1	.	Amtsanw. Gerbstedt	10/2.	„
Derselbe	12/2. „	.	.	.	.	„	12/2.

Form. Nr. 1.

General-Akten.

Anzahl der Bände.	Weggelegt im Jahre	Aufzubewahren bis	Bemerkungen.
4.	5.	6.	7.

Form. Nr. 2.

rmular V.

Montag, den 13. Februar 1882.

Termine. Geschäfts

Akten-zeichen.	Nummer des Tagebuchs.	Bezeichnung der Sache.	Terminsstunde.	Bezeichnung der Behörde, vor welcher der Termin ansteht.	Nummer des Tagebuchs, welche die Erledigung nachweist und Bemerkunge
2.	3.	4.	5.	6.	7.
L I. 149/80	4628	·/. Hansen	9	Strafkammer II hier	8931.
M I. 3/81	3201	·/. Kloppe	9 ½	"	8932.
M I. 6/81	3202	·/. Frauendorf & Gen.	9 ¾	"	8933.
N. 621/81	4511	·/. Leonhardt	9	Schöffengericht	8950.
N. 591/81	4512	·/. Krüger	9	"	8951.
N. 705/81	4513	·/. Reiche	9 ¼	"	8952.

:mular VI.

Register für Ehe- und

Aktenzeichen des Gerichts erster Instanz.	Name, Stand oder Gewerbe, Wohnort oder Aufenthaltsort des Klägers oder Antragstellers.	des Beklagten oder Gegners.	Sitz des Amtsgerichts.	Entmündigungssachen bei den Amtsgerichten. Entmündigung.	Wiederaufhebung der Entmündigung.	bei dem Landgericht. Anfechtung des Beschlusses auf Entmündigung.	Klagen auf Wiederaufhebung der Entmündigung.
2.	3. a.	b.	4.	5. a.	b.	c.	d.
E. 2/81	Flamming, Maria Christiana Friederike geb. Wisse, Wittwe in Halle	Flamming, Ida, unverehl. in Halle	Halle	1	.	.	
R.93/80	Justizrath Hirschfeld als beigeordn. Vertreter. d. verw. Frau Postillon Schuldt, Bertha geb. Zwenzig in Bitterfeld	Staatsanwaltschaft		.	.		1
	Brandis, Christian, Auszügler in Wahlitza	Brand, Johanne geb. Schulze i. Wahlitza	.	.	.	.	
E. 5/81	Stemmert, Karl, Buchhalter in Trotha	Stemmert, Emilie, aus Trotha	Halle	.	1	.	.

Montag, den 13. Februar 1882.

kalender.

Fristen.

Laufende Nummer.	Akten-zeichen.	Angeordnet laut Nummer.	Angeordnet laut Verfügung vom	Bezeichnung der Sache.	Befolgt oder erledigt laut Nummer.	Bemerkungen.
8.	9.	10.	11.	12.	13.	14.
1	K. 5/81	127	18/1	·/. Tieftrunk	4012	präcise.
2	L I. 12/81	482	14/1	·/. Unger	4013	
3	M I. 9/81	412	12/1	·/. Müller	4014	

Form. Nr. 3.

Entmündigungssachen.

Ehesachen. Klagen auf Richtigkeit der Ehe.	Ehesachen. Klagen auf Ungültigkeit der Ehe.	Ehesachen. Klagen auf Ehescheidung.	Ehesachen. Klagen auf Herstellung des ehelichen Lebens.	Der rechtskräftig gewordenen Entscheidung Tag.	Der rechtskräftig gewordenen Entscheidung Inhalt.	Akten sind weggelegt im Jahre	Akten sind aufzubewahren bis	Bemerkungen.
6. a.	b.	c.	d.	7. a.	b.	8. a.	b.	9.
.	.	.	.	9/4.	Entmündigung	1881	1887	
.	.	.	.	17/2.	zurückgewiesen	1881	1887	
.	.	1	.	27/10.	Ehe getrennt	1881	1887	
.	.	.	.	15/6.	Wiederaufhebung d. Entmündigung	1881	1887	

Form. Nr. 4.

Formular VII.

Register für Vor

Jährlich fortlaufende Nummer.	Name, Stand oder Gewerbe Wohnort oder Aufenthaltsort des Beschuldigten.	Tag der Verfügung des Staatsanwalts auf: Erforschung des Sachverhalts.	Tag der Verfügung des Staatsanwalts auf: Einstellung des Verfahrens.	Abgabe der Akten an einen Amtsanwalt: Sitz des Amtsanwalts	Abgabe der Akten an einen Amtsanwalt: Tag der Abgabe mit Anklageschrift.	Abgabe der Akten an einen Amtsanwalt: Tag der Abgabe ohne Anklageschrift.	Erhebung der Anklage bei einem Amtsgericht: Sitz des Amtsgerichts.	Erhebung der Anklage bei einem Amtsgericht: Tag der Anklageschrift.	Das Amtsgericht hat beschlossen: Eröffnung des Hauptverfahrens. (Aktenzeichen.)	Das Amtsgericht hat beschlossen: Nichteröffnung des Hauptverfahrens am
1.	2.	3. a.	3. b.	4. a.	4. b.	4. c.	5. a.	5. b.	5. c.	5. d.
1	Kornig, Carl, Fuhrmann in Delitzsch	28/1.	.	.	.	.	.	.	.	.
2	Capper, Emil, Schriftsetzergehilfe hier	27/1.	.		.	.	Halle a/S.	10/2.	N. 84/81.	.
3	Gast, Tapezierer hier	28/1.	18/2.	.	.	.		.		.
4	Müllert, Herm., Knabe zu Wippra	1/2.	.	Wippra	.	1/4.		.		.
5	Bojacki, Sattlermeister in Klein-Prostitz	7/2.	.	.	.	.		.		.

Formular VIII.

Das Strafprozeß

Tag des Eröffnungs-Beschlusses.	Nummer des Registers für Vorverfahren.	Name, Stand oder Gewerbe, Wohnort oder Aufenthaltsort des Angeklagten.	Strafthat.	Jährlich fortlaufende Nummer. Das Hauptverfahren ist eröffnet vor: K. dem Schwurgericht.	L.¹ der Strafkammer wegen Verbrechen.	M¹. der Strafkammer wegen Vergehen.	L². der auswärtigen Strafkammer wegen Verbrechen.	M². der auswärtigen Strafkammer wegen Vergehen.
1.	2.	3.	4.	5. a.	5. b.	5. c.	5. d.	5. e.
26. 4. 81.	J 53/81.	Müllert, Paul Otto, Kaufmann hier	Strafbarer Eigennutz	.	.	90	.	.
30. 4. 81.	J 864/81.	Bederle, August, Arbeiter in Hettstedt	Diebstahl im Rückfalle	.	.	.	37	.
4. 9. 81.	J 2140/81.	Grosser, Eduard, Arbeiter in Merseburg	Wissentlich falsche Anschuldigung	.	.	81	.	.
9. 9. 81.	J 1218/81.	Schmidtel, Friederike, geb. Roeser, verehelichte Schuhmacher in Hettstedt	Meineid	50	.	.	.	.
21.10.81.	J 2351/81.	Barther, Franz, Arbeiter in Brachstedt	Diebstahl im wiederholten Rückfalle	.	176	.	.	.
25.10.81.	J 1078/81	Rümpfe, Therese, geb. Klemmer, verehel. Bäckermeister in Brehna	Meineid	51	.	.	.	

…fahren. J.

Die Voruntersuchung ist eröffnet am	Sitz des Amtsgerichts, dem die Führung der Voruntersuchung übertragen ist.	Antrag der Staatsanwaltschaft bei der Strafkammer	Die Strafkammer hat beschlossen: Eröffnung des Hauptverfahrens. (Aktenzeichen oder Sitz des Schöffengerichts.)	Die Strafkammer hat beschlossen: Nichteröffnung des Hauptverfahrens am	Akten sind weggelegt im Jahre	Akten sind aufzubewahren bis	Bemerkungen.
7.	8.	9.	10. a.	10. b.	11. a.	11. b.	12.
.	.	19/2. 82. Auf Eröffnung des Hauptverfahrens	Delitzsch	.	.	.	An den Amtsanw. zu Delitzsch am 1/3. 82.
.	.	.	.	.	.	.	
.	.	.	.	.	1881	1887	
.	.	.	.	.	.	.	
.	.	17/2. 82. Auf Eröffnung des Hauptverfahrens	M.I.N.19/81.	.	.	.	Form. Nr. 5.

…ister. K. L. M.

…ndet …ter …nz ohne Urtheil.	…ndet in der Revisions-Instanz	Des rechtskräftig gewordenen Urtheils Tag	Des rechtskräftig gewordenen Urtheils Inhalt.	Tag der Rechtskraft.	Die Geldstrafe ist gezahlt am.	Die Freiheitsstrafe ist angetreten am.	Akten sind weggelegt im Jahre	Akten sind aufzubewahren bis	Bemerkungen.
6. b.	c.	7. a.	b.	8.	9. a.	b.	10. a.	b.	11.
.	.	22/5. 81.	10 Mk. Geldstrafe ev. Tage Gefängniss	22/5. 81.	3/6. 81.	.	1881	3/6. 1886.	
.	.	14/6. 81.	3 Monate Gefängniss u. 1 Jahr Ehrverlust	22/6 81.	.	3/7. 81.	1881	3/10. 1886.	
1[1].	.	.	.	.	.	.	1881	1886	Angeklagter ist verstorb.
.	K	10/11. 81.	3 Jahr Zuchthaus u. 5 Jahr Ehrverlust	3/12. 81.	.	3/12. 81.	1882	3/12. 1889.	
.	.	16/11. 81.	4 Monate Gefängniss	24/11. 81.	.	13/12. 81.	1881	13/4. 1887.	
.	.	19/11. 81.	2 Jahre Zuchthaus	19/11. 81.	.	11/11. 81.	1882	11/11. 1888.	
									Form. Nr. 6.

Formular IX.

Strafprozeß

Jährlich fortlaufende Nummer.	Tag des Eröffnungsbeschlusses	Nummer des Registers für das Vorverfahren.	Name, Stand oder Gewerbe, Wohnort oder Aufenthaltsort des Angeklagten.	Sitz des Amtsgerichts.	Aktenzeichen des Amtsgerichts.	Strafthat	Strafbefehle: Erlaß des Strafbefehls ist beantragt am	Der Strafbefehl ist erlassen am	Einspruch ist erhoben am
1.	2.	3.	4.	5.	6.	7.	8. a.	b.	c.
1	15/1. 80.	1/80.	Mullert, Robert, Bäcker aus Oberröblingen	Halle a/S.	D. 4/80.	Unterschlagung	.	.	.
2	17/1. 80.	960/79.	Backe, Louis, Kaufmann hier	Dasselbe	D. 6/80.	Widerstand gegen die Staatsgewalt	.	.	:

Formular X.

Verzeichniß der

Laufende Nummer.	Name, Stand und Gewerbe, sowie Wohnort oder Aufenthaltsort des Verurtheilten.
1.	2.
1	Schundt, Friedrich Wilhelm, Bäcker aus Cröllwitz
2	Mütter, August, Kellner aus Döbernitz

liste. N.

Beendigt					Des rechtskräftig gewordenen Urtheils oder Strafbefehls		Akten sind		Bemerkungen.
in der ersten Instanz			in der Berufungs-Instanz.	in der Revisions-Instanz.					
durch Strafbefehl	durch Urtheil.	auf andere Art.			Tag.	Inhalt.	weg-gelegt im Jahre	auf-zube-wahren bis	
9.					10.		11.		12.
a.	b.	c.	d.	e.	a.	b.	a.	b.	
.	D.	.		.	12/1.	12 Mk. Geldbusse ev. 4 Tage Gefängniss	1880.	1886.	
.	.	.	O.17/80.	.	14/7.	30 Mk. ev. 3 Tage Gefängniss	1880.	1886.	

Form. Nr. 7.

bestraften Personen.

Die Strafsache ist zu finden				Bemerkungen.
in dem Strafprozeß-Register		in den Sammel-Akten		
Jahr.	Buchstabe und Nummer.	Band.	Blatt.	
3.				4.
a.		b.		
1880	K. 4.			
		IV.	156	

Form. Nr. 8.

Formular XI.

Tenorsabschrift.

In der Strafsache

gegen

d

wegen

hat

zu am ten 188 für Recht erkannt

Die Richtigkeit der Abschrift der Urtheilsformel wird beglaubigt und die Vollstreckbarkeit des Urtheils bescheinigt.

, den ten 188

....

Gerichtsschreiber des Königlichen Landgerichts.

Form. Nr. 266.

Formular XII.

Das Register für

Jährlich fortlaufende Nummer.	Des Amtsgerichts Sitz	Des Amtsgerichts Akten-zeichen.	Name, Stand oder Gewerbe, Wohnort oder Aufenthaltsort des Angeklagten.	Des Urtheils erster Instanz Tag.	Des Urtheils erster Instanz Inhalt.
1.	2. a.	2. b.	3.	4. a.	4. b.
1	Alsleben	D. 4/79	Rotte, Dorothee, Dienstmagd aus Polleben	11/12. 79	Freisprechung.
2	Loebejün	D. 5/79	Beckert, Emil, Bierbrauer in Loebejün	11/12. 79	Der Beleidigung schuldig deshalb 25 Mk. Geld busse, event. 1 Woche Gefängniss.
3	Halle a./S.	D. 115/79	Meyerle, Elisabeth, unverehel., Hier	10/12. 79	Des Betrugs schuldig deshalb 3 Tage Gefängniss

Formular XIII.

Das Register für

Jährlich fortlaufende Nr.	Tag des Er-suchens.	Ersuchende Behörde.	Bezeichnung der Sache.	Bezeichnung der Geschäftsnummer der ersuchenden Behörde.	Inhalt des Ersuchens.
1.	2.	3.	4.		5.
1	30/1. 81	Amtsgericht Leipzig	c/a. den Oeconom Franz Köhlman in Haynich	S. A. II. 304/81. No. 17.	Vollstreckung von 6 Wochen Gefängniss an Köhlmann
2	15/12. „	Staatsanwalt Halberstadt	Schappaelle, Fritz, Uhrmacher i. Seusa	L. 88/81.	9 Monat Gefängniss

Berufungen.

Die Berufung hat eingelegt	Erledigung in der Berufungs-Instanz			Des Urtheils zweiter Instanz		Abgabe der Akten		Bemerkungen.
	durch Urtheil auf sofortige Verwerfung der Berufung.	durch anderes Urtheil.	ohne Urtheil.	Tag.	Inhalt.	an	Tag.	
5.	6. a.	b.	c.	7. a.	b.	8. a.	b.	9.
Amtsanwalt	.	.	D.	.	.	Amtsanwalt Alsleben	29/1.80	
Angeklagter	D.	.	.	13/3.80	Verwerfung der Berufung	Amtsanwalt Loebejün	3/4. 80	
Angeklagter	.	D.	.	24/1.80	Freisprechung	Amtsgericht hier	5/2. 80	

Form. Nr. 9.

Rechtshilfesachen.

Angaben über die getroffenen Anordnungen.	Erledigt		Bemerkungen.
	durch Abgabe der Schriftstücke. Name der Behörde und Tag der Absendung.	auf andere Weise am:	
6.	7. a.	b.	8.
—	31/1 zur Erledigung	Amtsgericht Delitzsch	
23/12 Strafvollstreckung	11/1. 82 zurück	Staatsanwalt Halberstadt	

Form. Nr. 10.

Formular XIV.

Liste der Ueberführungsstücke.

Jährlich fortlaufende Nummer.	Tag des Eingangs.	Bezeichnung der Strafsache.	Aktenzeichen	Gegenstand.	Empfangs-Bekenntniß.	Bemerkungen.
1.	2.	3.	4.	5.	6.	7.

Formular XV.

Königliches Amtsgericht. den ten . 188

D

ist durch rechtskräftige Erkenntniß — Strafbefehl vom ten 188 wegen

zu einer Geldstrafe von M. ₰
welcher im Unvermögensfalle
substituirt
verurtheilt worden.

Die entstandenen Kosten betragen " "
D ꝛc. schuldet hiernach zusammen M. ₰

Die Gerichtsschreiberei des Königlichen Amtsgerichts ersuchen wir unter Anschluß der Kostenrechnung für den Zahlungspflichtigen bei Ueberweisung vorgedachten Betrages zur eigenen Verrechnung und unter Uebersendung einer mit der Bescheinigung der Vollstreckbarkeit versehenen beglaubigten Abschrift de Urtheilsformel — Strafbefehls — ergebenst, von de Verurtheilten die Strafe nebst Kosten von zusammen M. ₰ durch Zwangsvollstreckung einzuziehen und uns von dem Ausfalle gefälligst zu benachrichtigen.

Falls die Geldstrafe wegen Zahlungsunfähigkeit de Debent nicht beizutreiben sein sollte, wird gebeten, die Requisition an das Königliche Amtsgericht, welches um Vollstreckung der substituirten Freiheitsstrafe und Benachrichtigung ersucht wird, abzugeben.

An

die Gerichtsschreiberei

des Königlichen Amtsgerichts

zu

Formular XVI.

Empfangen am .... 18 .. No......... des allgemeinen Dienstregisters.

Zurückgegeben am 18

.... Gerichtsvollzieher.

Beitreibungsliste.

Die umstehend genannten Personen haben nach den wider sie ergangenen rechtskräftigen Entscheidungen die bei den einzelnen Namen verzeichneten Geldstrafen zu entrichten.

D............... .... in .... hat die Beitreibung angeordnet.

Der Gerichtsvollzieher Herr .... wird beauftragt, die beigefügten Kostenrechnungen auszuhändigen, die in der Beitreibungsliste verzeichneten Geldbeträge (Geldstrafen, Werthsersatzgelder und Kosten) einzufordern, nöthigenfalls im Wege der Zwangsvollstreckung beizutreiben und die erhobenen Beträge an .... in .... oder, soweit dieselben dritten Berechtigten gebühren, an diese unmittelbar abzuliefern.

Dieser Auftrag ist binnen .... zu erlegen.

..............., den 18

....

Form. Nr. 7.

Durch das Etatsjahr fortlaufende Nummer.	Geschäfts-Nummer.	Des Forstdiebstahlverzeichnisses Nummer.	**Des Zahlungspflichtigen** Name, Stand oder Gewerbe, Wohn- oder Aufenthaltsort.	**Es sind einzuziehen:**			
				im Ganzen nach dem Strafbefehl oder der Kostenrechnung	Darunter sind enthalten:		
					Schreibgebühren bei dem Amtsgericht (Kostenrechnung Spalte 4)	Geldstrafen ꝛc. (Kostenrechnung Spalte 5)	Geldstrafen ꝛc. und Gebühren für andere Berechtigte (Kostenrechnung Spalte 7)
				M. ₰	M. ₰	M. ₰	M. ₰
1.	2.	3.	4.	5. a.	b.	c.	d.

Name des Berechtigten zu Spalte 5 d.	In das allgemeine Dienstregister des Gerichtsvollziehers (Spalte 9) einzustellende Gebühren, Vergütungen und baare Auslagen.				Der Gerichtsvollzieher hat eingezogen:				Empfangsbekenntniß durch Namensschrift des Berechtigten (Spalte 6) oder Hinweis auf die Quittung.	Es sind nicht zu erlangen gewesen:	
					für die Staatskasse einschließlich der in Spalte 7 bezeichneten Beträge, welche in den Ablieferungsschein einzustellen:			für andere Berechtigte			
	Gebühren für den Akt M. ₰	Schreibgebühren M. ₰	Reisekosten M. ₰	Sonstige baare Auslagen M. ₰	Kosten (5a u. 7) M. ₰	Schreibgebühren bei dem Amtsgericht (5 b) M. ₰	Strafen (5 c) M. ₰	M. ₰		Kosten- und Werthsersatzgelder M. ₰	Geldstrafen M. ₰
6.	7. a.	7. b.	7. c.	7. d.	8. a.	8. b.	8. c.	8. d.	9.	10. a.	10. b.

Form. Nr. 5.

Formular XVII.

Etatsjahr 1.

Kostenregister

(No.) Register No. (bis)

für die Steuerhebestelle zu ....

über die

derselben in der Zeit vom .... *bis* ....

überwiesenen Gerichtskosten.

Hierbei Anlagen

Gerichtsschreiberei

de Königl. .... gerichts

....

Form. Nr. 1.

Durch das Etats-jahr fort-laufende Num-mer.	Ge-schäfts-Num-mer der Kosten-rechnung.	Name, Stand und Wohnort der Zahlungspflichtigen.	Name des zweiten Kostenschuldners, im Falle beschränkter Mit-haft mit Angabe des Betrages, im Falle die Angabe vorbehalten ist, ein Vermerk darüber.	Bezeichnung der Rechtsangelegen-heit, in welcher die Kosten enstanden sind.	Tag, an wel-chem die Kosten-rechnung dem Zah-lungs-pflich-tigen mit-getheilt ist.	Es fin… zu e… hebe… M.
a.	b.	c.	d.	e.	f.	1.
		Uebertrag				

Es sind					Es sind zu verrechnen als:							Umschreibungen aus Spalte 2 in die Spalten 3 bis 8.	Bemerkungen (über die Vermögenslage Zahlungspflichtiger u. s. w.)
aar ein-gangen		nieder-geschlagen		Zum Verzeichniß der Reste übertragen.	der Staatskasse verbleibende Gelder				durchlaufende Gelder				
Be-ag.	Einnahme-Journal-Nummer.	Betrag.	Niederschlagungsregister-Nummer.		Gerichtskosten und Auslagen.	Stempel.	Schreibgebühren bei dem Amtsgericht.	Strafen, welche der Kasse verbleiben	Kalkulaturgebühren.	Andere durchlaufende Gelder.	Name des Empfangsberechtigten.		
₰		M. ₰		M. ₰	M. ₰	M. ₰	M. ₰	M. ₰	M. ₰	M. ₰		M. ₰	
1 a.		1 b.		1 c.	2.	3.	4.	5.	6.	7.	8.	9.	g.

Formular XVIII.

Bei allen Eingaben ist das nachstehende Aktenzeichen anzugeben.

In der Strafsache

gegen

d.

wegen

werden Sie geladen, Sich zum Antritt der durch vollstreckbares Urtheil de

vom ten 188 gegen Sie erkannten

strafe von — am ten 188

— binnen — in dem

gefängniß

zu melden, widrigenfalls gegen Sie ein Vorführungs- oder Haftbefehl, nach Lage der Sache auch ein Steckbrief erlassen werden wird.

, den ten 188

Königliche Staatsanwaltschaft.

An

Form. Nr. 354.

Formular XIX.

Bei allen Eingaben ist das nachstehende Aktenzeichen anzugeben.

Haftbefehl.

D

behufs Vollstreckung der durch vollstreckbares Urtheil d

vom ten 188 gegen wegen
erkannten strafe von
— da sich auf die ergangene Ladung zum Antritt der Strafe nicht gestellt ha ,
— da der Flucht verdächtig , — zu verhaften.

den ten 188

Königliche Staatsanwaltschaft.

Form. Nr. 355.

Formular XX.

Bei allen Eingaben ist das nachstehende Aktenzeichen anzugeben

Steckbrief.

Gegen d unten beschriebene

welche — flüchtig ist — sich verborgen hält —, soll eine durch vollstreckbares Urtheil des Königlichen Gerichts — der Strafkammer bei dem Königlichen Amtsgerichte — zu vom ten 188 erkannte strafe von vollstreckt werden. Es wird ersucht, d selbe zu verhaften und in das gefängniß zu abzuliefern.

, den ten 188.

Königliche Staatsanwaltschaft.

Beschreibung:

Alter: Jahre.	Größe: m.
Statur:	Haare:
Stirn:	Bart:
Augenbrauen:	Augen:
Nase:	Mund:
Zähne:	Kinn:
Gesicht:	Gesichtsfarbe:
Sprache:	
Kleidung:	
Besondere Kennzeichen:	

Form. Nr. 356.

Formular XXI.

Staatsanwaltschaft , den ten 18
bei dem Königlichen Landgerichte.

In der Strafsache gegen d

wird die Staatsanwaltschaft auf Grund des Urtheils de

zu vom ten 18
unter Uebersendung einer mit der Bescheinigung der Vollstreckbarkeit versehenen beglaubigten Abschrift der Urtheilsformel ergebenst ersucht, die Ergreifung de

zum Zwecke der Strafverbüßung und die Ablieferung de selben an

herbeizuführen.

An
die Staatsanwaltschaft
bei dem Landgerichte
zu

Formular Nr. 360.

Formular XXII.

Staatsanwaltschaft
bei dem Königlichen Landgerichte. , den ten 188

In der Strafsache gegen d

wegen
wird die Staatsanwaltschaft auf Grund des Urtheils de

zu
vom ten 188 , unter Uebersendung einer mit der Bescheinigung der Vollstreckbarkeit versehenen beglaubigten Abschrift der Urtheilsformel, ergebenst ersucht, die Vollstreckung der gegen d

erkannten Freiheitsstrafe herbeizuführen.

An
die Staatsanwaltschaft
bei dem Landgerichte
zu

Form. Nr. 359.

Formular XXIII.

den . . . 188

D Königliche .. . .

wird ergebenst ersucht, gegen d

welche angewiesen ist, sich binnen zum Strafantritt zu melden, die durch vollstreckbares Urtheil des
vom ten 188 wegen

festgesetzte Strafe von . . ..

. . . .

zu vollstrecken und vom Antritt und Ablauf derselben gefälligst Nachricht zu geben.

Beglaubigte Abschrift der Urtheilsformel mit Vollstreckbarkeitsbescheinigung liegt bei.

Königliche Staatsanwaltschaft.

An
d Königliche
zu

Form. Nr. 16.

Formular XXIV.

Staatsanwaltschaft . . . ., den 188
bei dem Königl. Landgericht.

Die Polizei-Verwaltung wird ergebenst ersucht, d in dem hiesigen Gefängnisse detinirte Verurtheilte . . . .

. . . .

nach der Strafanstalt . . . .

. . . .

gefälligst transportiren zu lassen.

Die zu diesem Zweck erforderlichen Papiere, als:

1., ein Transportfähigkeits-Attest,
2., ein Signalement nebst Kleiderverzeichniß,
3., das gewöhnliche Begleitschreiben nebst Einlagen

sind hier beigefügt.

An
die Polizei-Verwaltung
hier.

Form. Nr. 14 c.

Formular XXV.

Staatsanwaltschaft ...., den 188
bei dem Königl. Landgericht.

Durch vollstreckbares Urtheil des Königlichen .... gerichts ....
.... vom ....
ist ....
....
wegen ....
zu einer Zuchthausstrafe von ....
....
verurtheilt worden.

Die Königliche Direktion der Strafanstalt wird hierdurch ergebenst ersucht, d Verurtheilte zur Verbüßung der erkannten Strafe anzunehmen.

Zu diesem Zwecke wird

1., eine Aktennotiz über die persönlichen Verhältnisse de Verurtheilten,
2., ein Signalement nebst Kleiderverzeichniß,
3., beglaubigte Abschrift der Urtheilsformel des Erkenntnisses mit Vollstreckbarkeitsattest,
4., ein Attest über die Vermögensverhältnisse de Verurtheilten

mit dem Ersuchen beigefügt, über den Erfolg der Ablieferung die gewöhnliche Bescheinigung baldgefällig hierher mitzutheilen.

Die Strafzeit de Verurtheilten ist vom ....
....
zu rechnen.

An
die Königliche Direktion der Straf-Anstalt
zu

Form. Nr. 14 a.

Formular XXVI.

Charakteristik

de...

Aufgestellt................................den................................188

I. Vor- und Zuname de....... Verurtheilten.	
II. Geburtsort.	
III. Jahr und Tag der Geburt.	
IV. Glaubensbekenntniß.	
V. Familienverhältnisse.	
VI. Erlernte Handwerks- oder Kunstfertigkeit; wirklich betriebene Gewerbe- und Nahrungszweige; Stand oder Lebensart.	
VII. Vermögensverhältnisse.	
VIII. Gegenwärtiger Gesundheitszustand.	
IX. Frühere Verbrechen oder Vergehen, Untersuchungen, Verurtheilungen und wirklich erlittene Strafen.	
X. Sonstige bemerkenswerthe Erscheinungen aus dem Leben de...... Verurtheilten.	
XI. Letztes gesetzliches Domizil.	
XII. Jetzt zu ahndende Gesetzes-Uebertretungen und desfalls zuerkannte Strafen.	

Form. Nr. 83 b.

Formular XXVII.

Daß d...

....

.... vermögend und zur Zahlung von Detentions-Kosten

.... Stande ist, wird hierdurch attestirt.

...., den......................................188

Staatsanwaltschaft bei dem Königl. Landgericht.

Attest.

Form. Nr. 14 b.

Formular XXVIII.

Signalement.

1. Aeußere Gestalt.

Größe: Meter Ctm.

Haare } Form:
Farbe:

Stirn:
Augenbrauen:
Augen:
Nase:
Mund:
Zähne:
Bart:
Kinn:
Gesicht:
Gesichtsfarbe:
Gestalt:
Füße:
Hände:
Besondere Zeichen:

2. Persönliche Verhältnisse.

Geburtsort:
Wohnort:
Alter:
Religion:
Gewerbe:
Sprache:
Eigene Handschrift:

Entlassungs-Ausweis.

Vorzeiger dieses, d nebenstehend signalisirte Strafgefangene

von Königlichen zu
wegen

zu einer strafe von Jahren Monaten verurtheilt und am zur Strafverbüßung eingeliefert, ist auf Grund Beschlusses des Königl. Justiz-Ministeriums in Gemäßheit des § 23 des Strafgesetzbuchs unter dem heutigen Tage der Haft vorläufig entlassen worden. D selbe hat sich über

nach Kreis
zu begeben, woselbst binnen einzutreffen und nach vorgängiger Meldung bei der Ortspolizeibehörde Aufenthalt zu nehmen hat.

Die gegen d ꝛc. festgesetzte Strafzeit läuft, falls ein Widerruf der Entlassung nicht erfolgt, am ab.

, den 188

(L. S.)

Königliche

Gefängnißvorsteher.

Vorstehende Abschrift wird hierdurch zur Nachricht mitgetheilt.

, den 188

An

d

zu

Königliche.

Form. Nr. 55.

Formular XXIX.

Signalement.

1. Aeußere Gestalt.

Größe: Meter Ctm.
Haare } Form:
Farbe:
Stirn:
Augenbrauen:
Augen:
Nase:
Mund:
Zähne:
Bart:
Kinn:
Gesicht:
Gesichtsfarbe:
Gestalt:
Füße:
Hände:
Besondere Zeichen:

2. Persönliche Verhältnisse.

Geburtsort:
Wohnort:
Alter:
Religion:
Gewerbe:
Sprache:
Eigene Handschrift:

Form. Nr. 54.

Entlassungs-Ausweis.

Vorzeiger dieses, d neben- stehend signalisirte Strafgefangene

von Königlichen zu wegen

zu einer strafe von Jahren Monaten verurtheilt und am zur Strafverbüßung ein- geliefert, ist auf Grund Beschlusses des Königl. Justiz-Ministeriums in Gemäßheit des § 23 des Straf- gesetzbuchs unter dem heutigen Tage der Haft vorläufig entlassen worden. D selbe hat sich über ..

nach Kreis zu begeben, woselbst binnen einzutreffen und nach vorgängiger Meldung bei der Orts- polizeibehörde

Aufenthalt zu nehmen hat.

Die gegen d ꝛc. festgesetzte Strafzeit läuft, falls ein Widerruf der Entlassung nicht er- folgt, am ab.

... , den 188

Königliche

Gefängnißvorsteher.

Verhaltungs-

Verhaltungsvorschriften

für vorläufig entlassene Strafgefangene.

1. Der vorläufig entlassene Strafgefangene steht unter specieller polizeilicher Kontrole und hat sich allen Maßregeln, welche die Ortspolizeibehörde zur Ausübung der letzteren vorzuschreiben für angemessen erachtet, unweigerlich zu fügen.
2. Der Entlassene darf ohne ortspolizeiliche Erlaubniß den Entlassungs- oder späteren Aufenthalts-Ort auf länger als 48 Stunden nicht verlassen und an einem anderen Orte nicht ohne Erlaubniß der Ortspolizeibehörde dieses letzteren auf länger als 48 Stunden Aufenthalt nehmen.

   Die ortspolizeiliche Erlaubniß zum Verlassen des Entlassungs- oder späteren Aufenthalts-Ortes, sowie zu jedem neuen Aufenthalte ist unter persönlicher Gestellung vor die Ortspolizeibehörde und Vorzeigung des Entlassungsausweises nachzusuchen.
3. Entlassene Strafgefangene, welche an dem Entlassungsorte innerhalb der vorgeschriebenen Frist nicht eintreffen, oder sich demnächst ohne ortspolizeiliche Erlaubniß auf länger als 48 Stunden von demselben oder von dem späteren Aufenthaltsorte entfernen, oder von der erhaltenen Erlaubniß, sich an einen anderen Ort begeben zu dürfen, nicht in der vorgeschriebenen Weise Gebrauch machen, haben sofortige steckbriefliche Verfolgung, resp. nach Lage der Umstände den Widerruf der Entlassung zu gewärtigen. Der letztere kann auch erfolgen, wenn der Entlassene ohne ortspolizeiliche Erlaubniß einen neuen Aufenthalt nimmt.
4. Der Widerruf ist außer in den vorstehend bezeichneten Fällen zu gewärtigen, wenn der Entlassene
   a) sich arbeitsscheu oder trunkfällig zeigt, oder durch sonstiges ungeordnetes Verhalten Anstoß giebt,
   b) mit übelberüchtigten Personen Umgang pflegt oder bei denselben Wohnung nimmt, oder
   c) einen bestimmten Lebenserwerb nicht nachzuweisen vermag.

Formular XXX.

In den Strafprozeßakten c/a .... , den 188

An Bureaustelle wird de aus dem Gefängnisse vorgeführten Strafgefangenen ...
. zu Protocoll eröffnet:
daß laut Justiz-Ministerial-Rescripts vom . ...
in Gemäßheit der §§ 23 und folgende des Strafgesetzbuches **nur mit Vorbehalt des Widerrufs in seine Heimath entlassen werde** und daß die Wiedereinlieferung zur Abbüßung des bei der Entlassung unvollstreckt gebliebenen Theils der urtheilsmäßigen Strafzeit zu gewärtigen habe, falls bis zum Ablaufe der letzteren sich einer schlechten Führung schuldig mache und den ertheilten Verhaltungsvorschriften zuwider handeln sollte.

Comparent wird sodann mit dem vorschriftsmäßigen Entlassungs-Ausweise versehen und angewiesen, denselben beim Eintreffen im Bestimmungsorte an die Polizei-Behörde daselbst sofort vorzuzeigen, auch die auf der Rückseite des Entlassungsausweises abgedruckten Vorschriften über das Verhalten vorläufig entlassener Strafgefangenen genau zu beachten.

Comparent bekennt den Inhalt dieser Verhandlung wohlverstanden zu haben und gelobt, sich darnach zu achten.

Vorgelesen, unterzeichnet

Form. Nr. 53.

Signalement.

1. Aeußere Gestalt.

Größe: Meter Ctm.
Haare { Form:
Farbe:
Stirn:
Augenbrauen:
Augen:
Nase:
Mund:
Zähne:
Bart:
Kinn:
Gesicht:
Gesichtsfarbe:
Gestalt:
Füße:
Hände:
Besondere Zeichen:

2. Persönliche Verhältnisse.

Geburtsort:
Wohnort:
Alter:
Religion:
Gewerbe:
Sprache:
Eigene Handschrift:

Entlassungs-Ausweis.

Vorzeiger dieses, d nebenstehend signalisirte Strafgefangene

von Königlichen.... zu .. wegen

..

zu einer strafe von Jahren Monaten verurtheilt und am zur Strafverbüßung eingeliefert, ist auf Grund Beschlusses des Königl. Justiz-Ministeriums in Gemäßheit des § 23 des Strafgesetzbuchs unter dem heutigen Tage der Haft vorläufig entlassen worden. D selbe hat sich über

nach Kreis zu begeben, woselbst binnen einzutreffen und nach vorgängiger Meldung bei der Ortspolizeibehörde Aufenthalt zu nehmen hat.

Die gegen d ꝛc. festgesetzte Strafzeit läuft, falls ein Widerruf der Entlassung nicht erfolgt, am ab.

, den 188

(L. S.)

Königliche

Gefängnißvorsteher.

Verhaltungsvorschriften
für vorläufig entlassene Strafgefangene.

1. Der vorläufig entlassene Strafgefangene steht unter specieller polizeilicher Kontrole und hat sich allen Maßregeln, welche die Ortspolizeibehörde zur Ausübung der letzteren vorzuschreiben für angemessen erachtet, unweigerlich zu fügen.
2. Der Entlassene darf ohne ortspolizeiliche Erlaubniß den Entlassungs- oder späteren Aufenthalts-Ort auf länger als 48 Stunden nicht verlassen und an einem anderen Orte nicht ohne Erlaubniß der Ortspolizeibehörde dieses letzteren auf länger als 48 Stunden Aufenthalt nehmen.

   Die ortspolizeiliche Erlaubniß zum Verlassen des Entlassungs- oder späteren Aufenthalts-Ortes, sowie zu jedem neuen Aufenthalte ist unter persönlicher Gestellung vor die Ortspolizeibehörde und Vorzeigung des Entlassungsausweises nachzusuchen.
3. Entlassene Strafgefangene, welche an dem Entlassungsorte innerhalb der vorgeschriebenen Frist nicht eintreffen, oder sich demnächst ohne ortspolizeiliche Erlaubniß auf länger als 48 Stunden von demselben oder von dem späteren Aufenthaltsorte entfernen, oder von der erhaltenen Erlaubniß, sich an einen anderen Ort begeben zu dürfen, nicht in der vorgeschriebenen Weise Gebrauch machen, haben sofortige steckbriefliche Verfolgung, resp. nach Lage der Umstände den Widerruf der Entlassung zu gewärtigen. Der letztere kann auch erfolgen, wenn der Entlassene ohne ortspolizeiliche Erlaubniß einen neuen Aufenthalt nimmt.
4. Der Widerruf ist außer in den vorstehend bezeichneten Fällen zu gewärtigen, wenn der Entlassene
   a) sich arbeitsscheu oder trunkfällig zeigt, oder durch sonstiges ungeordnetes Verhalten Anstoß giebt,
   b) mit übelberüchtigten Personen Umgang pflegt oder bei denselben Wohnung nimmt, oder
   c) einen bestimmten Lebenserwerb nicht nachzuweisen vermag.

Formular XXXI.

**Der Erste Staatsanwalt
bei dem Königl. Landgericht.**

, den

Das von Ihnen in der Strafsache wider

an Seine Majestät den Kaiser und König

gerichtete Immediatgesuch vom ist von Allerhöchstdemselben dem Herrn Justiz-Minister und von diesem mir zur Prüfung zugefertigt worden.

Ich habe das Gesuch einer näheren Prüfung unterworfen, nach Lage der Verhältnisse aber mich nicht veranlaßt finden können, dasselbe höheren Ortes zu befürworten.

Die Anlage Ihres Gesuches erhalten Sie beifolgend zurück.

An

d

zu

Form. Nr. 15.

Formular XXXII.

Bei allen Eingaben ist das nachstehende Aktenzeichen anzugeben.

In der Strafsache

gegen

d

werden Sie, unter Mittheilung des Beschlusses des Königlichen
gerichts zu vom ten 188
über die Eröffnung des Hauptverfahrens, zur Hauptverhandlung auf

den ten 188 , mittags Uhr

vor das Königliche Schöffengericht zu

geladen. Im Falle unentschuldigten Ausbleibens wird Ihre Verhaftung oder Vorführung erfolgen.

Zu der Verhandlung werden geladen

als Zeug :

An

als Sachverständige :

, den ten 188

Königliche Staatsanwaltschaft.

Form. Nr. 373.

Formular XXXIII.

Bei allen Eingaben ist das nachstehende Aktenzeichen anzugeben.

In der Strafsache

gegen

d

wegen

werden Sie unter Mittheilung des Beschlusses des Königlichen gerichts zu

vom ten 18 über die Eröffnung des Hauptverfahrens, zur Hauptverhandlung auf

den ten 188 , mittags Uhr

vor das Königliche Schöffengericht

geladen.

Nach § 231 der Strafprozeßordnung kann auch bei Ihrem Ausbleiben zur Hauptverhandlung geschritten werden; das Gericht ist jedoch befugt, Ihr persönliches Erscheinen anzuordnen und durch einen Vorführungs- oder Haftbefehl zu erzwingen.

Zu der Verhandlung werden geladen

als Zeug :

als Sachverständige :

An , den ten 18

Königliche Staatsanwaltschaft.

Form. Nr. 374.

Formular XXXIV.

Bei allen Eingaben ist das nachstehende Aktenzeichen anzugeben

In der Strafsache

gegen

d

wegen

werden Sie auf Anordnung des Königlichen Amtsgerichts hierselbst, unter Mittheilung des Beschlusses des Königlichen gerichts zu vom ten 188 über die Eröffnung des Hauptverfahrens, zur Hauptverhandlung auf

den ten 188 , mittags Uhr

vor das Königliche Schöffengericht

geladen.

Sollten Sie Sich zur Zeit des Termins auf freiem Fuße befinden, so wird im Falle unentschuldigten Ausbleibens Ihre Verhaftung oder Vorführung erfolgen.

Zugleich werden Sie aufgefordert, zu erklären, ob und welche Anträge Sie in Bezug auf Ihre Vertheidigung für die Hauptverhandlung zu stellen haben.

Zu der Verhandlung werden geladen:

als Zeug :

als Sachverständige :

An

, den ten 188

Gerichtsschreiber des Königlichen Amtsgerichts.

Form. Nr. 79.

Formular XXXV.

Bei allen Eingaben ist das nachstehende Aktenzeichen anzugeben.

In der Strafsache

gegen

d

wegen

werden Sie unter Mittheilung des Beschlusses des Königlichen gerichts zu vom ten 18 über die Eröffnung des Hauptverfahrens, zur Hauptverhandlung auf

den ten 18 , mittags Uhr

vor das Königliche Schöffengericht,

geladen.

Nach § 231 der Strafprozeßordnung kann auch bei Ihrem Ausbleiben zur Hauptverhandlung geschritten werden; das Gericht ist jedoch befugt, Ihr persönliches Erscheinen anzuordnen und durch einen Vorführungs- oder Haftbefehl zu erzwingen.

Zugleich werden Sie aufgefordert, zu erklären, ob und welche Anträge Sie in Bezug auf Ihre Vertheidigung für die Hauptverhandlung zu stellen haben.

Zu der Verhandlung werden geladen

als Zeug :

An als Sachverständige :

, den ten 18

Königliche Staatsanwaltschaft.

Form. Nr. 377.

Formular XXXVI.

Bei allen Eingaben ist das nachstehende Aktenzeichen anzugeben.

In der Strafsache

gegen

d

wegen

werden Sie zu Ihrer Vernehmung als Zeuge auf

den ten 18 , mittags Uhr

vor das Königliche Schöffengericht zu

geladen.

Zeugen, welche ohne genügende Entschuldigung nicht erscheinen, sind nach § 50 der Strafprozeßordnung in die durch das Ausbleiben verursachten Kosten, sowie zu einer Geldstrafe bis zu 300 Mark, und für den Fall, daß diese nicht beigetrieben werden kann, zur Strafe der Haft bis zu 6 Wochen zu verurtheilen; auch ist deren zwangsweise Vorführung zuläſſig.

, den ten 18

Königliche Staatsanwaltschaft.

An

Form. Nr. 380.

Formular XXXVII.

Bei allen Eingaben ist das nachstehende Aktenzeichen anzugeben.

In der Strafsache

gegen

d

wegen

sind Sie zum Sachverständigen ernannt und werden zu Ihrer Vernehmung auf

den ten 18 , mittags Uhr

vor das Königliche Schöffengericht zu

geladen.

Sachverständige, welche ohne genügende Entschuldigung nicht erscheinen, werden nach § 77 der Strafprozeßordnung zum Ersatze der Kosten und zu einer Geldstrafe bis zu 300 Mark verurtheilt; im Falle wiederholten Ungehorsams kann noch einmal eine Geldstrafe bis zu 600 Mark erkannt werden.

, den ten 18

Königliche Staatsanwaltschaft.

An

Form. Nr. 381.

Formular XXXVIII.

Bei allen Eingaben ist das nachstehende Aktenzeichen anzugeben.

In der Strafsache

gegen

d

wegen

werden Sie als Vertheidiger des Angeklagten zur Hauptverhandlung auf

den ten 18 , mittags Uhr

vor das Königliche Schöffengericht

geladen.

, den ten 18

Königliche Staatsanwaltschaft.

An
den
Herrn
zu

Form. Nr. 379..

Formular XXXIX.

Bei allen Eingaben ist das nachstehende Aktenzeichen anzugeben.

In der Strafsache

gegen

d

wegen
werden Sie auf

den ten 18 , mittags Uhr

vor die Strafkammer des Königlichen Landgerichts hierselbst

zur mündlichen Hauptverhandlung über die von
gegen das Urtheil des Königlichen — Amtsgerichts — Schöffengerichts — zu vom ten 18
eingelegte Berufung geladen.

Nach § 370 der Strafprozeßordnung
— wird im Falle Ihres unentschuldigten Ausbleibens die von Ihnen eingelegte Berufung verworfen werden. —
— kann auch im Falle Ihres unentschuldigten Ausbleibens über die Berufung der Königlichen Staatsanwaltschaft verhandelt werden.
— An Ihrer Stelle kann ein mit schriftlicher Vollmacht versehener Vertheidiger erscheinen. —
— Das Gericht kann — jedoch — jederzeit Ihre Vorführung oder Verhaftung anordnen. —

Zu der Verhandlung werden geladen

An als Zeug

als Sachverständige

Königliche Staatsanwaltschaft.

Form. Nr. 349

Formular XL.

Bei allen Eingaben ist das nachstehende Aktenzeichen anzugeben.

In der Strafsache

gegen

d

wegen

werden Sie zu Ihrer Vernehmung als Zeuge auf

den ten 18 , mittags Uhr

vor die Strafkammer des Königlichen Landgerichts hierselbst

geladen.

Zeugen, welche ohne genügende Entschuldigung nicht erscheinen, sind nach § 50 der Strafprozeßordnung in die durch das Ausbleiben verursachten Kosten, sowie zu einer Geldstrafe bis zu 300 Mark, und für den Fall, daß diese nicht beigetrieben werden kann, zur Strafe der Haft bis zu 6 Wochen zu verurtheilen; auch ist deren zwangsweise Vorführung zulässig.

, den ten 18

Königliche Staatsanwaltschaft.

An

Form. Nr. 340.

Formular XLI.

Bei allen Eingaben ist das nachstehende Aktenzeichen anzugeben.

In der Strafsache

gegen

d

wegen

sind Sie zum Sachverständigen ernannt und werden zu Ihrer Vernehmung auf

den ten 18 , mittags Uhr

vor die Strafkammer des Königlichen Landgerichts hierselbst

geladen.

Sachverständige, welche ohne genügende Entschuldigung nicht erscheinen, werden nach § 77 der Strafprozeßordnung zum Ersatze der Kosten und zu einer Geldstrafe bis zu 300 Mark verurtheilt; im Falle wiederholten Ungehorsams kann noch einmal eine Geldstrafe bis zu 600 Mark erkannt werden.

, den ten 18

Königliche Staatsanwaltschaft.

An

Formular Nr. 342.

Formular XLII.

Bei allen Eingaben ist das nachstehende Aktenzeichen anzugeben.

In der Strafsache

gegen

d

wegen

werden Sie als Vertheidiger des Angeklagten zur Hauptverhandlung auf

den ten 18 , mittags Uhr

vor — das Königliche Schwurgericht — die Strafkammer des Königlichen Landgerichts — die Strafkammer bei dem Königlichen Amtsgerichte — zu

geladen.

, den ten 18

Königliche Staatsanwaltschaft.

An

den

Herrn

zu

Form. Nr. 339.

Formular XLIII.

Bei allen Eingaben ist das nachstehende Aktenzeichen anzugeben.

In der Strafsache

gegen

d

werden Sie, unter Mittheilung des Beschlusses der Strafkammer des Königlichen Landgerichts zu vom ten 18 über die Eröffnung des Hauptverfahrens, zur Hauptverhandlung auf

den ten 18 , mittags Uhr

vor die Strafkammer des Königlichen Landgerichts hierselbst, geladen. Im Falle unentschuldigten Ausbleibens wird Ihre Verhaftung oder Vorführung erfolgen.

, den ten 18

Königliche Staatsanwaltschaft.

An

Form. Nr. 335.

Formular XLIV.

Bei allen Eingaben ist das nachstehende Aktenzeichen anzugeben.

In der Strafsache

gegen

d

wegen

werden Sie, unter Mittheilung des Beschlusses der Strafkammer — des Königlichen Landgerichts — zu

vom ten 18 über die Eröffnung des Hauptverfahrens, zur Hauptverhandlung auf

den ten 18 , mittags Uhr

vor die Strafkammer — des Königlichen Landgerichts — bei dem Königlichen Amtsgerichte — zu

geladen.

Nach § 231 der Strafprozeßordnung kann auch bei Ihrem Ausbleiben zur Hauptverhandlung geschritten werden; das Gericht ist jedoch befugt, Ihr persönliches Erscheinen anzuordnen und durch einen Vorführungs- oder Haftbefehl zu erzwingen.

, den ten 18

An

Königliche Staatsanwaltschaft.

Form. Nr. 336.

Formular XLV.

Bei allen Eingaben ist das nachstehende Aktenzeichen anzugeben.

In der Strafsache

gegen

d

wegen

werden Sie unter Mittheilung des Beschlusses der
Strafkammer des Königlichen Landgerichts — hierselbst — zu
vom ten 18
über die Eröffnung des Hauptverfahrens, zur Hauptverhandlung auf

den ten 18 , mittags Uhr

vor die Strafkammer des Königlichen Landgerichts hierselbst

geladen.

Sollten Sie sich zur Zeit des Termins auf freiem Fuße befinden, so wird im Falle unentschuldigten Ausbleibens Ihre Verhaftung oder Vorführung erfolgen.

Zugleich werden Sie aufgefordert, zu erklären, ob und welche Anträge Sie in Bezug auf Ihre Vertheidigung für die Hauptverhandlung zu stellen haben.

, den ten 18

An

Königliche Staatsanwaltschaft.

Form. Nr. 337.

Formular XLVI.

Bei allen Eingaben ist das nachstehende Aktenzeichen anzugeben.

In der Strafsache

gegen

d

wegen
werden Sie, unter Mittheilung des Beschlusses der Straf-
kammer — des Königlichen Landgerichts — zu
vom ten 188 über die Eröffnung des Hauptver-
fahrens, zur Hauptverhandlung auf

den ten 188 , mittags Uhr

vor die Strafkammer — des Königlichen Landgerichts — bei dem Königlichen Amtsgerichte — zu

geladen.

Nach § 231 der Strafprozeßordnung kann auch bei Ihrem Ausbleiben zur Hauptverhandlung geschritten werden; das Gericht ist jedoch befugt, Ihr persönliches Erscheinen anzuordnen und durch einen Vorführungs- oder Haftbefehl zu erzwingen.

Zugleich werden Sie aufgefordert, zu erklären, ob und welche Anträge Sie in Bezug auf Ihre Vertheidigung für die Hauptverhandlung zu stellen haben.

An

, den ten 188

Königliche Staatsanwaltschaft.

Form. Nr. 338.

Formular XLVII.

Bei allen Eingaben ist das nachstehende Aktenzeichen anzugeben.

In der Strafsache

gegen

d

werden Sie, unter Mittheilung des Beschlusses der Strafkammer — des Königlichen Landgerichts — bei dem Königlichen Amtsgerichte zu vom ten 18 über die Eröffnung des Hauptverfahrens zur Hauptverhandlung auf

den ten 18 , mittags Uhr

vor die Strafkammer bei dem Königlichen Amtsgerichte zu

geladen. Im Falle unentschuldigten Ausbleibens wird Ihre Verhaftung oder Vorführung erfolgen.

, den ten 18

An

Königliche Staatsanwaltschaft.

Form. Nr. 361.

Formular XLVIII.

Bei allen Eingaben ist das nachstehende Aktenzeichen anzugeben.

In der Strafsache

gegen

d

wegen

werden Sie unter Mittheilung des Beschlusses der Strafkammer — des Königlichen Landgerichts — bei dem Königlichen Amtsgerichte — zu vom ten 18 über die Eröffnung des Hauptverfahrens, zur Hauptverhandlung auf

den ten 18 , mittags Uhr

vor die Strafkammer bei dem Königlichen Amtsgerichte zu

geladen.

Sollten Sie sich zur Zeit des Termins auf freiem Fuße befinden, so wird im Falle unentschuldigten Ausbleibens Ihre Verhaftung oder Vorführung erfolgen.

Zugleich werden Sie aufgefordert, zu erklären, ob und welche Anträge Sie in Bezug auf Ihre Vertheidigung für die Hauptverhandlung zu stellen haben.

, den ten 18

An

Königliche Staatsanwaltschaft.

Form. Nr. 362.

Formular XLIX.

Bei allen Eingaben ist das nachstehende Aktenzeichen anzugeben.

In der Strafsache

gegen

d

wegen

werden Sie zu Ihrer Vernehmung als Zeuge auf

den ten 188 , mittags Uhr

vor die Strafkammer bei dem Königlichen Amtsgerichte zu

geladen.

Zeugen, welche ohne genügende Entschuldigung nicht erscheinen, sind nach § 50 der Strafprozeßordnung in die durch das Ausbleiben verursachten Kosten, sowie zu einer Geldstrafe bis zu 300 Mark, und für den Fall, daß diese nicht beigetrieben werden kann, zur Strafe der Haft bis zu 6 Wochen zu verurtheilen; auch ist deren zwangsweise Vorführung zulässig.

, den ten 188

An

Königliche Staatsanwaltschaft.

Form. Nr. 363.

Formular L.

Bei allen Eingaben ist das nachstehende Aktenzeichen anzugeben.

In der Strafsache

gegen

d

wegen

sind Sie zum Sachverständigen ernannt und werden zu Ihrer Vernehmung auf

den ten 188 , mittags Uhr

vor die Strafkammer bei dem Königlichen Amtsgerichte zu

geladen.

Sachverständige, welche ohne genügende Entschuldigung nicht erscheinen, werden nach § 77 der Strafprozeßordnung zum Ersatze der Kosten und zu einer Geldstrafe bis zu 300 Mark verurtheilt; im Falle wiederholten Ungehorsams kann noch einmal eine Geldstrafe bis zu 600 Mark erkannt werden.

den ten 188

An

Königliche Staatsanwaltschaft.

Form. Nr. 364.

Formular LI.

Bei allen Eingaben ist das nachstehende Aktenzeichen anzugeben.

In der Strafsache

gegen

d

werden Sie, unter Mittheilung des Beschlusses der Strafkammer — des Königlichen Landgerichts — zu vom ten 188 über die Eröffnung des Hauptverfahrens, zur Hauptverhandlung auf

den ten 188 , mittags Uhr

vor das Königliche Schwurgericht

geladen.

Im Falle unentschuldigten Ausbleibens wird ihre Verhaftung oder Vorführung erfolgen.

, den ten 188

An

Königliche Staatsanwaltschaft.

Form. Nr. 344.

Formular LII.

Bei allen Eingaben ist das nachstehende Aktenzeichen anzugeben.

In der Strafsache

gegen

d

wegen

werden Sie unter Mittheilung des Beschlusses der Strafkammer — des Königlichen Landgerichts — zu

vom ten 188 über die Eröffnung des Hauptverfahrens, zur Hauptverhandlung auf

den ten 188 , mittags Uhr

vor das Königliche Schwurgericht zu

geladen.

Sollten Sie sich zur Zeit des Termins auf freiem Fuße befinden, so wird im Falle unentschuldigten Ausbleibens Ihre Verhaftung oder Vorführung erfolgen.

Zugleich werden Sie aufgefordert, zu erklären, ob und welche Anträge Sie in Bezug auf Ihre Vertheidigung für die Hauptverhandlung zu stellen haben.

, den ten 188

An **Königliche Staatsanwaltschaft.**

Form. Nr. 345.

Formular LIII

Bei allen Eingaben ist das nachstehende Aktenzeichen anzugeben.

In der Strafsache

gegen

d

wegen

werden Sie zu Ihrer Vernehmung als Zeuge auf

den ten 188 , mittags Uhr

vor das Königliche Schwurgericht zu

geladen.

Zeugen, welche ohne genügende Entschuldigung nicht erscheinen, sind nach § 50 der Strafprozeßordnung in die durch das Ausbleiben verursachten Kosten, sowie zu einer Geldstrafe bis zu 300 Mark, und für den Fall, daß diese nicht beigetrieben werden kann, zur Strafe der Haft bis zu 6 Wochen zu verurtheilen; auch ist deren zwangsweise Vorführung zulässig.

, den ten 188

An **Königliche Staatsanwaltschaft.**

Form. Nr. 346.

Formular LIV.

Bei allen Eingaben ist das nachstehende Aktenzeichen anzugeben.

In der Strafsache

gegen

d

wegen

sind Sie zum Sachverständigen ernannt und werden zu Ihrer Vernehmung auf

den ten 188 , mittags Uhr

vor das Königliche Schwurgericht zu

geladen.

Sachverständige, welche ohne genügende Entschuldigung nicht erscheinen, werden nach § 77 der Strafprozeßordnung zum Ersatze der Kosten und zu einer Geldstrafe bis zu 300 Mark verurtheilt; im Falle wiederholten Ungehorsams kann noch einmal eine Geldstrafe bis zu 600 Mark erkannt werden.

, den ten 188

An **Königliche Staatsanwaltschaft.**

Form. Nr. 347.

Formular LV.

Bei allen Eingaben ist das nachstehende Aktenzeichen anzugeben.

Am ten 188 , Vormittags Uhr findet in dem Geschäftshause des Königlichen Landgerichts hierselbst

die Eröffnung des Schwurgerichts statt, an welchem Sie als Geschworener Theil zu nehmen berufen sind. Auf Anordnung des für das Schwurgericht ernannten Vorsitzenden werden Sie ersucht, Sich zum Beginne der bezeichneten Sitzung einzufinden.

Geschworene, welche zu den Sitzungen nicht rechtzeitig sich einfinden oder ihren Obliegenheiten in anderer Weise sich entziehen, sind nach §§ 56, 96 des Gerichtsverfassungsgesetzes zu einer Ordnungsstrafe von 5 bis 1000 Mark, sowie in die verursachten Kosten zu verurtheilen.

, den ten 188

Königliche Staatsanwaltschaft.

An

Herrn .

zu

Form. Nr. 343.

Formular LVI.

Staatsanwaltschaft . .. .., den ten 188
bei dem Königl. Landgericht.

In der Strafsache gegen d

wird das Königliche Kommando ergebenst ersucht, die anliegende Zeugenladung dem

zuzustellen und denselben anzuweisen, in dem auf

den ten 188 , mittags Uhr

bestimmten Termine zu erscheinen.

An
das Königliche Kommando
d

zu

Form. Nr. 341.

Formular LVII.

J. No. / 188
St A. No

den 188

Die Staatsanwaltschaft
bei dem Königl. Landgerichte.

An
d

zu

In dem Verfahren wider d

ersuche ich mir über die persönlichen Verhältnisse d Beschuldigten Auskunft zu ertheilen und zu diesem Behufe die umstehenden Fragen genau zu beantworten.

Der Königliche Erste Staatsanwalt.

Beglaubigt

. ...

Sekretär.

V.

pr.:	den	/	188

Nach Beantwortung der umstehenden Fragen

an

die Königliche Staatsanwaltschaft

zu

zurückgereicht.

J. No. 188 den 188
St. A. No. Form. Nr. 13.

1., Vor- und Zunamen de   Beschuldigten: ....

....

2., Stand — Gewerbe: ....

....

3., Wohnort und Wohnung: ....
Aufenthaltsort: ....
4., Geburts-Tag und Jahr: ....
5., Geburtsort: ....
6., Religion: ....
7., Militär-Verhältnisse. Ob
a., ausgemustert oder militärfrei? ....
b., Ersatzreservist I. oder II. Klasse? ....
c., Kriegsreservist? ....
d., Landwehrmann? ....
e., versorgungsberechtigt? ....
f., Empfänger einer Invalidenpension? ....
8., Orden und Ehrenzeichen: ....

....

9., Familien-Verhältnisse:
a., Namen, Stand und Wohnort der Eltern: ....

....

b., Unverheirathet oder verheirathet mit: ....

....

c., Zahl und Alter der Kinder: ....

....

d., Sonstige Verhältnisse: ....

....

10., Vermögens-Verhältnisse: Besitzt d   Beschuldigte
a., Grundstücke und welche: ....

....

....

b., Möbel, ...
Entbehrliche Kleidungsstücke, ...
ausstehende Forderungen? ....

11., Wie viel zahlt er/sie an jährlichen Steuern?

12., Kann er/sie nach seinen/ihren Verhältnissen Kosten zahlen?

13., Hat er/sie künftig in irgend einer Weise, z. B. durch Erbschaft, Vermögen zu erwarten?

14., Ist er/sie bevormundet, ev. wer ist sein/ihr Vormund?

15., Ist der/die Beschuldigte Vormund (Vormünderin) ev. über wen?

16., In welchem Rufe steht der/die Beschuldigte und was ist aus seinem/ihrem Leben sonst etwa anzuführen?

17., Vorbestrafungen:

No.	Bezeichnung des verurtheilenden Gerichts.	Tag des Urtels.	Strafthat.	Strafe.	Bemerkungen über Verbüßung der Strafe ꝛc.

den 188

An

die Königliche Staatsanwaltschaft

Portopflichtige Dienst-Sache.

zu

St. A. No.

An

d

zu

frei.

Formular LVIII.

Gefangenen-Entlassungs-Schein.

D ....

...... Jahre alt, ... Religion, aus ....

gebürtig und zu .... wohnhaft, war wegen

.... seit dem .... detinirt, und hat

eine .... Haft — Gefängnißstrafe vom

.... bis ....

verbüßt, und ist heute aus hiesiger Anstalt entlassen worden.

Die Führung war ....

...................................., am 188

Form. Nr. 23.

Formular LIX.

Gefangenen-Einlieferung.

Gefangenen-Liste No.

Ad decr. v.

(Exped.-No.)

D.

In nebenbezeichneter Sache gestellte sich am d. J. mittags um Uhr

zur Aufnahme in das Gefängniß, und wird, da Gefängniß zu verbüßen hat, am mittags um Uhr wieder entlassen werden. Die mitgebrachten Kleidungsstücke und Asservate sind umstehend verzeichnet und sub No. der Asservatenliste eingetragen.

Der Gefangenenaufseher

Formular LX.

Gefangenen-Liste No.

Ad decr. v.

(Exped.-No.)

D.

Gefangenen-Entlassung.

D

seit d. J. mittags um Uhr verhaftet, ist am mittags um Uhr ordentlich bekleidet aus dem Gefängniß wieder entlassen worden.

An Geld sind ih Mark Pf. mitgegeben. Zurückbehalten an Geld und Sachen sind:

Die Führung de Gefangenen war

Die Abrechnung mit de selben in Betreff des Arbeitsverdienstes ist erfolgt.

den 188

Der Gefangenen

Formular LXI.

Datum.	Tage.	Bezeichnung der Arbeit.		Verdienstantheil.					
						Darauf sind:			
						an Victualien gewährt		noch zu zah	
				M.	₰	M.	₰	M.	

Formular LXII.

Fortlaufende Nummer.	Datum.		Name und Stand des Gefangenen.	Der Zugang gehört zu den										Summa von A. B. C.		
				A.		B.						C.				
				Untersuchungsgefangenen.		Strafgefangenen.						Civilgefangenen.				
	Monat.	Tag.				Gefängnißstrafe.		Einfache Haft.		Qualif. Haft (nach § 361 Nr. 3 bis 8 Str.-Ges. B. verurtheilt.)						
				M.	W.	M.	W.	M.	W.	M.	W.	M.	W.	M.	W.	Köpf
1.	2.		3.	4.		5.		6.		7.		8.		9.		10.

Form. Nr. 50.

mular LXIII.

Datum.		Name und Stand des Gefangenen.	Der Abgang gehört zu den										Summa von A. B. C.		
			A.		B.						C.				
			Untersuchungsgefangenen.		Strafgefangenen.						Civilgefangenen.				
onat.	Tag.				Gefängnißstrafe		Einfache Haft.		Qualif Haft (nach § 361 Nr 3 bis 8 Str.-Ges.B verurtheilt.)						
			M.	W.	M.	W	M.	W	M.	W.	M.	W.	M.	W.	Köpfe.
2.		3.	4.		5.		6.		6.		7		9.		10.

Form. Nr. 51.

Formular LXIV.

Oberlandesgericht N.
Landgericht N.
Gefängniß zu N.

Gefangenbuch I.

Untersuchungsgefangene.

Jährlich fortlaufende Nummer.	Zu- und Vor-Name des Gefangenen.	Stand.	Wohnort (Provinz).	Lebensalter nach Jahren.	Lebensalter Tag, Monat, Jahr der Geburt.	Religion.	Stand und Name der einliefernden Person.	Tag, Monat, Jahr und Stunde des Eintritts in das Gefängniß.	Annahmebe… a. welche Behörde denselben erlassen hat.	b. Da… dess… be…
1.	2.	3.	4.	5.		6.	7.	8.	9.	
1.	A. Karl	Handarbeiter	Spandau	40	15. März 1841	Ev.	Gendarm N.	5. April 1881 Vorm. 10 Uhr	Untersuchungsrichter hier	5/4.
2.	B. Moritz	Tischlergeselle	Freiburg a/U. (Sachsen.)	30	30. März 1851	Kath.	Transporteur N.	6. April 1881 Nachm. 2 Uhr	Erster Staatsanwalt hier	5/4.
3.	C. Otto	Kaufmann	Halle a/S.	50	31. Dezb. 1830	Ev.	Gerichtsvollzieher N.	9. April 1881 Vorm. 9 Uhr	Amtsrichter hier	8/4.
4.	D. Johann	Dienstknecht	Hohendorf bei N. (Brandenburg.)	20	28. Febr. 1861	Ev.	Transporteur N.	10. April 1881 Vorm. 11 Uhr	Erster Staatsanwalt hier	5/4.

Anweisung zur Führung der Gefangenbücher siehe S. 34 des Reglements.

Welcher trafbaren andlung der erhaftete erdächtig ist.	Tag, Monat, Jahr und Stunde des Austritts aus dem Gefängniß.	Grund der Beendigung der Untersuchungshaft.						Entlassungsbefehl		Zahl der Haftage.	Nummer des Registers der abgenommenen Sachen	Nummer des Gefangenbuchs II.	Bemerkungen.
		a.	b.	c.		d.	e.	a.	b.				
				Tod									
		Entlassung.	Strafantritt.	natürlicher.	Selbstmord.	Entweichung.	Abführung in ein anderes Untersuchungsgefängniß	welche Behörde denselben erlassen hat.	Datum desselben.				
10.	11.	12.						13.		14.	15.	16.	17.
iebstahls	20. April 1881 Vorm. 11 Uhr	—	1	—	—	—	—	Erster Staatsanwalt hier	20/4.81	15	1	3	
örperverletzung	16. April 1881 Vorm. 10 Uhr	1	—	—	—	—	—	desgl.	16/4.81	10	2	—	Complice von No. 4.
rüglichen ankerutts	10. April 1881 Vorm. 9 Uhr	—	—	—	—	—	1	Amtsrichter N. hier	10/4.81	1	3	—	An das Schwurgericht in N. abgeliefert.
örperverletzung	16. April 1881 Vorm. 10 Uhr	1	—	—	—	—	—	Erster Staatsanwalt hier	16/4.81	6	—	—	Complice von No. 2.

Formular LXV.

Oberlandesgericht N.
Landgericht N.
Gefängniß zu N.

Gefangenbuch II.

Strafgefangene.

Form. Nr. 2.

Jährlich fortlaufende Nummer.	Zu und Vorname des Gefangenen.	Stand.	Wohnort (Provinz)	Lebensalter nach Jahren.	Lebensalter Tag, Monat, Jahr der Geburt.	Religion.	Verurtheilt wegen	Tag des im Annahmebefehl angegebenen Erkenntnisses oder Strafbefehls	Strafart. a. Gefängniß.	Strafart. b. Einfache Haft.	Strafart. c. Qualifizirte Haft § 361 Nr. 3 bis 8 St.G.B.	Strafart. d. Ist auf Verlust der Ehrenrechte erkannt?	Strafart. e. Ist auf Zulässigkeit der Polizeiaufsicht erkannt?	Str[…] a. Jahre.	Str[…] b. Monate
1.	2.	3	4.	5		6.	7 a.	7 b.	8.					9	
1	E. Christian	Handarbeiter	Neudorf bei N. (Brandenburg)	30	1. März 1851	Ev.	Diebstahls	18 3. 81	1	.	.	.	.	.	4* * wo[…] ein M[…] Unt[…]suchu[…]haft […]rechne[…] bleibt verbü[…]
2	F. Michael	Hausler	Holzdorf	50	31. Oct. 1830	Kath.	Forst-Diebstahl	28 2. 81	1	.	.	.		.	
3	A. Karl	Hand-arbeiter	Spandau	40	15. März 1841	Ev.	Diebstahl	20 4. 81	1	.	.	.	.	.	1
4	G. Ignaz	Drahtbinder.	N. in Ungarn	20 nach Angabe	Unbekannt	Kath.	Landstreichens u. Bettelns	21 4. 81	.	.	1	.	1	.	.
5	H. Moritz Friedrich	Mühlenbesitzer	hier	53	31. Jan. 1828	Ev.	Betrugs und Urkundenfälschung	13 4. 81	1	.	.	1	.	1	.

Anweisung zur Führung der Gefangenbücher siehe Seite 34 des Reglements.

…nahmebefehl.		Von wann ab die Strafzeit zu berechnen ist.	Datum des Eintritts in das Gefängniß.	Zeit des Austritts aus dem Gefängniß.	Grund des Austritts.									Zahl der Hafttage.	Nummer des Registers der abgenommenen Sachen.	Nummer des Gefangenen-Buchs I.	Bemerkungen.
a.	b.				a.	b.	c.	d.	e.	f.	g.		h.				
											Tod.						
…elche …jörde …elben …affen …at.	Datum desselben.				Ablauf der Strafzeit.	Einer Krankenanst. überw. ohne Strafunterbrech.	Einer anderen Gefangenanstalt überwiesen.	Strafunterbrechung.	Vorläufige Entlassung (§ 23 St.G.B.).	Begnadigung.	natürlicher.	Selbstmord.	Entweichung.				
10.		11.	12.	13.	14.									15.	16.	17.	18.
…ster …atsan- …t hier	28/3. 81	Vom Eintritt ab	2. April 1881 Vorm. 10 Uhr	2. Juli 1881 Vorm. 10 Uhr	1	.	.	.		.	.	.	.	91	.	170 des vorjährigen Buchs	(S. A.) Siehe No. 60 dieses Buchs
…mts- …ter N. …ier.	15/3. 81	Vom Eintritt ab	2. April 1881 Vorm. 9 Uhr	3. April 1881 Vorm. 9 Uhr	1	.	.	.	.	.	.	.	.	1	.	.	
…ster …atsan- …t hier	20/4. 81	20. April 1881 Vorm. 11 Uhr	20. April 1881 Vorm. 11 Uhr	20. Mai 1881 Vorm. 11 Uhr	1	.	.	.	.	.	.	.	.	30	1	1	
…mts- …tor N. …ier	21/4. 81	21. April 1881 Vorm. 10 Uhr	21. April 1881 Vorm. 10 Uhr	23. April 1881 Vorm. 8 Uhr	.	1	.	.	.	.	.	.	.	2	9	.	Auf Ueberweisung an die Landes-polizei-Behörde erkannt. Der Polizei-Behörde hier zur Verfügung zu stellen. 23/4. 81 in das Hospital N. hier gebracht.
…ster …atsan- …t hier	24/4. 81	Vom Eintritt ab	24. April 1881 Ab. 7 Uhr	2. Juni 1881 Nachm. 6 Uhr	.	.	.	1	.	.	.	.	.	39	.	.	S. No. 10 des Gefangenbuchs II für 1878 u. No. 30 für 1880.

Formular LXVI.

Oberlandesgericht N.
Landgericht N.
Gefängniß zu N.

Gefangenbuch III.

Civilgefangene.

Form. Nr. 3.

Laufende Nummer.	Zu- und Vor-Name der Gefangenen.	Stand.	Wohnort (Provinz.).	Name der einliefernden Person.	Annahmebefehl a. welche Behörde denselben erlassen hat.	Annahmebefehl b. Datum des Befehls.
1.	2.	3.	4.	5.	6.	
1.	J. Eberhardt	ehemaliger Gutsbesitzer	Pratau	Gerichtsvollzieher N.	Amtsgericht hier.	15/3.81
2.	K. August	Schiffer	Seehausen bei N.	Gerichtsdiener N.	desgl.	23/4.81
3.	L. Melchior	Kaufmann	hier	Derselbe	desgl.	8/7.81

Zeit der Einlieferung.	Haftkosten sind bezahlt.	Zeit der Entlassung.	Zahl der Hafttage.	Bemerkungen.
7.	8.	9.	10.	11.
4. April 1881 Vorm. 10 Uhr	Auf 1 Monat, bis 4. Mai 1881	4. Mai 1881 Vorm. 10 Uhr	30	Wegen verweigerter Leistung des Offenbarungseides verhaftet.
23. April 1881 Vorm. 11 Uhr	—	24. April 1881 Vorm 11 Uhr	1	Wegen Ruhestörung in der Gerichtssitzung auf 24 Stunden zur Haft gebracht.
8. Juli 1881 Nachm. 3 Uhr	—	20. Juli 1881 Mitt. 12 Uhr	12	Auf Grund des § 98 der Concurs-Ordnung verhaftet.

Formular LXVII.

Monat ....

I. Untersuchungsgefangene.

Datum.	Zu- und Abgang								Summe von A und B Spalte 5 und 9.	Von dem Gesammtbestande (10) sind																Bemerkungen
	A. Männliche				B. Weibliche.					Jugendliche		Isolirt				beschäftigt		unbeschäftigt								
	Bestand.	zu	ab	Stand.	Bestand.	zu	ab	Stand.				Erwachsene		Jugendliche				wegen Krankheit		im Arrest		an Sonn- und Festtagen		aus anderen Gründen		
										M	W	M	W	M	W	M	W	M	W	M	W	M	W	M	W	
1	2	3	4	5	6	7	8	9	10	11	12	13	14	15	16	17	18	19	20	21	22	23	24	25	26	27
1																										
2																										
3																										
4																										
5																										
6																										
7																										
8																										
9																										
10																										
11																										
12																										
13																										
14																										
15																										
16																										
17																										
18																										
19																										
20																										
21																										
22																										
23																										
24																										
25																										
26																										
27																										
28																										
29																										
30																										
31																										

Tagesrapport.

.... 18. ....

II. Strafgefangene.

Zu- und Abgang								Summe von A u. B 32 und 36.	Von dem Gesammtbestande (37) sind																					Bemerkungen.
A. Männliche				B. Weibliche					Jugendliche		Isolirt				beschäftigt		unbeschäftigt								verurtheilt zu					
Bestand.	zu	ab	Stand.	Bestand.	zu	ab	Stand.				Erwachsene		Jugendliche				wegen Krankheit		im Arrest		an Sonn- und Festtagen		aus anderen Gründen		Gefängniß		Haft		Qualif. Haft		
									M	W	M	W	M	W	M	W	M	W	M	W	M	W	M	W	M	W	M	W	M	W	
29	30	31	32	33	34	35	36	37	38	39	40 a	41 a	40 b	41 b	42	43	44	45	46	47	48	49	50	51	52	53	54	55	56	57	58

Formular LXVIII.

Oberlandesgericht
Landgericht
Gefängniß zu

Früh-Rapport

am

Form. Nr. 41.

	I. Untersuchungsgefangene.		II. Strafgefangene.	
	Männer.	Weiber.	Männer.	Weiber.
Stand von gestern				
abgegangen sind				
verbleiben				
zugegangen sind				
Stand heute früh				

Gesammtzahl aller Gefangenen ....

Davon sind	Männer.	Weiber.	Bemerkungen.
A. Erwachsene			.... Civil-
B. Jugendliche			gefangene.
Es werden verwahrt:			
A. In gemeinsamer Haft:			
a. Untersuchungsgefangene			
b. Strafgefangene			
B. In Einzelhaft:			
a. Untersuchungsgefangene			
b. Strafgefangene			
Vom Gesammtbestande sind:			
a. krank			
b. im Arrest			
c. unbeschäftigt			
d. beschäftigt			
Summa . .			
Beschäftigt sind:			
A. Für die Anstalt:			
a. ohne Lohn			
b. mit Lohn			
B. Für dritte Personen:			
a. außerhalb			
b. im Gefängniß			

Verwendung des Personals:

a. im Bureau ....
b. zum Portierdienst ....
c. in Station ....
d. zum Küchendienst ....
e. zur Vorführung von Gefangenen..........
f. bei der Außenarbeit ....
g. zum Nachtdienst ....
h. beurlaubt ....

.............................., **Inspektor.**

Formular LXIX.

Register

über die

den Gefangenen abgenommenen Gegenstände.

Form. Nr. 42.

Jährlich fort-laufende Nr.	Tag des Eingangs.	Nummer des Gefan-genbuchs.	Name und Stand des Gefangenen.	Abgenommene Gegenstände.
1.	2.	3.	4.	5.

Ausgegeben sind folgende Gegenstände.	Tag der Ausgabe.	Empfangsbekenntniß oder Nachweis des Verbleibs.	Bemerkungen.
6.	7.	8.	9.

Formular LXX.

Laufende Nummer	Name und Stand des Gefangenen.	Nummer des Gefangenbuchs.	Bezeichnung des Disciplinar-Vergehens.	Datum und Inhalt der Strafverfügung.	Vollstreckt am	Bemerkungen
1.	2.	3.	4.	5.	6.	7.

Strafbuch über die Disciplinarbestrafungen.

Form. Nr. 43.

ormular LXXI.

… des Gefangenbuchs.	Name des Gefangenen.	Stunde der Entlassung.	Nr. des Gefangenbuchs.	Name des Gefangenen.	Stunde der Entlassung.	Nr. des Gefangenbuchs.	Name des Gefangenen.	Stunde der Entlassung.	Nr. des Gefangenbuchs.	Name des Gefangenen.	Stunde der Entlassung.

Kalender für die Entlassungstermine. Form. Nr. 44.

Formular LXXII.

Oberlandesgericht N.
Landgericht N.

Inventarium

der

Utensilien des Gefängnisses zu N.

Form. Nr. 11.

Nummer.	Erläuterung.	Tische	Schemel	Gebetbücher (Bibeln, Testamente)	Spucknäpfe	u. s. w									
1.	2.	3.	4.	5.	6.	7.	8.	9.	10.	11.	12.	13.	14.	15.	1[illegible]
	I. Arbeitssaal.														
	Bestand . .														
	Zugang im Jahre 18..... .														
1	Angekauft am ...ten.......... . .														
2	Desgleichen														
	u. s. w.														
	Summa . .														
	Abgang nach der Spalte „Bemerkungen"														
	Bestand am Schlusse des Jahres 18...														
	II. Schlafsaal (wie zu I ähnlich).														
	Bestand . .														
	III. Küche.														
	IV. Zelle Nr. I. u. s. w.														
	V. Krankenstube. u. s. w.														

Bemerkungen:

1. Das Inventarium ist in zwei Theilen zu führen:
   A. für Utensilien des Gefängnisses.
   B. für Lagerungs- und Bekleidungsgegenstände.
2. Die Abschnitte A. und B. erhalten so viele Spalten, als es Gattungen von Sachen giebt, und diese werden die Sachen, nach den Zimmern und Räumen zusammengestellt, eingetragen.
3. Die neu angeschafften Sachen werden bei der Ablieferung unter Angabe des Datums nachgetragen, die abgegangenen Sachen dagegen in einer dazu bestimmten Spalte bemerkt.

																	Bemerkungen über den Abgang.
7.	18.	19.	20.	21.	22.	23.	24.	25.	26.	27.	28.	29.	30.	31.	32.	33.	34.
																	Spalte 4. 1 Schemel zerbrochen. Spalte 6. 1 Spucknapf zerbrochen.

Bei größeren Gefängnissen kann, nach Befinden des Gefängniß-Vorstandes, das Inventarium B. in zwei Abschnitte zerfallen, nämlich:

a. für Anschaffungen, welche, den Vorrath bildend, noch nicht zum Gebrauch gegeben sind

und b. für Gegenstände, welche sich im Gebrauch befinden.

Bei jeder Revision, welche jährlich wenigstens einmal behufs der Ausstellung des Attestes über die richtige Führung des Inventariums stattfinden muß, werden die Bestände jedes Zimmers und Raumes geprüft und festgestellt.

Der Bestand ist beim Beginn des neuen Jahres von Neuem vorzutragen.

Formular LXXIII

Staatsanwaltschaft
bei dem Königl. Landgerichte.

, den ten 188

No. /8

No.

Dem Königlichen überſende ich umſtehend beglaubigte Abſchrift der Urtheilsformel des rechtskräftigen Erkenntniſſes wider

Vor- und Zuname:

Stand oder Gewerbe:

Alter: Jahre

Geburtsort:

Wohnort:

Vater: — Vormund:

Ortsangehörig:

Militärverhältniſſe:

Orden und Ehrenzeichen:

Das Erkenntniß iſt rechtskräftig geworden

Die Strafe iſt angetreten

An

d

Form. Nr. 17.

rmular LXXIV.

tenzeichen: .... (Laufende Nummer der Zählkarte im Kalenderjahre)

Zählkarte für männliche Angeklagte.

Beim **Landgericht, Amtsgericht** (das nicht Zutreffende zu durchstreichen) zu ....

im Bezirk des **Oberlandesgerichts** zu ....

im .... ten Quartale des Kalenderjahres 18 .....

Vor- und Familienname des Angeklagten: ....

Geburtstag und **Geburtsjahr:** geboren den ....ten .... 18 ..

Wohnort, belegen in welchem Kreise oder entsprechenden Verwaltungsbezirk (Stadtkreise bezw. Stadtbezirke sind als solche zu bezeichnen)? .... ; in welchem Staat? ....

(Liegt der Wohnort außerhalb des Deutschen Reichs, so genügt die Angabe des fremden Staats.)

Für Ausländer (Nichtdeutsche) **Heimathsstaat:** ....

Religionsbekenntniß: ....

Familienstand, ob ledig, verheirathet, verwittwet, geschieden, auf Lebenszeit gerichtlich getrennt (das Zutreffende zu unterstreichen).

Stand, Beruf, Erwerbs- oder Nahrungszweig, sowie **Arbeits- oder Dienstverhältniß** im Beruf (die **Art** des Hauptberufs, der Haupt-Erwerbsthätigkeit oder Beschäftigung oder der Haupt-Einkommens- oder Nahrungsquelle ist genau anzugeben; sofern durch die Angabe das **Arbeits- oder Dienstverhältniß** im Beruf nicht schon bezeichnet wird, unter Hinzufügung dieses Verhältnisses, ob nämlich Inhaber, Handwerksmeister, Geschäftsleiter oder Gehülfe, Geselle, Lehrling, Fabrikarbeiter, Kommis u. s. w.):

....

Für Minderjährige ohne eigenen Beruf: Beruf der Eltern:

....

---

emerkungen, auch betreffs der Angaben auf der Rückseite: ....

....

....

....

....

8. **Strafbare Handlung(en).**

Art der strafbaren Handlung(en), zu bezeichnen nach der Urtheilsformel bez. dem Strafbefehl, mit Hinweis auf den oder die entsprechenden Paragraphen des Reichs-Strafgesetzbuches, bezw. bei Verbrechen oder Vergehen gegen andere Reichsgesetze auf diese Gesetze. Im Falle der Idealkonkurrenz (§ 73 Str.-G.-B.) ist nur die Handlung gegen das zur Anwendung gebrachte Strafgesetz zu zählen; stehen mehrere strafbare Handlungen in Frage, so sind dieselben einzeln unter einander aufzuführen, gleichartige Handlungen jedoch nur unter einem Buchstaben mit Angabe ihrer Gesammtzahl. — Versuch ist als solcher zu bezeichnen.	Der nebenbezeichneten strafbaren Handlung(en) (zu a), b), c) u. s. w. je besonders)				
	Ort, belegen (vergl. zu Ziffer 3)		Zeit, (wenn nicht genau bekannt, ungefähre Zeit).		
	in welchem Kreise u. s. w.?	in welchem Staate?	Tag	Monat	Jahr
a)					
b)					
c)					
d)					
e)					

9. **Rechtskräftiges Urtheil, bezw. Strafbefehl.**

A. Bezüglich der zu Ziffer 8 benannten strafbaren Handlungen			
und zwar zu:	anzugeben ob:		
	verurtheilt? Ja oder Nein	Verfahren eingestellt? Ja oder Nein	freigesprochen? Ja oder Nein
a)			
b)			
c)			
d)			
e)			

B. Erkannte Strafe (Gesammtstrafe. — Bei a), d) und f) bezw. durch „Ja" zu beantworten.)

	Zeitdauer der Strafe			
	Jahre*)	Monate	Wochen	Tage
a) Todesstrafe?				
b) Freiheitsstrafe, u. zwar:				
Zuchthaus				
Gefängniß				
Festung				
Haft				
c) Ehrverlust				

d) Zulässigkeit der Polizeiaufsicht? ....

e) Geldstrafe: Wie viel Mark? .... f) Verweis? ....

*) Bei lebenslänglicher Freiheitsstrafe sind statt der Zahl der Jahre die Buchstaben ll einzuschreiben.

10. **Vorbestrafungen des Verurtheilten** wegen Verbrechen und Vergehen gegen Reichsgesetze (§ 1 der Bestimmungen). (Wenn rückfällig nach §§ 244, 250⁵, 261, 264 des Reichs-Strafgesetzbuches

so sind die Nummern der betreffenden Paragraphen hier so viel mal zu unterstreichen, wie Bestrafungen stattgefunden haben):

durch wie viele Entscheidungen? ....

von welcher Dauer die letztverbüßte Freiheitsstrafe? .... wann war die Strafe abgebüßt? ....

Datum: Name des ausfüllenden Beamten:

....

[For]mular LXXV.

[Erk]enzeichen: .... (Laufende Nummer der Zählkarte im Kalenderjahre)

Zählkarte für weibliche Angeklagte.

Beim **Landgericht, Amtsgericht** (das nicht Zutreffende zu durchstreichen) zu ....

im Bezirk des **Oberlandesgerichts** zu ....

im ....ten Quartale des Kalenderjahres 18.......

Vor- und Familienname der Angeklagten: ....

Geburtstag und Geburtsjahr: geboren den ....ten .... 18.......

Wohnort, belegen in welchem Kreise oder entsprechenden Verwaltungsbezirk (Stadtkreise bezw. Stadtbezirke sind als solche zu bezeichnen)? ....; in welchem Staat? ....

(Liegt der Wohnort außerhalb des Deutschen Reichs, so genügt die Angabe des fremden Staats.)

Für Ausländerinnen (Nichtdeutsche) **Heimathsstaat:** ....

Religionsbekenntniß: ....

Familienstand, ob ledig, verheirathet, verwittwet, geschieden, auf Lebenszeit gerichtlich getrennt (das Zutreffende zu unterstreichen).

Stand, Beruf, Erwerbs- oder Nahrungszweig, sowie **Arbeits- oder Dienstverhältniß im Beruf** (die **Art** des Hauptberufs, der Haupt-Erwerbsthätigkeit oder Beschäftigung oder der Haupt-Einkommens- oder Nahrungsquelle ist genau anzugeben; sofern durch die Angabe das **Arbeits- oder Dienstverhältniß** im Beruf nicht schon bezeichnet wird, unter Hinzufügung dieses Verhältnisses, ob nämlich Inhaberin oder Leiterin des Geschäfts oder Gehülfin, Fabrikarbeiterin, Ladenmädchen u. s. w.):

....

Für Minderjährige ohne eigenen Beruf: Beruf der Eltern:	Für Frauen ohne eigenen Beruf: Beruf des Mannes:
....	....

Bemerkungen, auch betreffs der Angaben auf der Rückseite: ....

....

....

....

....

8. **Strafbare Handlung(en).**

Art der strafbaren Handlung(en), zu bezeichnen nach der Urtheilsformel bezw. dem Strafbefehl, mit Hinweis auf den oder die entsprechenden Paragraphen des Reichs-Strafgesetzbuches, bezw. bei Verbrechen oder Vergehen gegen andere Reichsgesetze auf diese Gesetze. Im Falle der Idealkonkurrenz (§ 73 Str.-G.-B.) ist nur die Handlung gegen das zur Anwendung gebrachte Strafgesetz zu zählen; stehen mehrere strafbare Handlungen in Frage, so sind dieselben einzeln unter einander aufzuführen, gleichartige Handlungen jedoch nur unter einem Buchstaben mit Angabe ihrer Gesammtzahl. — Versuch ist als solcher zu bezeichnen.	Der nebenbezeichneten strafbaren Handlung(en) (zu a), b), c) u. s. w. je besonders) Ort, belegen (vergl. zu Ziffer 3)		Zeit, (wenn nicht genau bekannt, ungefähre Zeit.)		
	in welchem Kreise u. s. w.?	in welchem Staate?	Tag	Monat	Jahr
a)					
b)					
c)					
d)					
e)					

9. **Rechtskräftiges Urtheil, bezw. Strafbefehl.**

A. Bezüglich jeder der zu Ziffer 8 benannten strafbaren Handlungen

und zwar zu:	anzugeben ob: verur-theilt? Ja oder Nein	Verfahren eingestellt? Ja oder Nein	freige-sprochen? Ja oder Nein
a)			
b)			
c)			
d)			
e)			

B. Erkannte Strafe (Gesammtstrafe. — Bei a), d) und f) bezw. durch „Ja" zu beantworten.)

	Zeitdauer der Strafe: Jahre*)	Monate	Wochen	Tage
a) Todesstrafe?				
b) Freiheitsstrafe, u. zwar:				
Zuchthaus......				
Gefängniß				
Festung				
Haft.........				
c) Ehrverlust				

d) Zulässigkeit der Polizeiaufsicht? ... .

e) Geldstrafe: Wie viel Mark? .... f) Verweis? ....

*) Bei lebenslänglicher Freiheitsstrafe sind statt der Zahl der Jahre die Buchstaben ll einzuschreiben.

10. **Vorbestrafungen der Verurtheilten** wegen Verbrechen und Vergehen gegen Reichsgesetze (§ 1 der Bestimmungen.) — (Wenn rückfällig nach §§ 244, 250[5], 261, 264 des Reichs-Strafgesetzbuches, so sind die Nummern der betreffenden Paragraphen hier so viel mal zu unterstreichen, wie Bestrafungen stattgefunden haben):

durch wie viele Entscheidungen? ....

von welcher Dauer die letztverbüßte Freiheitsstrafe? .... wann war die Strafe abgebüßt? ....

Datum. Name des ausfüllenden Beamten:

....

MIX

Papier | Fördert gute Waldnutzung

FSC® C083411

Kolibri 360 GmbH
Ferdinand-Jühlke-Straße 7
99095 Erfurt, Deutschland
produktsicherheit@kolibri360.de